DANE RUDHYAR · DIE MAGIE DER TÖNE

DANE RUDHYAR

DIE MAGIE DER TÖNE

Musik als Spiegel des Bewußtseins

Mit einem Vorwort von
Peter Michael Hamel

SCHERZ

1. Auflage 1984
Einzig berechtigte Übersetzung
aus dem Amerikanischen von Jürgen Saupe.
Copyright © 1982 by Dane Rudhyar, published
by arrangement with Shambala Publications, Inc.
Titel der Originalausgabe: «The Magic of Tone and the Art of Music.»
Gesamtdeutsche Rechte beim Scherz Verlag, Bern, München, Wien.
Alle Rechte der Verbreitung, auch durch Funk, Fernsehen,
fotomechanische Wiedergabe und Tonträger
jeder Art, sind vorbehalten.
Schutzumschlag von Bine Cordes.

Inhaltsverzeichnis

Vorwort von Peter Michael Hamel 7

Einleitung 13

1. Kommunikation: Urbedürfnis des Menschen 18
2. Der Klang als Trägerwelle für den Ton 26
3. Die Magie und das Heilige 36
4. Die Zahl und die Quantifizierung der Tonbeziehungen 50
5. Die Verräumlichung des Tonerlebens: musikalische Notenschrift und Form 62
6. Absteigende und aufsteigende musikalische Reihen 72
7. Die Obertonreihe 82
   Die sieben Seinsebenen und die Zahlensymbolik 88
   Geist kontra Natur 100
8. Der siebenstufige Tonzyklus und seine psychoaktiven Modi 104
   Die Ordnung der fundamentalen Töne 109
   Der Gedanke der Modi in der Musik 116
9. Der abendländische Geist in der Musik 122
10. Die Musik im Wandel: Die Avantgarde und der Prozeß der Entkonditionierung 144
    Charakteristische Elemente der Musik der Avantgarde 148
    Die Erweiterung der «klassischen» Musik Europas 163

11. Dissonante Harmonie, Pleroma des Klanges und das
    Prinzip der holistischen Resonanz   171
    Zwei Vorstellungen vom musikalischen Raum   178
    Holistische Resonanz   185
    Andere Auffassungen der Melodie   194
    «Tonfarbe»: Ein Mißverständnis   196
    *Das Prinzip der Stimmigkeit in zusammengesetzten
    Ganzen*   201
    Eine Vision der kosmischen Möglichkeiten der Musik   204

12. Rhythmen der Zivilisation und der Kultur   208
    Zusammenfassung und Schluß   216

Anhang:
  I. Pythagoreische und chinesische Musikauffassung   223
 II. Anmerkungen zur indischen Musik   230
III. Ursprung und frühe Entwicklung der europäischen
     Musikauffassung   237
 IV. Über meine Musik   251

Anmerkungen   260

Register   266

Vorwort

DANE RUDHYAR – MAGIER DER TÖNE

Seit Jahrzehnten gilt Dane Rudhyar in den USA und in Europa als einer der führenden Autoren auf dem Gebiet der transpersonalen Psychologie und der Philosophie. Erst seit kurzem jedoch wird er als Komponist entdeckt und wiederentdeckt. Rudhyar kann es gerade noch miterleben: Er geht auf die Neunzig.

1895 wird er in Paris geboren, seine Eltern mit dem Namen Chenneviere sind keltischer Abstammung. Bereits als 18jähriger Student der Sorbonne veröffentlicht er bei Durand ein Buch über Claude Debussy («Claude Debussy und der Zyklus musikalischer Zivilisation») sowie drei eigene Klavierstücke. Während des Ersten Weltkriegs wird Rudhyar aus gesundheitlichen Gründen nicht zum Militärdienst eingezogen und kann Europa in Richtung Amerika verlassen. 1917 dirigiert Pierre Monteux an der Metropolitan Opera in New York vier Orchesterstücke Rudhyars mit dem Titel *Metachory*, die wohl erste polytonale Musik für amerikanische Ohren, die beeinflußt war von Igor Strawinskis *Sacre du Printemps* und Alexander Skrjabins *Prometheus*. Die *Sacre*-Uraufführung hatte Rudhyar noch in Paris miterlebt, die erste *Prometheus*-Aufführung in Kanada, wo er auch mit theosophischen Kreisen in Berührung kam.

Schon damals, in den Zwanziger Jahren, erlebt Rudhyar Amerika als «New World» und erhofft oder visioniert eine Bewußtseinshaltung des geweiteten spirituellen Horizontes, wie sie heute als «New Age»-Philosophie in Kalifornien zu finden ist. Dort hat er übrigens schon damals seine Heimat gefunden, denn er war aus gesundheitlichen Gründen auf das dortige Klima angewiesen.

Die späteren Jahre bringen mit der wirtschaftlichen Depression Existenzkrisen, die dazu führen, daß Rudhyar das Komponieren aufgeben muß und auf vielseitige Weise als Autor, Herausgeber, Geschäftsmann, später auch Kunstmaler sein Brot verdient. Vor allem seine wissenschaftlich-astrologischen Schriften machen ihn berühmt, und das Komponieren beschränkt sich auf wenige Kammermusik. Ein freiberuflicher, nirgendwo angestellter Komponist wurde (und wird?) in den Vereinigten Staaten keineswegs so selbstverständlich ohne kommerziellen Nutzen von großen Sinfonieorchestern aufgeführt und vom Universitätswesen gefördert, wie man das in mitteleuropäischen Ländern zumindest erwartet.

Darum gründet Rudhyar zusammen mit dem namhaften Komponistenkollegen Henry Cowell die «International Composer's Guild» und die «California New Music Society», die beide in Verbindung mit dem Dirigenten Leopold Stokowski stehen. 1934 wird dann mit finanzieller Unterstützung von Charles Ives, dem großen amerikanischen Komponisten (mit Hauptberuf Versicherungsdirektor) und einflußreichen Sympathisanten Rudhyars, die schon 1925 vollendete *Sinfonietta* für Orchester in vier Sätzen veröffentlicht. Ives hat große Sympathie für Rudhyars «spirituell orientierten Weg». Die *Sinfonietta* zählt neben *Surge of Fire* und der szenischen Musik für das *Pilgrimage Play*, das in den Hollywood-Waldhügeln Anfang der Zwanziger Jahre uraufgeführt wurde, zur ersten Schaffensperiode Rudhyars. Die vier ineinander übergehenden Sätze sind mit «Andante tragico, Allegro con fuoco, Andante contemplativo und Moderato marcato» überschrieben, und man könnte nach Rudhyars eigenen Worten diese Musik als subjektiv oder neoromantisch bezeichnen, ohne daß da klassisch-überlieferte Strukturen oder ein formulierbares Programm existierten: «Das ist einfach Klang in Bewegung, mit dem Ziel einer Resonanz in der Seele des Hörenden, Musik des inneren Daseins, nicht nur physisch oder intellektuell konstruiert...»

Zu seinen wichtigsten Klavierwerken der damaligen Zeit zählen die 1924 und 1927 entstandenen *Tetragrams*. Im fünften dieser neun Klavierstücke beschreibt Rudhyar Einsamkeit und Verlassenheit: «SOLITUDE folgt: Die dunkle Leere nach dem nutzlosen Versuch einer Verwirklichung des Ideals... die langen leeren Stunden, angefüllt mit befremdlichen Träumen. Doch die Bestrebung dauert an, eine unstillbare Sehnsucht.»

Erstaunlich ist Rudhyars zweite musikalische Schaffensperiode, die erst beginnt, als er 1976 nach Palo Alto übersiedelt und seine frühen Klavierstücke von jungen Musikern wiederentdeckt werden. Über 80jährig, komponiert, vollendet und instrumentiert Dane Rudhyar heute seine Musik mit unverminderter Schaffenskraft. 1977 werden die *Tetragrams* aus den Zwanziger Jahren zusammen mit dem neuen Klavierwerk *Transmutation – a tone ritual* auf Schallplatte veröffentlicht. Hierzu schreibt Rudhyar:

«*Transmutation*, ein Tonritual in sieben Sätzen, wurde mit Unterstützung eines Stipendiums des ‹National Endowment for the Arts› im Frühsommer 1976 in Palo Alto komponiert. Es soll einige der Hauptphasen des Prozesses der inneren, psychischen und emotionalen Transformation beschwören... Die holistische Resonanz der Klaviertöne soll im Bewußtsein des Hörers schwingen und eine tiefere Erfahrung des inneren Lebens und der psychischen Transformation auslösen.»

Danach entstehen Rudhyars zwei Streichquartette für das exzellente kalifornische Kronos-Quartett, *Advent* und *Crisis and Overcoming*. Das erstere, fünfsätzige hat folgende bezeichnende Satztitel: «Visitation, Tumult in the Soul, Tragic Vision, Summons and Response und Acceptance.» Der Sinn, die Absicht seiner Musik sei die Vermittlung von Bewußtseinszuständen und inneren Erfahrungen, meint Rudhyar. Sie solle empfindsame menschliche Wesen durch schwingende Töne und ausdrucksvolle Melodien zu einem intensiveren Fühlen und Erleben stimulieren.

Mit diesen Worten beschreibt er auch den Ausgangspunkt seiner ganzheitlichen Musiktheorie, wie er sie jetzt an seinem Lebensabend in dem vorliegenden Buch *Magie der Töne* formuliert hat. Große Bedeutung haben hierin das Pythagoreische Denken, die Obertonproportionen der Harmoniker (ohne Kenntnis der Schriften von Hans Kayser und Rudolf Haase konzipiert), der Oktavenbereich der einzelnen Obertöne, wie ihn die «Secret Doctrine» der Theosophin Helene Blavatzki esoterisch beschreibt, und schließlich das Wissen um das Schamanentum, die alte indische Musik und unsere eigene frühchristliche und mittelalterliche Tradition.

Zuerst beschreibt Rudhyar die Entwicklungsgeschichte der Musik in Entsprechung zur Entwicklung des menschlichen Geistes als einen Prozeß, in dessen Verlauf Ordnungssysteme und Aufbaustrukturen von Tönen und Klängen geschaffen werden. Sein «Urbedürfnis nach Kommunikation» setzt der Mensch für magische Zwecke ein, welche sich nach Ansicht Rudhyars zur sakralen Geisteshaltung entfalten, von der animistischen zur vitalistischen Stufe des menschlichen Bewußtseins. Dessen evolutionäre Veränderung von der Antike an, musikalisch geprägt durch die Verwendung des Monochords durch Pythagoras bis hin zur polyphonen Musik und der Volksmusik der spätgotischen Zeit, ist der Gegenstand der folgenden Kapitel.

Neuntes und zehntes Kapitel befassen sich mit der europäischen Musik der klassischen und romantischen Epoche und «mit der tiefen Krise, die die Musik seit Debussy, Skrjabin, Strawinski und Schönberg erlebt». Schließlich spricht Rudhyar vom Auflösungsprozeß des abendländischen Geistes, der sich vor allem in der Musik der Avantgarde zeige – ein komplexer Prozeß, der in viele Richtungen ziele und von der Wissenschaft bis zur Politik in jedem Bereich menschlicher Tätigkeit wirksam werde: «Für Komponisten, deren Musikgefühl im Rahmen der strengen Überlieferungen der europäischen Kultur ausgebildet wurde, ist es sehr schwer, wenn nicht unmöglich, die Ganzheitlichkeit des musikalischen Raumes zu erfahren, der dem menschlichen Bewußtsein zur Verfügung steht. Sie können daher kaum die Qualität erfahren, die dem Ganzen dieses Raumes innewohnt, den TON. Sie erfahren den TON nur innerhalb der Grenzen, die die westliche Kultur errichtet hat.»

Bei Rudhyar ist eine erhebliche Distanz zur 12-Ton-Lehre Arnold Schönbergs zu verzeichnen. Er geht im übrigen mit dem Begriff Avantgarde nicht eurozentrisch begrenzt um, sondern sieht aus amerikanischem, vielleicht sogar kalifornischem Blickwinkel einen Zusammenhang von fernöstlichen Weisheitslehren, Erfahrungen mit halluzinogenen Drogen und avantgardistischer

Musik. Manch hiesiger Musikwissenschaftler mag hierbei zum Widerspruch provoziert werden, denn in der Tat trifft es für europäische Avantgardisten eher selten zu, daß sie Erfahrungen mit Gurus oder Drogen gemacht haben. Auch auf akustisch-physikalischem Gebiet kann es für den voreingenommenen Leser zu Mißverständnissen führen, wenn Rudhyar etwa den Begriff TON oder OKTAVE in einem geistig-übertragenen Sinn verwendet. In solchen Fällen hat sich der Übersetzer bemüht, Abweichungen von den herkömmlich definierten Fachbegriffen der Musiktheorie und Akustik zu vermeiden.

Immerhin gelingt es Rudhyar hervorragend, seine in musikalischem Zusammenhang neu geprägten Begriffe wie «syntonische Musik» («Eine Musik mit der Absicht, die psychische Energie konkreter Töne zu vermitteln, könnte man syntonische Musik nennen»), «holistische Resonanz», «Entkonditionierung» und «Archetypenlehre» sowie «dissonante Harmonie» oder «Pleroma des Klanges» zu erklären: «Man sollte es dem Hörer des Werkes ermöglichen, über ein Gefühlserlebnis in der Vielfalt der Musik die Einheit zu entdecken, die wie ein Saatkorn ist. Das kann allerdings nur geschehen, wenn der Hörer *zuläßt*, daß der Ton der Ganzheitlichkeit des musikalischen Ganzen in seinem Bewußtsein und seiner Gefühlswelt Resonanz findet... In diesem gefährlichen Augenblick der Menschheitsgeschichte kann man sich kaum eine Vorstellung von der zukünftigen, auf dissonante Art einheitlichen Musik und ihrer holistischen Resonanz machen.» Im letzten Kapitel seines Buches gibt Rudhyar einen Überblick über seine persönliche «kosmische Philosophie», die eine Wandlung des Denkens in neuem, ganzheitlichem Sinn, eine radikale Umgestaltung der Musik «mit offenem und spirituell hellem Geist» fordert.

Im Mai 1983 brachte mich ein vom unabhängigen kalifornischen Radiosender KPFA/FM veranstaltetes «Historic Music Seminar» in San Francisco in einen Dialog mit Dane Rudhyar. Ich hatte mit Beispielen alter Musikkulturen begonnen und ihren Einfluß auf die Entwicklung des menschlichen Bewußtseins, der Gesellschaft und ihrer Kultur dargestellt. Dann sprach Rudhyar ausführlich und lebendig über die zeitgenössische Musik dieses Jahrhunderts, hatte er doch in Paris noch Debussy, Ravel und Erik Satie gut gekannt, war später im Gespräch mit Béla Bartók, Cowell und Ives und interessiert sich bis heute für alle aktuellen Strömungen neuester Musik, denen er zum Teil, wie etwa der *Minimal Music*, durchaus kritisch gegenübersteht. Schließlich beendete ein gemeinsames Gespräch über zukünftige Musik in ihrer möglichen Beziehung zum *«mind of wholeness»* («Geist der Ganzheitlichkeit») und der transpersonalen Vision das ganztägige Seminar. Es ist mir unvergeßlich, wie klar und kraftvoll sich der fast Neunzigjährige in seinen frei vorgetragenen Gedanken äußerte; er machte mir deutlich, daß alles, was ich in meiner eigenen, 1976 erstmals erschienenen Schrift *Durch Musik zum Selbst* angesprochen hatte, von ihm schon seit Jahrzehnten zusammengedacht und zusammengesehen wurde.

Seinem Buch *Magie der Töne*, das hier nun erstmals in deutscher Übersetzung vorliegt, wünsche ich als Leser nicht nur den musikausübenden Kenner, sondern auch den unvoreingenommenen Musikliebhaber und geistigen Wegsucher, der das eine oder andere Fachwort überliest zugunsten des inneren, höheren geistigen Zusammenhangs, den das Lebenswerk dieser großen Persönlichkeit vermittelt.

München, an Rudhyars 89. Geburtstag, dem 23. 3. 84

Peter Michael Hamel

EINLEITUNG

Dieses Buch stellt den letzten Versuch in einer Reihe von Bemühungen dar, eine Grundlage für ein objektives, geschichtliches und umfassendes Verständnis nicht nur dessen zu legen, was wir heute Musik nennen. Verstanden werden sollen auch Bedeutung und Absicht der bewußten Verwendung vokaler und instrumentaler Töne in alten und in außereuropäischen Kulturen.

Den ersten Versuch unternahm ich 1925. Ich kam 1916/17 nach New York, weil Pierre Monteux einige meiner Kompositionen für Orchester aufführte.[1] Dort traf ich einige Japaner und Hindus, Künstler, die mich mit Aufnahmen asiatischer Musik bekannt machten und mich in Rezitationen alter japanischer Dichtung einführten, die auf außergewöhnliche Art intoniert wurden. Ich verbrachte daraufhin den Sommer 1917 in der New York Public Library und las alles, was ich über orientalische Musik wie auch über die Philosophie Indiens finden konnte. Nachdem ich dann nach Hollywood, Kalifornien, umgezogen war, um Musik für das Hollywood Pilgrimage Play zu schreiben und mich dort niederzulassen, beschäftigte ich mich noch intensiver mit der orientalischen Philosophie und dem westlichen Okkultismus. Aus Frankreich erhielt ich einige Bände der hervorragenden *Encyclopédie de la Musique*, die Albert Lavignac herausgegeben hatte, und die vielleicht die erste detaillierte, umfangreiche Untersuchung aller wichtigen Musikkulturen der Welt war. Ich hatte damals schon Artikel geschrieben, in denen ich die Musiker aufforderte, einen weltweiten Zugang zur Musik zu finden und die Entwicklung der europäischen Musik objektiv und kritisch zu sehen – wie auch das, was die Notierung in Notenschrift aus dem Tonerlebnis gemacht hatte.

Als ich 1925 für ein paar Monate nach New York zurückkehrte, brachte mich all dies dazu, weitere Bücher über asiatische Musik zu durchforschen und ein umfangreiches Buch zu schreiben, «The Rediscovery of Music». Die Frau des Verlegers Alfred Knopf interessierte sich für mein Vorhaben, fand aber mein Manuskript viel zu ungewöhnlich und strittig, um «geschäftlich Chancen» zu haben. Mein Umgang mit indischen Musikern führte damals dazu, daß ich ein viel schmaleres Werk schrieb, *The Rebirth of Hindu Music*, das 1928 in Indien, in Madras, verlegt wurde. (1979 wurde es bei Samuel Weiser Inc. in New York neu herausgegeben.) 1931 überarbeitete ich eine Reihe von Vorträgen, «Liberation through Sound», und brachte sie (auf zehn mimeographierten Bogen) in Umlauf. Sie stellten einen metaphysischen Zugang zum Klang in großen Zügen dar, dazu Übungen, die die verborgene Bedeutung der Intervalle, die ich behandelte, fühlbar machten.

Die Weltwirtschaftskrise erschwerte es mir zunehmend, die Vorträge mit musikalischen Beispielen über die «Neue Musik» weiterzuführen, die ich vor kleinen Gruppen von Menschen gehalten hatte, welche sich für meine philosophische und musikalische Auffassung interessierten. Zu jener Zeit war es Komponisten kaum noch möglich, öffentliche Zuschüsse oder Stipendien zu erhalten, und wenn es solche Möglichkeiten gab, waren sie fast gänzlich den Vertretern des Neoklassizismus und Formalismus vorbehalten, einer Richtung, der ich mich energisch widersetzte. Aus verschiedenen persönlichen Gründen verließ ich damals das Gebiet der Musik, von kurzen Spannen des Komponierens abgesehen.

Nach dem Zweiten Weltkrieg und der Verbreitung von Plattenaufnahmen und Bändern außereuropäischer volkstümlicher wie auch klassischer Musik, vor allem indischer, wurde eine neue Generation rastloser junger Suchender, die gegen «das Establishment» und die westliche Auffassung von Religion, Moral und künstlerischer Überlieferung aufbegehrten, von Meditationspraktiken und orientalischer Musik gefesselt, vor allem von der Musik der Inder, der Sufis des Nahen Ostens und der Musik Balis. Meine Kompositionen aus den zwanziger Jahren wurden von jungen Pianisten wieder aufgeführt, und eine Reihe eifriger Leser meiner Bücher über Astropsychologie und die Ewige Philosophie *(Philosophia perennis)*, die in uralten Ideen wurzelt, wollten meine Gedanken über das kennenlernen, was ich 1927 «Weltmusik» genannt hatte. Sie erhielten einige Exemplare meines maschinegeschriebenen Textes «The Rediscovery of Music», und man bat mich, ihn in einer neuen Fassung zu veröffentlichen.

1970 schrieb ich dann ein gänzlich neues Werk, «The Magic of Tone and Relationship». Darin nahm ich viel altes Material auf und entwickelte Gedanken, die ich in einem längst vergriffenen Band, *Art as Release of Power* (1929 veröffentlicht), in großen Zügen dargestellt hatte. Meine Verleger in New York und Kalifornien meinten jedoch, das Publikum für ein Buch, das Gedanken zur Musik, Philosophie, Gesellschaft und Kultur in sich vereinigte, sei viel zu klein. Junge Musiker kauften dennoch ein paar Fotokopien des maschinegeschriebenen Textes.

Während der letzten zehn Jahre wurde allmählich jene musikalische Avantgarde bekannt, die nach dem Zweiten Weltkrieg vor allem in Deutschland entstanden war, wo Bücher veröffentlicht wurden, die neue oder lang vergessene Vorstellungen über Musik und Harmonik entwickelten. Auch in Amerika haben gelehrte Spezialisten in hohem Maße theoretische Untersuchungen alter ägyptischer, mesopotamischer und indischer Quellen veröffentlicht, alte Texte entziffert, von denen die meisten nur in Bruchstücken erhalten sind und weitgehend interpretiert werden müssen. Es läßt sich schwer feststellen, ob diese Deutungen zutreffend oder von Vorurteilen gefärbt sind, die unserer westlichen Zivilisation eigen sind. Ich habe aber das Gefühl, daß die meisten dieser Spezialisten in ihre Untersuchungen Überzeugungen hineintragen, die, was die Evolution des menschlichen Bewußtseins und die Geisteshaltung der Autoren betrifft, deren Schriften sie emsig deuten, äußerst fragwürdig sind.

Mit anderen Worten, die Lage im Bereich schöpferischer und experimenteller Musik und die Ansichten über Eigenart und Bedeutung der Musikkulturen haben sich beträchtlich geändert, nicht nur seit den dreißiger Jahren, in denen ich «The Rediscovery of Music» schrieb, sondern auch seit 1970 und dem Buch «The Magic of Tone and Relationship». Deshalb sah ich mich gezwungen, dieses Buch zu schreiben. 1925 ging es mir vor allem darum, den Wert außereuropäischer Musik zu zeigen und aufzuweisen, was wir durch die Entwicklung unserer komplizierten Partituren und Orchester verloren haben. Heute ist es nicht mehr so wichtig, den Gedanken zu verbreiten, daß andere Musikkulturen zu ihrer Zeit und an ihrem Ort Wert und Bedeutung haben, die jenen der westlichen Musik durchaus vergleichbar sind. Viel wichtiger erscheint es mir heute, sich mit den Veränderungen im musikalischen *Bewußtsein*, mit der Bedeutung von Klang und Ton zu befassen – und das eher von einer philosophischen als einer rein musiktheoretischen Grundlage aus. Es ist unerläßlich, daß die Generationen von Musikern und Musikliebhabern in Gegenwart und Zukunft nicht nur lernen, wie Musik gemacht wird oder in der Vergangenheit gemacht wurde, sondern daß sie auch die grundlegende Frage stellen: *Wozu* gibt es Musik?

Wozu es Musik in einer neuen Gesellschaftsform geben könnte, die sich nach einer – anscheinend bevorstehenden – weltweiten Krise entwickeln wird, läßt sich unmöglich vorhersagen. Schließlich haben wir keine Ahnung, welche Formen eine derartige Krise annehmen mag oder wie radikal die gesellschaftlich-kulturellen Veränderungen sein werden, die sie mit sich bringt. Wir können lediglich versuchen zu begreifen, wie das, was ich ein «Kulturganzes» nenne (vom Historiker Arnold Toynbee eine «Gesellschaft» oder «Zivilisation» genannt), sich entfaltet, und wie sich jede Stufe des Werdegangs dieses Kulturganzen in einer besonderen Einstellung zur Musik als Kunst und zum Tonerlebnis bekundet.

Das euroamerikanische Kulturganze unterscheidet sich nicht grundsätzlich von jenen, die voraufgingen oder sich gleichzeitig entfalteten; dennoch neigen wir dazu, ihm eine einzigartige Geltung zuzuschreiben. Das ist kultureller Stolz oder kultureller Chauvinismus. So erstaunlich die Entwicklung der westlichen Musik auch war, sie läßt doch viele Grundfragen unbeantwortet. Will man sich mit diesen Fragen befassen, muß man die Gültigkeit einiger grundlegender Ansichten überprüfen, die an unseren Schulen gelehrt und sogar von den progressivsten Komponisten und Künstlern als selbstverständlich hingenommen werden.

Viele Musiker der Avantgarde versuchen, neue Zugänge zur

Musik zu entdecken. Doch während sie noch Vorstellungen angreifen, die man sie gelehrt hat, müssen sie sich schon mit gänzlich neuen Fragenkomplexen auseinandersetzen, die durch die Einführung eines gewaltigen Aufgebots an neuen mechanischen und elektronischen Mitteln zur Schallerzeugung aufgeworfen werden. Das verleitet Komponisten und Künstler, sich als Toningenieure, als Elektronikfachleute zu betätigen, und oft sind sie von den neuen Techniken so fasziniert, daß die Grundfragen unbeantwortet bleiben. Möglich, daß die Techniken wichtig und nötig sind, um die Erwartungen eines gewaltig anwachsenden internationalen Publikums zu erfüllen, das auf neue Sensationen und Nervenkitzel erpicht ist. Und möglicherweise führen diese Techniken *schließlich* zu einem neuen Tonbewußtsein, vielleicht zu einer Art «kosmischer» Musik. Doch wenn die neuen Entwicklungen den höheren Möglichkeiten, die in ihnen liegen, entsprechen sollen, dürfte man sie nicht für verbrauchte, klassische europäische Vorstellungen über Musik und Form einspannen. Sie sollten auf die Grundlage eines neuen (in gewissem Sinne jedoch sehr alten) Tonbewußtseins, eines Bewußtseins des Wesens und der Kraft des Klangs gestellt werden.

Absicht dieses Buches ist, zu erläutern, was die Grundlage der Musik in den Kulturen war, die der pulsierenden Lebenskraft und der Erfahrung des Magischen und Heiligen nahe blieben. Es will erklären, wie die Musik intellektualisiert wurde und in abstrakten und meßbaren Formen erstarrte, und es soll die Möglichkeit einer zukünftigen Art von Musik aufzeigen, die die Werte der alten außereuropäischen Vergangenheit und die unserer komplexen abendländischen Musik integriert. Dieser Absicht angemessen zu entsprechen, ist offensichtlich ein enorm schwieriges Unterfangen. Ich kann nur hoffen, daß dieses Buch den Weg zu einem tieferen Verständnis der Entwicklung von Musikkulturen sowie der Bedeutung von Klang und Ton weist. Vielleicht legt es den Grund zu einer umfassenderen Untersuchung, bei der viele unvoreingenommene Köpfe zusammenarbeiten müßten: Philosophen, die mit der esoterischen Tradition vertraut sind, und ein neuer Typ des Archäologen und Musikwissenschaftlers, der frei ist von den vorgefaßten Meinungen moderner Gelehrsamkeit.

1. KOMMUNIKATION: URBEDÜRFNIS DES MENSCHEN

Das organische Leben in der Biosphäre der Erde verlangt, daß Organismen Beziehungen zu anderen Organismen aufnehmen. Die Menschen sind besonders darauf angewiesen, bleibende Beziehungen zu anderen Menschen herzustellen; daher die Abhängigkeit von der hochentwickelten Fähigkeit, mit anderen zu kommunizieren. Die Fähigkeit, Verbindung aufzunehmen, tritt auch bei den Tieren auf, wobei viele eine Art Sprache verwenden, um innerhalb ihrer Spezies und Gattung zu kommunizieren.

Denken wir an die Sprache, so neigen wir dazu, uns eine Kommunikation vorzustellen, die auf der Aussendung von Klängen, vor allem von Klängen der Stimme beruht. Im Englischen hat das Wort *language* etymologisch mit der Zunge zu tun (französisch *la langue*, lateinisch *lingua*). Doch Klänge, die der Kommunikation dienen, können auch mit anderen Körperteilen erzeugt werden, und es gibt Sprachen, die mit Gesten arbeiten (zum Beispiel die Zeichensprachen einiger Stämme sowie die der Taubstummen).

Die Erziehung von jungen Tieren, Kleinkindern und Erwachsenen beruht auf der Nachahmung von Gesten und komplexen Verhaltensweisen (zum Beispiel das Spielen von Musikinstrumenten oder das Nähen). Beim Lernen der meisten Fähigkeiten in der Kindheit geschieht folgendes: Die Erwachsenen führen den effektiven Gebrauch des Nervensystems vor, das die Muskeln und Sinnesorgane beherrscht. Die Vorführung der Erwachsenen liefert dem Kind ein Bild, das es genau kopieren kann. Lernen beruht also in erster Linie auf Nachahmung; auf Bildern, die der Lernende zuerst betrachtet und die er dann spontan oder unter einem gewissen Druck nachzuahmen versucht. Diese Bilder und Verhaltensweisen prägen sich ein, wenn die Eltern oder Lehrer den Kindern wiederholt Beispiele geben.

Die Sprache besteht indessen aus Äußerungen, die Bedeutung tragen, und es erfordert mehr als bloßes Lernen, will man die Art von Information verstehen, die sie vermittelt. Erforderlich ist die Entwicklung dessen, was ich den «kulturellen Geist» nenne. Der kulturelle Geist ist der *Geist der Verbundenheit*. Es ist Geist, der fähig ist, Nomina (Namen) und Verben mit Hilfe von Konjunktionen oder Beiwörtern zu Sätzen zusammenzufügen. Ein Geist, der «Geschichten» folgen, sie verstehen und sich einprägen kann, in denen verschiedene Personentypen agieren, reagieren und interagieren und dabei bestimmte bedeutsame Verhaltensweisen an den Tag legen.

Diese Geschichten sind *Mythen*. Sie geben dem jungen Geist die Gefühlserkenntnis weiter, daß gewisse Handlungsweisen von größter Bedeutung sind und daß sich eine Nachahmung lohnt. Ihr Wert wird jedem Mitglied der Gemeinschaft (und zunächst vielleicht des Familienverbands) durch *Riten* vermittelt, in denen *Wörter* eine Art objektiver Information über die bedeutsame Handlung weitergeben, die im Mythos (den Ereignissen der Geschichte) geschildert wird. *Klänge* übermitteln dabei ein kollektiv-subjektives psychisches Kräftespiel, das direkt auf die Nervenzentren der Menschen einwirkt, die am Ritus teilnehmen. Die Symbolhaftigkeit der Gestalten und ihrer Handlungen in der mythischen Geschichte wird durch rituelle *Gesten* betont und ausgedrückt.

Wurden Mythen auf diese Art mitgeteilt, so vermittelten sie den Angehörigen der ursprünglichen menschlichen Gemeinschaften Ereignisse, die für ein erfolgreiches Zusammenleben und ein gemeinsames Fühlen von grundlegender Wichtigkeit sind. Diese Mitteilung ist auf drei Ebenen wirksam: Auf der Ebene der Information, der Ebene des Psychismus und der Ebene der Tätigkeit. *Information* muß man sich einprägen, darf sie nicht vergessen; sie befaßt sich damit, wie man effektiv auf äußere physische Vorkommnisse oder auf innere biologische Triebe und Gefühle reagiert. Das Wort *Psychismus* verwende ich, um auf die einigende Kraft zu verweisen, die die Mitglieder einer

Gemeinschaft innerhalb eines psychisch wirksamen Feldes zusammenhält, in dem sie ihre Einheit erfahren.[2] *Tätigkeit* erfordert Zusammenarbeit; sie mußte früher ständig auf die jahreszeitlichen Biorhythmen der Natur abgestimmt werden. Von diesen Rhythmen hieß es, sie spiegelten die verschiedenen Phasen der schöpferischen Tätigkeit der Götter wider, die als mythische Personifikationen verschiedener Aspekte der allumfassenden und unaufhörlich tätigen Kraft dargestellt wurden. Diese Kraft wurde oft das «Eine Leben» oder das «unauslotbare Geheimnis» genannt (in Indien Brahman, bei Indianerstämmen Amerikas Wakinya śkan, in der Terminologie des mittelalterlichen Mystikers Meister Eckart die «Gottheit»).

Ohne diese drei Ebenen der Kommunikation könnte es keine Kultur geben. Da Kultur zwei Bedeutungen hat, eine subjektive (wie in «ein Mann von Kultur») und eine objektive (wie in «die Entwicklung einer bestimmten Kultur»), verwende ich den Begriff *Kulturganzes*, wenn ich auf das verweise, was man (vor allem der englische Historiker Arnold Toynbee) eine Gesellschaft genannt hat. Ein Kulturganzes ist ein vielschichtiges Gewebe von Beziehungen zwischen Personen und zwischen Gruppen, die auf den biologischen, psychischen und schließlich geistigen Ebenen wirksam sind. Im weitesten Sinn des Begriffs ist ein Kulturganzes ein Organismus oder wenigstens ein organisches System von Tätigkeiten, an denen eine Anzahl Menschen teilhat, die ein gemeinsamer Psychismus vereint – wobei Psychismus für ein Kulturganzes das ist, was die Lebensenergie (Prana) für den einzelnen Körper ist.[3]

Toynbee unterscheidet zwischen primitiven Gesellschaften und solchen, die auf dem Weg sind, sich zu dem zu entwickeln, was allgemein Zivilisation genannt wird. Zivilisationen hat es, wie neuere historische Dokumente zeigen, nur sehr selten gegeben, und sie traten nur während der letzten paar Jahrtausende auf. Andererseits hat es vermutlich seit dem völlig unbekannten Ursprung der Art von Menschheit, deren Entwicklung heute noch andauert, eine gewaltige Zahl primitiver Gesellschaften gegeben. Während die frühesten Gesellschaften kaum eine Spur hinterließen, sind einige relativ primitive Gesellschaften heute noch am Leben. Obwohl diese von vielen Anthropologen und

Ethnologen untersucht wurden, bleibt doch die Frage, ob solche Untersuchungen die psychische Eigenart und die besondere Beschaffenheit der Stufe der menschlichen Entwicklung wirklich erfaßt haben, die sich in primitiven Gesellschaften äußert. Die frühesten Gesellschaften, die in Form von Architektur, von Kunstgegenständen, Musikinstrumenten und Handschriften über Religion, Philosophie, Wissenschaft und die Handhabung verschiedener gesellschaftlich-politischer Institutionen Dokumente ihrer Leistungen schufen, welche die Zeiten überdauerten, waren die Gesellschaften Sumers, Ägyptens, Indiens, Chinas und des präkolumbianischen Amerika. Die Anfänge dieser Kulturganzen (die bei Toynbee Zivilisationen heißen) liegen eigentlich immer noch im Dunkeln. Die Historiker nahmen an, daß sie einst primitive Gesellschaften waren, die entweder den Keim dynamischen Wachstums in sich trugen oder die aufgrund bestimmter Herausforderungen durch die Umwelt vorwärts gedrängt wurden. Andererseits wird in religiösen und esoterischen Überlieferungen behauptet, daß diese Kulturganzen ursprünglich von quasi göttlichen Königen regiert oder von göttlichen Lehrern unterwiesen wurden, die noch aus früheren Menschengeschlechtern stammten, welche auf jetzt verschwundenen Kontinenten lebten. Oder es sollte sich bei ihnen um Wesen handeln, die aus weiter fortgeschrittenen Sphären auf unseren Planeten gekommen waren. Ich folge in diesem Buch einer Sichtweise, die davon ausgeht, daß man sich die Entwicklung eines Kulturganzen am besten als einen Vorgang natürlichen Wachstums vorstellt, der *möglicherweise* von den Nachfahren eines voraufgegangenen Kulturganzen gelenkt wurde.

Auf jeden Fall unterscheiden sich jene Gesellschaften, die Dokumente ihrer Errungenschaften hinterließen, von denen, die das nicht taten, vor allem durch die Entwicklung eines Bewußtseins, das ganz besondere Kommunikationsformen hervorbrachte. Es waren dies Formen der Kommunikation, die nicht nur für Menschen gültig waren, welche etwa zur gleichen Zeit lebten, sondern die höchst bedeutsam für relativ lange Abfolgen von Generationen waren. In primitiven Kulturganzen bleibt die Kommunikation intrakulturell, auf die eine Kultur beschränkt. Nur die Angehörigen des einen Kulturganzen können all das völlig aufnehmen, was die Gesten, Töne und mythischen sakromagischen Wörter seiner Riten vermitteln. Diese Kommunikation ist auf die Verwendung von *Symbolen* angewiesen – auf symbolische Gesten, symbolische Klänge, symbolische Handlungen (Mythen) –, die auf der Ebene des Psychismus des Kulturganzen wirksam sind. Mit der Entwicklung des *abstrakten Verstandes* – des Geistes, welcher Zahlen, geometrische Formen und Beziehungen einsetzt, die mit dem Biologischen nichts zu tun haben – weitet sich die Kommunikation über das geschlossene Feld des Kulturganzen eines Stammes hinaus aus und nimmt einen interkulturellen Charakter an.

Wenn das geschieht, werden Symbole zu Ideen. Der Psychismus, der in der primitiven Gemeinschaft eine grundlegende Einmütigkeit geschaffen hatte, tritt seine integrierende Kraft an Intellekt und Vernunft ab. Die Mythen, die eine spirituell-psychische Kommunikation schufen, werden von einer Geschichte ersetzt, die sich an Ereignissen orientiert und intellektuelle Information liefert. Dann besteht auch die Tendenz, daß die Untersuchung *genauer* musikalischer Intervalle – das heißt der mathematischen Verhältnisse der Frequenzen (der Anzahl von Schwingungen pro Sekunde) der Klänge, die in streng festgelegten Reihen (oder Tonleitern) auftreten – an die Stelle des direkten Erlebens von Tönen tritt. Sie werden wichtiger als jene Töne, die mit psychisch wirksamer Energie gesättigt sind und für sakromagische Zwecke eingesetzt wurden. In der bildenden Kunst (Malerei und Plastik) wird die genaue Wiedergabe der Erscheinung von Gegenständen und Personen das Ziel der Künstler. Ihren Vorgängern ging es nur um sakromagische Formen, welche nicht lediglich die vergängliche Persönlichkeit der Menschen, sondern ihr Einssein mit der Funktion des Teilnehmers an rituellen und mythischen Handlungen enthüllen sollten.

Eine derartige Änderung von Bewußtsein und Tätigkeit innerhalb eines Kulturganzen gestaltet dieses schließlich radikal um. Allerdings dauert es lange, bis die Umgestaltung insgesamt wirksam wird. Zunächst erfaßt sie nur einige wenige Angehörige des Kulturganzen. Die Masse der Leute hält an der gewohnten biopsychischen Weise des gemeinsamen Lebens und Fühlens fest. Sie denkt weiter im Sinne der überlieferten Bedeutungen der

Wörter, die sie in der Kindheit erlernte. Doch die Umwandlung, die ein paar begeisterte Pioniere einleiten – welche nicht so sehr als Individuen wirken, sondern eher als halbbewußte Vermittler einer rätselhaften evolutionären Kraft –, entfaltet eine eigene Energie, gewöhnlich unter gesellschaftlichen und ökonomischen Bedingungen, die ihre Ausbreitung begünstigen. Schließlich wird es Mode, sie wenigstens intellektuell anzuerkennen. Sie wird in neue Wörter gekleidet, in Form mehr oder weniger neuer Begriffe integriert, die mit neuen Gefühlen befrachtet sind – zunächst hauptsächlich mit dem Gefühl der Auflehnung gegen die alten Autoritäten, dann mit dem Glauben, man sei etwas ganz Besonderes und gehöre einer Elite an. Früher oder später wird die neue geistige Haltung gesellschaftlich und kulturell organisiert, dann institutionalisiert.

Eine so grundlegende und doch allmählich fortschreitende Umwandlung des Bewußtseins und der Tätigkeiten der Angehörigen eines Kulturganzen kann man verschieden deuten. Sie hat, auf verschiedenen Ebenen, aufeinander folgende und gleichzeitige Ursachen: biologische, wirtschaftliche, politische, geistige und religiöse, selbst planetarische und «kosmische» (oder spirituelle). Ich möchte hier betonen, daß die Umwandlung eine Veränderung nicht nur des Bewußtseins mit sich bringt, sondern auch eine der *Ebene*, auf der zu kommunizieren die Menschen übereinkommen, wenn es um die Vermittlung von Erfahrungen geht, die von der Kultur als höchst wertvoll und bedeutsam angesehen werden. Obwohl viele menschliche Erfahrungen auf der primitiveren biopsychischen Ebene, auf der des Gefühls, kommuniziert werden müssen, legt unser intellektuell entwickeltes abendländisches Kulturganzes kollektiv und offiziell Wert auf eine Kommunikation, die den spezialisierten Einsatz des hochentwickelten abstrakten Denkens erfordert. Das abstrakte Denken operiert bezeichnenderweise auf der Grundlage von Zahl und Form – folglich mit quantitativen Messungen, Statistiken sowie formaler Anordnung und Entwicklung.

Ein Kulturganzes erreicht diese Stufe der Zivilisation, wenn sich sein kollektives abstraktes Denken genügend entwickelt hat. Es wirkt dann auf drei Ebenen. Die *Verstandestätigkeit* wirkt auf der Ebene, die als die höchste angesehen wird, da sie zur Erkenntnis dessen führt, was man Wahrheit nennt. Der *Psychismus* wirkt auf der Ebene, auf der Gefühlsreaktionen vermittelt werden. Ritualisierte Gesten, die bestimmten kollektiven Zwecken dienen, sind auf der Ebene *körperlicher Tätigkeit* wirksam. Zu diesen Gesten zählen auch Büroarbeit, Bewegungen, die an Fließbändern ausgeführt werden, alle überlieferten und legalisierten Formen der Geschäftswelt, der Regierungstätigkeit und des Sports. All das sind Rituale, die das Kulturganze als gegliedertes System funktionsfähig erhalten sollen. Dieses System wurzelt in einer bestimmten Art oder auf einer bestimmten Ebene von Bewußtsein, die es auch fortbestehen lassen und exportieren will.

In primitiven Kulturganzen ist der Geist hauptsächlich Diener des Lebens. Der Geist stabilisiert die Lebensenergie und verstärkt die Wirksamkeit der Grundtriebe des Lebens: des Selbsterhaltungstriebs, des Triebs, optimale Lebensbedingungen zu erreichen, die die Aufrechterhaltung der wesentlichen Eigenschaften der Gattung ermöglichen, und des Triebs, sich in Raum (Eroberung) und Zeit (Nachkommenschaft) auszudehnen. Wenn die Stufe der Zivilisation erreicht ist, entzieht der Geist dem Psychismus und der Lebenskraft jedoch zunehmend Energie. Stellt dann eine einseitige und ausschließliche Konzentration auf die Entwicklung des quantitativen und analytischen Verstandes das Messen und die Form über den Inhalt der Form, kann es zu sterilen Ergebnissen kommen – die vielleicht «elegant» in ihrer Einfachheit und scheinbaren Allgemeingültigkeit (das Ideal moderner Wissenschaft) sind, aber nichtsdestoweniger steril.

Alles bisher Gesagte kann auf die Musik übertragen werden, oder vielmehr auf den absichtsvollen Gebrauch, den Kulturganze vom Klang machen. Ich sage lieber «Klang» als «Musik», weil der Begriff Musik nur verwendet werden sollte, um auf eine Kommunikation zu verweisen, die auf der Ebene des kollektiven Psychismus einer Kultur liegt. Selbst dann bedeutet das Wort Musik gewöhnlich nicht das, was es für relativ gebildete Musiker und Musikliebhaber unserer euro-amerikanischen Gesellschaft heißt. Die Musik primitiver Gesellschaften ist nicht in dem Sinne Musik, wie wir den Begriff auffassen. Sie ist *Tonmagie*. Wenn wir verstehen wollen, was Tonmagie heißt, müssen wir versuchen, eine Art einfühlsamer psychischer Resonanz für das Bewußtsein primitiver Menschen und ihrer instinktiven Reaktionen auf den Klang zu entwickeln, Klang als Kraft der Kommunikation und der Schöpfung.

2. DER KLANG ALS TRÄGERWELLE FÜR DEN TON

Als objektive und meßbare Erscheinung wird der Klang auf der molekularen Ebene der Materie durch Schwingung erzeugt und übertragen. So wie die Menschen gegenwärtig geartet sind, erstrecken sich die Schwingungen, die als Klang hörbar sind, von einer tiefen Frequenz von 16 Schwingungen pro Sekunde zu einer hohen von etwa 25 000. Diese Schallschwingungen entspringen einer materiellen Quelle, die ausreichend elastisch sein muß, um hin und her schwingen zu können, und sie werden von Druckwellen übertragen, die auf die Moleküle eines leitenden Mediums einwirken. Gewöhnlich ist die Luft das Medium akustischer Erscheinungen, doch Klangwellen können auch von Wasser und festen Stoffen dem Ohr oder jedem anderen Teil eines Organismus vermittelt werden, die auf sie reagieren und sie zu einem Hörzentrum übertragen können. Dieses Zentrum ist in der Lage, die Wellen zu deuten und kann in vielen Fällen auf die Beschaffenheit ihrer Quelle schließen. Eine Klangquelle in Schwingung zu versetzen, erfordert den Einsatz von Energie. Die Freisetzung der Energie wird durch einen Spannungszustand im Klangerzeuger ermöglicht.

Nach den neuesten Entdeckungen der Wissenschaft wie auch vielen alten Erklärungen der Naturerscheinungen ist überall Bewegung. Ihre Geschwindigkeit jedoch – das heißt die Frequenz einer vollständigen Schwingung (oder Periode) dieser Bewegung – kann gewaltige Unterschiede aufweisen. Die Bewegung der Moleküle ist bei weitem langsamer als die der Atome und ihrer Teilchen. Die Schwingungen, auf die unsere Augen reagieren und die das Bewußtsein in den Sehzentren des Gehirns als Licht deutet, sind bei weitem schneller als jene, die unsere Hörzentren als Schall deuten. Sie erstrecken sich von etwa 450 Milliarden Schwingungen pro Sekunde bis zu etwa 750 Milliarden. Während der Schall von den Molekülen seinen Ausgang nimmt, entstehen Licht und andere elektromagnetische Schwingungen durch die schwingende Bewegung von atomaren Teilchen. Denkt man sich Schall, Radiowellen, Licht und Röntgenstrahlen als unterschiedliche Ebenen (oder «Oktaven») von Frequenzen, die durch bloße Zahlen hinreichend definiert sind, so mag das intellektuell und analytisch vertretbar sein, ergibt aber, was das menschliche Bewußtsein und lebenswichtige Reaktionen betrifft, kaum einen Sinn. Jenseits des Wahrnehmungsbereichs unserer Ohren oder Hörzentren gibt es Ultraschall; aber selbst wenn man seine Frequenzen beträchtlich erhöhte, zu Farben würde er nie werden. Der Zusammenhang, den manche Menschen zwischen Klängen und Farben erkennen, rührt aus ihren subjektiven psychischen Reaktionen auf Klang und Farbe her, hat jedoch nichts mit den objektiven periodischen Bewegungen zu tun, die dem Bewußtsein durch zwei gänzlich verschiedene Wahrnehmungsweisen übermittelt werden, von denen jede mit bestimmten Arten von Nerventätigkeit und Reaktionen des Organismus verbunden ist.

In den meisten alten Kosmologien auf metaphysischer Grundlage – also solchen, die von einem transzendenten geistigen Bereich des Seins sprechen, der der materiellen Existenz und dem Werden vorausgeht – heißt es, ein Freisetzen von Klang sei die Ursache des «Sturzes» der FORMEN eines geistigen Bereichs (Noumena und Archetypen) auf die Ebene der objektiven, wahrnehmbaren und meßbaren Stoffe, die die Grundlagen existentieller Dinge bilden. Hinduistische Metaphysik und Kosmologien sprechen vom uranfänglichen schöpferischen KLANGRAUM als der Kraft, die die vielen Welten des Seins gebiert.[4] Im 1. Buch Mose sprach Elohim (der Gott im Plural, Schöpfer des Universums): «Es werde Licht», und es ward Licht. Das *Sprechen* deutet auf das Freisetzen einer schöpferischen Kraft hin, die man sich als KLANG in seinem geistigen oder aus dem Geist hervorgegangenen Aspekt denken sollte. Das Ergebnis der göttlichen Äußerung ist Licht. Der KLANG geht daher dem Licht voraus.[5]

Metaphysisch verweist KLANG auf die Freisetzung einer Kraft, die die göttliche IDEE in die materielle objektive Manifestation sozusagen abstürzen läßt. Andererseits symbolisiert in der frühen Phase des Schöpfungsvorgangs, auf die im 1. Buch Mosis, 1,3 hingewiesen wird – das heißt *bevor* Sonne und Mond erscheinen –, der Begriff «Licht» den bewußten Geist, der dualistisch wirksam ist: Der grundlegendste und ursprünglichste Dualismus, den ein Mensch erfährt, ist der von Licht und Dunkel. Während also Licht das Erscheinen des objektiven Bewußtseins ermöglicht und sein Symbol ist, verweist KLANG auf das Wirken des schöpferischen Willens.

Normalerweise gewahren wir Licht nur insoweit, als es von stofflichen Substanzen, wozu auch die Atmosphäre gehört, reflektiert wird. Reflektiertes Licht macht uns in gewisser Weise eine äußere Welt von Gegenständen bewußt, die den Raum füllen. Ähnlich müssen wir vielleicht das, was wir Schall nennen (Klang als Schwingung molekularer Materie), als dynamische Energieströme verstehen, die von der Materie, welche in Schwingung versetzt wird, zurückgeworfen werden. Die Energie ist die des schöpferischen Willens, welche eine qualitative Wirkung auf molekulare Substanzen wie die Luft ausübt, die diese Einwirkung ihrerseits auf die mitschwingenden Mechanismen des menschlichen Ohrs übertragen.

Im alten Indien glaubte man, Klang gäbe es in zwei Formen. Körperlich wahrnehmbare Klangschwingungen wurden Ahata genannt. Ein unhörbarer geistig gearteter KLANG, mit dem unter besonderen Voraussetzungen die nicht-körperlichen Aspekte des menschlichen Bewußtseins in Resonanz sein können, wurde Anahata genannt. Anahata-KLANG sollte als die Kraft des göttlichen Willens aufgefaßt werden, die die Protomaterie des Chaos (die «dunklen Wasser des Raums» im 1. Buch Mose, die *Prima materia* der mittelalterlichen Alchemisten) in Bewegung setzt. Dieser schöpferische KLANG veranlaßt die Materie, sich in Wirbeln von Bewegung zu drehen.

Atome wie auch Planeten drehen sich. Kosmischer KLANG ist die Kraft, die die Drehbewegung jeder Kugelform des Seins erzeugt.[6] Als schöpferische Kraft, die aus dem Geist hervorgeht, sollte er als absteigende Bewegung gesehen werden, da wir die

Materie instinktiv als schwer, träge, widerstrebend und den tiefsten Aspekt des Seins ansehen. Die Materie muß von «höheren» Mächten bewegt werden. Der kosmische KLANG in seinem uranfänglichen Aspekt ist eine dieser Mächte. Auf der biologischen Ebene verweist KLANG vielleicht auf das, was der menschlichen Nerventätigkeit als Ausdruck des Willens Kraft verleiht. Durch die Anwendung dieser Kraft kann der Wille eines Menschen die Muskeln veranlassen, sich zusammenzuziehen und physisch tätig zu werden. Es gibt einen biologischen unbewußten Willen der Organismen, den wir Instinkt nennen, und einen bewußten, aus sich selbst motivierten und gelenkten Willen. Zwischen diesen beiden Ebenen des Willens befindet sich auch das, was wir Emotionen (wörtlich ein «Hinausbewegen») nennen. Emotionen können ebenfalls Muskelbewegungen hervorrufen, auch wenn uns viele davon kaum bewußt werden. Unter dem Einfluß verschiedener Emotionen führt der Mensch Gesten aus, handelt er instinktiv oder bewußt.

Daß die Musik fähig ist, Emotionen auszulösen – oder genauer, Gefühle zu erregen, die zu Emotionen führen –, zeigt sich selbst in der westlichen Kultur sehr deutlich, die die Musik ganz und gar intellektualisiert hat.[7] Diese Macht der Musik wird in vielen alten Büchern Indiens, Chinas und des pythagoreischen Griechenland betont und ausführlich besprochen – ebenso die Kraft des Klangs, einen Organismus zu heilen und zu stärken, wobei sich dieses «Heilen» auf das Geistige und Emotionale wie auch auf den leiblichen Körper eines Menschen bezieht.[8]

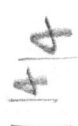

Wille und KLANG haben jedoch einen neutralen Charakter. Im traditionellen Okkultismus wie in der Magie wird betont, daß hinter dem Willen das Begehren steht. Hinter dem Willen stehen allerdings nicht nur Begehren und biologische wie psychische Bedürfnisse, die befriedigt werden wollen, sondern auch Ideen, die nach Verwirklichung streben. Wille und KLANG sind Vehikel, um Bedürfnisse, Emotionen, Ideen und subjektive Zustände des Seins oder Bewußtseins zu konkretisieren oder nach außen zu bringen. Wille und KLANG sind *Trägerwellen*, die etwas Potentielles in einen Zustand der Tatsächlichkeit und der wirksamen Manifestation überführen. Das, was Wille und KLANG übertragen, das überlagert diesen seinen bestimmten Charakter, zu dem sowohl ein implizierter Zweck wie auch eine verborgene Bedeutung gehören. Dieser Charakter verleiht Klängen die Qualität des *Tons*. Ähnlich wird den physischen Mechanismen des Körpers durch die Willenstätigkeit das überlagert, was wir den Entschluß nennen, sich in eine bestimmte Richtung zu bewegen, auf ein bestimmtes Ziel zu oder von ihm fort.

Da KLANG und Wille neutral sind, können sie für zerstörerische (katabolische) oder aufbauende (anabolische) Zwecke eingesetzt werden. Der Klang kann töten wie auch heilen. In einigen Schulen der japanischen Kriegskunst wird ein tiefer, sehr intensiver Schrei gelehrt, der den Widersacher töten soll. Dieser Klang ist ein *Ton* der Stimme. Es handelt sich um einen Ton und nicht nur um einen Klang, weil eine ganz bestimmte Absicht, ein Zweck verfolgt wird. Auf der physisch-biologischen Ebene überträgt und vermittelt er den bewußten Willen zu töten. Es ist ein Ton der Stimme, mit magischer Kraft geladen.

Das Wort *Ton* hat mehrere Bedeutungen, die der Klarheit zuliebe unterschieden werden sollten. In der Musiktheorie bezeichnet der Begriff *Ton* ein Intervall – das heißt das Verhältnis zweier aufeinanderfolgender Stufen in einer Art abstrakter Leiter von Klängen, die Skala genannt wird. Zwischen den Enden der Leiter befinden sich Töne und Halbtöne; gelegentlich unterscheidet man sogar Vierteltöne. Wir sprechen aber auch vom besonderen Ton eines Musikinstruments und auch von niedrigen und hohen, lauten und leisen Tönen. In diesen Fällen bezieht sich Ton auf die Frequenz und Intensität von Klängen. Das Wort Ton hat auch Bedeutungen, die nichts mit der Musik zu tun haben. Man spricht vom Muskeltonus eines Menschen und vom Ton der Moral einer bestimmten Gesellschaft. In der Arzneimittelkunde werden einige Substanzen Tonikum genannt. In diesen Fällen meint Tonus die Fähigkeit eines Organismus, eines Menschen oder einer ganzen Gesellschaft, auf eine Herausforderung mit der Mobilisierung ihrer Energie zu antworten oder sich lediglich einer Reihe von Umständen entsprechend zu behaupten. Tonus ist damit beinahe synonym mit Potenz. Außerdem ist ein Zustand der Spannung angedeutet, wie eine Violinsaite gedehnt und gespannt werden muß, soll sie Töne erzeugen. Allem, was zu wenig gespannt ist, fehlt Tonus.

Die grundlegende Spannung im metaphysischen Sinn ist die zwischen Geist und Materie – oder in der «Philosophie der Ganzheit», die ich entwickelt habe, die Spannung zwischen dem «Prinzip der Einheit» und dem «Prinzip der Vielfalt».⁹ Das Universum ist das Ergebnis einer schöpferischen Freisetzung von Kraft, die aus dieser Spannung entsteht. Spricht man von reiner Energie, ist diese schöpferische Freisetzung KLANG. Da er der unbelebten Weite des Chaos (reine Materie) die mitfühlende Eigenschaft und Absicht des Geistes (als Ausdruck jenes Prinzips der Einheit, welches die Religionen als Gott personifizieren) übermittelt oder mitteilt, manifestiert sich der KLANG im Bewußtsein spirituell erleuchteter Wesen als ein einziger GRUNDTON. Das ist der TON des Einen Lebens, welches das gesamte Universum erfüllt. Es wird «Ein Leben» genannt, weil es die Absicht des Prinzips der Einheit oder dessen, was die Mystiker «das Eine» nennen, erfüllt.

Dieses Eine Leben ist wesentlich durch Bewegung charakterisiert. Die Weise, auf die es wirkt, erleben wir als Veränderung. Das menschliche Bewußtsein ist auf seinen frühen Stufen verwirrt von der Vielschichtigkeit und augenscheinlichen Unberechenbarkeit der Ereignisse, die die Sinne wahrnehmen, und faßt die Veränderung als Folge zufälliger Bewegung, als Spiel des Zufalls auf. Da der Verstand jedoch fähig wird, sich zu erinnern, Dinge miteinander zu verknüpfen und Ordnung in der Abfolge und im gleichzeitigen Auftreten von Naturerscheinungen und sich wiederholenden Ereignissen festzustellen, nimmt die Veränderung allmählich einen im Grunde zyklischen Charakter an. Der reife Geist und mehr noch der erleuchtete des Weisen begreift, daß alles Leben zyklisch ist. Die Bewegung ist zyklisch (oder periodisch), weil sie von der unaufhörlichen rhythmischen Wechselwirkung zweier entgegengesetzter und komplementärer Prinzipien gleicher Stärke hervorgerufen wird, von denen eins zunimmt, während das andere abnimmt.

Zyklische Bewegung ist durch eine wiederkehrende Reihe grundlegender Beziehungen gekennzeichnet. Zyklische Bewegung ist als Prozeß wirksam, vor allem, wenn sie als zweckhaft und sinnvoll erlebt (oder gesehen) wird. Ein Prozeß hat auf jeder Ebene seiner Wirksamkeit einen Anfang und ein Ende, und zwischen Anfang und Ende lassen sich eine Reihe von Phasen erkennen und bezeichnen. Je vielschichtiger der Prozeß, desto zahlreicher die Phasen. Eine wiederkehrende Reihe von Phasen schafft die Struktur des zyklischen Prozesses – den *Archetyp* des Prozesses.

In der westlichen Musik wird solch eine archetypische Struktur Tonleiter oder Skala genannt. Eine musikalische Leiter ist eine wiederkehrende Reihe von Noten, die innerhalb einer Oktave enthalten sind. Zwei Klänge befinden sich im Oktavabstand, wenn die Frequenz (Anzahl der Schwingungen pro Sekunde) des einen doppelt so groß ist wie die des anderen. Diese beiden Klänge werden, *was die Struktur der Tonleiter betrifft*, als identisch angesehen. Beide sind der Anfang einer Reihe, und beiden gibt man denselben Namen. So betrachtet der Musiker die beiden Klänge als *dieselbe Note*, die sich aber auf zwei Oktavebenen befindet. Zwischen ihnen befinden sich andere Noten, von denen jede eine besondere Phase eines zyklischen Wandlungsprozesses darstellt, und die Verhältnisse zwischen all den Noten behalten durch alle Oktavenebenen hindurch ihren strukturellen Charakter bei.

Die Gliederungssysteme der Skalen mögen sich in den verschiedenen Musikkulturen, die es heute noch gibt, ähnlich sein – doch ähnlich heißt nicht identisch. In den folgenden Kapiteln werden die Tonleitern unserer abendländischen Musik und ähnliche Arten musikalischer Ordnung in außereuropäischen, vor allem asiatischen Kulturen untersucht. Nicht nur die Formen solcher sich wiederholenden Reihen sind grundsätzlich verschieden, sondern auch der Geist ist es, in dem man sie als Grundlage der Musik auffaßt und verwendet – und vor allem sind *Eigenart und besonderer Charakter* der Klänge verschieden, die in diesen Reihen eine Ordnung erhalten.

Zwischen einem *Ton* (im dynamischen, vitalen, magischen und/oder heiligen Sinn des Wortes) und einer musikalischen *Note* als Bestandteil einer Skala (von daher in Beziehung zu anderen Noten) besteht ein grundlegender Unterschied. Leider sehen die meisten Musiker die Wörter Ton und Note als austauschbar an, da sie sich des Unterschieds nicht bewußt sind, und traditionsgebundene westliche Komponisten, Musikschulen und Universitäten haben diesem Unterschied zu wenig Aufmerksamkeit geschenkt. Deshalb ist es wichtig, diese Begriffe genau zu definieren. Klang, Ton und Note haben genau festgelegte Bedeutungen, auch wenn sie sich auf die gleiche akustische Erscheinung beziehen. Jeder Begriff meint eine besondere Reaktion auf ein musikalisches Ereignis – eine andere Art, zu fühlen und über das nachzudenken, was gehört wurde.

Klang (nicht im metaphysischen Sinn) bezieht sich einfach auf die Übertragung schwingender Bewegung und ihre Wahrnehmung im Hörzentrum des Gehirns, nachdem die verschiedenen Teile des Ohrs von Resonanz erfaßt wurden. Ein *Ton* ist ein Klang, der dem Bewußtsein des Hörers eine wichtige Information vermittelt (oder das kann), weil er vom besonderen Wesen, vom besonderen Charakter der Klangquelle durchtränkt ist und sie überträgt (oder dazu fähig ist). Ton ist also ein Klang, der Bedeutung trägt. Ein Ton hat als Einzelphänomen, das von einem Lebewesen mit einem Mindestmaß an Bewußtsein erlebt werden kann, eine Bedeutung in sich selbst.

Eine musikalische *Note* hat andererseits für sich genommen keine Bedeutung. Sie hat *nur in Beziehung zu anderen Noten* eine Bedeutung. Dieselbe Note kann von mehreren Instrumenten gespielt werden, die in Wirklichkeit sehr unterschiedliche Klänge erzeugen. Eine Note hat abstrakte Bedeutung, da sie grundsätzlich nicht mit besonderer Tonhöhe, einem Timbre (Klangeigenschaft), Lautstärke oder Art der Erzeugung verbunden ist. Eine Note kann auf eine andere Schwingungsebene transponiert werden (das heißt, ihre Frequenz kann geändert werden), ohne daß sich ihre musikalische Bedeutung groß verändert, wenn ihr Verhältnis zu allen anderen Noten gleich bleibt. Eine Note ist noch abstrakter, wenn man sie als eins der zahllosen Elemente einer Partitur sieht – einer Partitur, die vielleicht nie aufgeführt wird (das heißt durch Klänge aktualisiert, die das Ohr wahrnehmen kann), die aber doch, zumindest für ausgebildete Musiker, *de facto* Musik ist.

Seit dem sechzehnten Jahrhundert ist die abendländische Musik das Ergebnis einer Anwendung des Ordnungssystems von *Noten*, das wir Tonalität nennen. Archaische Musik und gewisse Arten außereuropäischer Musik, die zeitlich vor der Moderne liegen und ihrem Charakter wie ihrer Absicht nach sakromagisch waren, beruhten dagegen ursprünglich auf einer Ordnung der *Töne*, die einzeln wie auch in ihrer zyklischen Gesamtgruppierung tiefen Sinn vermittelten oder Kräfte der Veränderung waren.

Wenn Musik als Kunst angesehen und unter dem Gesichtspunkt ästhetischer Wertung erlebt wird – das heißt in Begriffen von Form, Gleichgewicht, rationaler Gliederung und Vergnügen, das die Sinne befriedigt –, geht es im wesentlichen um die Anordnung der Noten. Das Ordnungsprinzip hat sich in der Form eines Prototyps einer Notenreihe – oder besser einer Reihe von Intervallen zwischen den Noten – als das konkretisiert, was wir heute Tonleiter nennen. Eine Skala ist eine Reihe von Verhältnissen zwischen abstrakten Punkten (den Noten der Skala), wobei das Intervall zwischen zwei Noten aus dem Verhältnis ihrer Frequenzen resultiert.

Die Töne archaischer Musik resultierten nicht aus mathematischen Verhältnissen. Sie waren eng und unlöslich mit Göttern, Naturgeistern, kosmischen Elementen, biopsychischen Zuständen in Tier und Mensch und sehr oft mit einer bestimmten Jahres- oder Tageszeit verknüpft. Diese mythologische und vitalistische Verknüpfung verlieh jedem Ton eine mitteilbare Bedeutung und machte aus dem Ton ein Ding mit besonderem Charakter oder besonderer Eigenschaft. Man stattete die Töne nicht nur mit einem besonderen Wesen und individuellen Eigenschaften aus, sondern auch mit einem funktionalen Charakter als Bestandteile eines Klangorganismus, der im Sanskrit Grama genannt wird.

Grama bedeutete ursprünglich Dorf. Leben und Kultur Indiens stützten sich in alter Zeit gänzlich auf die Dorfgemeinschaft, die Grundeinheit sozialer Ordnung. Innerhalb der Dorfgemeinschaft übte jeder Mensch, jede Familie eine bestimmte Funktion aus. Es gab Kasten und Unterkasten (ursprünglich oder theoretisch nicht vererbbar). Jede stand für eine biopsychische Funktion, in der sich ein Grundaspekt der Ordnung des Kosmos spiegelte. Ähnlich erfüllte jeder Ton des Grama – es waren zunächst wahrscheinlich fünf, später sieben Töne – eine bestimmte Aufgabe in diesem Prototyp eines musikalischen Ganzen, eines Mikrokosmos des Universums. Doch diese Töne

– und das ist ein wesentlicher Punkt – waren alle durch etwas miteinander verbunden, was man symbolisch ein Bindegewebe nennen könnte. Der Grama war ein Ganzes aus schwingender Energie, genau wie das Dorf ein Ganzes aus Häusern und Familien war. In beiden vollzog sich immer ein Kreislauf wirkungsvoller Tätigkeiten.

Bei der Aufführung dieser urtümlichen, magischen und (später) heiligen Gesänge achtete man ebenso aufmerksam auf den Weg, auf dem man sich einem Ton näherte, wie auf den Ton selbst – so wie wahrhaft Liebende den Weg, auf dem sie sich dem oder der Geliebten nähern, so wichtig wie den Liebesakt selbst nehmen. Um ganz zu verstehen, wie sehr sich diese Auffassung der Musik von unserer westlichen Tradition unterscheidet, müssen wir die ursprüngliche und philosophische Bedeutung der Wörter *magisch* und *heilig* betrachten. Leider werden sie heute oft in materialistischem Sinne verwendet. Wir müssen verstehen, worin sich das Magische und das Ästhetische grundlegend unterscheiden und wie eine Verwechslung von religiös und heilig vermieden werden kann. Es ist heute wichtiger als je zuvor in den letzten tausend Jahren, diese Unterschiede zu sehen, denn die «Revolution des Bewußtseins», auf die man in der Musik der Avantgarde Hoffnungen setzt, kann nur positiv beurteilt werden, wenn man sich klarmacht, daß sie einen wenn auch unvollständigen Versuch darstellt, die Gefühle neu zu wecken, die die Menschen einst für das Magische und das Heilige hegten.

3. DIE MAGIE UND DAS HEILIGE

Magie ist ein bewußter Willensakt, der durch eine besondere Form verdichtet wird und sich auf ein bestimmtes Ding oder Wesen richtet. Und für das primitive, magisch orientierte Bewußtsein sind alle Formen der Existenz, alle Dinge lebendig. Sie sind besondere Formen, die das Eine Leben angenommen hat, um gewisse Handlungen durchzuführen. Der mit magischer Kraft ausgestattete Schamane ist in der Lage, mit dem innersten Charakter, der Eigenart jener Handlung mitzuschwingen und so ihren NAMEN aufzudecken. Jede Einzelform des Einen Lebens hat ihren NAMEN – oder von einer viel späteren Entwicklung des menschlichen Geistes aus betrachtet, ihren Archetyp.

Magie ist daher ein Akt, der den magisch Handelnden befähigt, ein lebendiges Wesen dadurch zu beherrschen, daß er den NAMEN des Wesens erklingen läßt. In einigen Fällen ist eine Beherrschung unmöglich, weil das Wesen – ein Naturgeist, ein Gott oder der eine Gott der primitiven Stammesgemeinschaft – zu mächtig ist. Der magisch Handelnde kann dennoch dieses Wesen anrufen und es zwingen, eine leiblich-konkrete oder psychisch wahrnehmbare Form anzunehmen und sich seine Bitte oder Forderung anzuhören. Er kann das Wesen mit geweihter Nahrung oder Opfern dazu bringen, seine Gunst zu gewähren oder ein Geheimnis zu offenbaren.

Magische Tätigkeit bedeutet, Kommunikation herzustellen. In der Ton-Magie kann diese Kommunikation unter dem Gesichtspunkt der Resonanz betrachtet werden. Das Phänomen der Resonanz der Materie kann man in seinem einfachsten Aspekt leicht vorführen, indem man eine Menge kleiner Sandkörner auf eine Metallplatte gibt, auf die die Klangschwingungen einer Violinsaite übertragen werden. Die Sandkörner bilden dann geometrische Muster, die sich wandeln, wenn die Frequenz (Anzahl der Schwingungen pro Sekunde) des Klangs verändert wird. Ebenso kennt man Sänger, die ein leeres Glas durch Resonanz bersten lassen können. Sie erzeugen mit der Stimme einen Klang, der exakt die Eigenfrequenz (oder Tonhöhe) des Glases trifft.

Klang ist grundsätzlich das Mittel, magischen Willen zu übertragen. Magische Töne können besonders kraftvoll sein, wenn sie mit Körperbewegungen verbunden werden, das heißt mit bestimmten Riten und magischem Tanz. In einem rituellen Tanz werden die charakteristischen Bewegungen eines Tiers oder (in weiter entwickelten Kulturganzen) die periodischen Läufe der Planeten um die Sonne imitiert. Imitation ist die einfachste der magischen Handlungen; man glaubt, das zu werden, was man imitiert. Ähnlich soll man auf geistiger Ebene das werden, was der Geist sich vorstellt. Wenn ein individueller oder kollektiver Wille mit Hilfe einer Form tätig wird, deren ständige Wiederholung eine Person veranlaßt oder sie gar zwingt, diese Form bewußt oder unbewußt zu imitieren, kann man von Magie sprechen.

Magie ist kein archaisches Konzept. Sie ist die häufigste Handlungsweise in der Gesellschaft, und zwar in jeder Epoche der Entwicklung einer Gesellschaft, die abendländische nicht ausgenommen. Archaische und moderne Magie unterscheiden sich vor allem in der Ebene, auf der der magische Wille tätig wird, und in der Bewußtseinsebene der Personen, die der Wille zu beeinflussen sucht. Daneben bestehen Unterschiede in den Arten von Klängen, NAMEN und wiederkehrenden Bewegungen (Ritualen), die man einsetzt, um die Inhalte zu übertragen, welche der Wille dem Empfänger aufzuzwingen versucht, auf den er es abgesehen hat. Glücklicherweise ist der Wille der modernen «Magier» gewöhnlich nicht ausreichend konzentriert und die Absicht zu allgemein, um deutliche Wirkung zu haben – von der sehr ritualisierten Gehirnwäsche abgesehen, die darauf abzielt, die körperliche und seelische Kraft des Empfängers absichtlich zu schwächen, durch die er Einflüsterungen abzuwehren und sich die Identität (den NAMEN) und die besondere Aufgabe zu bewahren vermag, die er als Individuum, als Einzelwesen in der Gesellschaft erfüllt.

Primitive Gesellschaften sind ursprünglich auf der Ebene des Animismus aktiv. Auf der animistischen Stufe einer Kultur (genaugenommen einer Protokultur) verleihen die Menschen jedem wiederkehrenden Naturgeschehen einen quasi persönlichen Charakter. Diese Wesenheiten sind relativ freundlich oder feindlich. Die Menschen müssen sie um Hilfe bitten oder ihre Angriffe abwehren, indem sie sie günstig stimmen. Alle menschlichen Tätigkeiten sind der Absicht nach magisch – dazu gehören auch alle biologischen Funktionen, die den urtümlichen Überlebens- und Expansionstrieb anscheinend unterstützen oder hemmen. Mit den Elementarkräften der Natur (personifiziert als Götter) – und im allgemeinen mit allem, was auf die Vorgänge des Lebens, des Wachstums und der Erhaltung der Tierarten einwirkt, die sich mit dem Menschen in ein Territorium teilen – muß man sich auseinandersetzen, muß sie besänftigen oder mit Hilfe der Magie benutzen. Magische Kommunikationsformen werden durch eine große Anzahl verschiedener Klänge möglich gemacht. Die elementare Donnerstimme der Sturmgötter teilt den primitiven Völkern die Ankunft einer furchtbaren Erscheinung übermenschlicher Macht mit. Die Tierlaute, wobei jede Spezies (oder «Art») über ihren eigenen charakteristischen Ruf verfügt, verkünden Anwesenheit und Gestimmtheit des Tieres. Diese Klänge sind nicht einfach Zufall. Die Wesen, die sie hervorbringen, kommunizieren mit ihrer Hilfe mit anderen Lebewesen, die dem Lebensraum angehören. Die Klänge drohen und warnen, sind Aufrufe zu gemeinsamer Tätigkeit. Auf sie reagieren oder es versäumen macht oft den Unterschied zwischen Tod oder Überleben aus.

Die Menschen sind zwei Grundarten von Naturklängen ausgesetzt, denen der Elemente und der Tiere. Da diese Naturklänge potentiell oder tatsächlich eine Botschaft übermitteln, handelt es sich bei ihnen wirklich um *Töne*. Sie haben magische Kraft. Wenn Menschen sich in Resonanz zu ihnen befinden, geschieht es, daß sie den NAMEN bestimmter Tiere oder Elementarkräfte lernen – der Kräfte des Windes, der Stürme, des Regens, eines tosendes Flusses und so weiter.

Primitive Völker versuchen, elementare Töne mit Hilfe perkussiver und solcher Instrumente nachzuahmen, die wie der Wind klingen. Diese Töne bilden das allumfassende Leben des Gebietes magisch nach, in dem die Menschen geboren wurden und dem sie kollektiv und gezwungenermaßen verhaftet bleiben. Doch der wichtigste Zauber liegt in der menschlichen Stimme mit ihrer außerordentlichen Fähigkeit, die Rufe der meisten anderen Tierarten nachzuahmen und zu beschwören, eine Fähigkeit, die den Tieren fehlt. Tiere können nur das Wesen ihrer eigenen Art und die Gefühle vermitteln, mit denen sie auf die Situationen des Lebens biologisch reagieren. Der Mensch (als Gattung) kann nicht nur seinen Schmerz, seine Qual oder sein Hochgefühl durch Stimmlaute offenbaren. Er kann Tiere zwingen, auf seine Stimme zu reagieren und ihr sogar zu gehorchen.

Der Mensch handelt auf der primitiven Stufe seiner Entwicklung instinktiv und zwanghaft. Der Geist ist ganz Diener der biologischen Triebe, er wirkt als ein Prinzip der Anpassung an die Umgebung und die sich verändernden Rhythmen der Natur. Die Menschen erreichen eine neue Stufe, wenn sie in der Lage sind, sich wiederholende Veränderungen als ausgedehnte, zyklisch wiederkehrende *Prozesse* zu deuten – wobei die Veränderungen am leichtesten zu beobachten sind, die sich aus dem jährlichen Wandel von Wetter und Wachstum, Reifung und Zerfall der jahreszeitlichen Vegetation ergeben. Dieser Kreislauf des Jahres hängt mit den veränderlichen Stellungen von Mond und Gestirnen am Nachthimmel, mit dem Wechsel der Sonnenhöhe und -hitze und den periodischen Verschiebungen von Auf- und Untergang der Sonne in Beziehung auf natürliche, feste Punkte am Horizont zusammen.

Dann wird die Astrologie geboren, zusammen mit dem Akkerbau, und schließlich die Viehzucht. Viehzucht beruht auf dem magischen Prozeß, Tiere zu domestizieren, um die Überlebenschancen zu verbessern. Das vitalistische Zeitalter der Menschheitsentwicklung hat begonnen. Es kann plötzlich und allmählich kommen, wenn sich die primitiven Stämme aus Dschungeln oder Wäldern auf die offenen Ebenen hinausbegeben, die von den jahreszeitlichen Überschwemmungen großer Flüsse fruchtbar gemacht werden. Doch mag vielleicht das Auftreten außergewöhnlicher Menschen unter den primitiven Stämmen für die anfängliche und fortlaufende Entwicklung einiger Kulturganzen verantwortlich sein, die besonders dynamisch waren und schnell größer wurden. Die Überlieferungen vieler großer Kulturen – derer Ägyptens, Indiens, Mesopotamiens und Chinas – verweisen auf sehr alte Geschlechter göttlicher Lehrer und Könige, die die Menschen im Ackerbau und in den Anfangsgründen der Musik, der Architektur und der Künste unterwiesen.

Aus der Sicht des modernen analytischen Intellekts (nur eine spezielle Sichtweise, die sich in der Zukunft wahrscheinlich ganz und gar wandeln wird) ist schwer zu sagen, was an diesen Überlieferungen «wahr» ist, da die vitalistische Art, Kollektiverfahrungen der Menschen von Generation zu Generation weiterzugeben, in der Hauptsache der Mythos war. Auf der vitalistischen Stufe menschlicher Entwicklung ruhen Entstehung und Erhaltung der Kulturen auf der Überlieferung dessen, was sowohl Wissen wie Weisheit ist, und zwar durch Symbole und Mythen. Symbole sind (sozusagen) Konzentrate kollektivierter menschlicher Erfahrung. Mythen sind symbolische Formen, in die Lebensprozesse gefaßt werden. Die wichtigsten Prozesse werden zu einer Reihe von Ereignissen verdichtet, die sich auf die lebendige Erfahrung einer oder mehrerer Gestalten beziehen, die zu Symbolen dieses Prozesses geworden sind.

Ob ein bestimmter Mensch oder Gott «wirklich» existiert und all die symbolischen Ereignisse eines Mythos «wirklich» erlebt hat, ist für das mythisch funktionierende Bewußtsein der Menschen bedeutungslos, die auf der vitalistischen Kulturstufe leben. Das Adverb «wirklich» ist von sehr großer Bedeutung für den modernen Verstand, der unter dem Zwang, das anzuhäufen, was wir «Fakten» nennen, mit hoher Geschwindigkeit arbeitet. Für uns ist es anscheinend sehr wichtig, zu «wissen», ob der Mensch Jesus «wirklich» gelebt hat, gekreuzigt wurde, wieder erschienen ist und nach seinem Tod mit seinen Jüngern sprach. Doch das vitalistische Bewußtsein hält wenig von diesem «Wissen». Dieses Bewußtsein ist auf das innerste Wesen des archetypischen MENSCHEN eingestimmt, schwingt mit ihm und weiß so – auf seine eigene Art, die nicht die des Wissenschaftlers ist –, daß es unter bestimmten Umständen, die durch Zeit und Ort der Geburt Jesu symbolisiert sind, jedem Menschen möglich ist, Christus nachzufolgen, das heißt *den Christusmythos selbst zu leben.*

. Welche Rolle spielt es dann, ob Jesus wirklich die Ereignisse durchlebte, die im Evangelium berichtet werden? Es kommt einfach darauf an, das Mysterium, die Weisheit zu leben, die durch den Christusmythos und seine Symbole offenbart wurden. Das Wissen, daß Jesus wirklich existierte und in Jerusalem gekreuzigt wurde, mag nötig sein, um dem Geist eines Einzelwesens, das in Begriffen wie Daten und persönlichen Lebensläufen denkt, die überragende Bedeutung des Christuslebens zu vermitteln und einzuprägen. Auf der vitalistischen Ebene des Bewußtseins jedoch geht es kaum um Einzelpersonen, die stets mehr oder weniger entbehrlich sind. Was zählt, ist die auf endloser Wiederholung beruhende Fortdauer eines Lebensprozesses in seiner wesentlichen Eigenart und ursprünglichen Form, den der Mythos in zeitlosen Symbolen offenbart. Die Symbole sind in dem Sinne zeitlos, daß ihre Bedeutung, ihr Gewicht nicht durch irgendwelche Veränderungen beeinträchtigt werden, die während jenes Lebenszyklus eintreten, auf den sich das Symbol bezieht. Sie haben im Hinblick auf jenen zyklischen Lebensprozeß eine unveränderliche Bedeutung – eine ewige (äonische) Bedeutung.

Zwar wohnt die Kraft, den Menschen einer Kultur die lebendige Eigenart und das volle Potential ihrer Lebensweise zu vermitteln, den großen Mythen der Kultur inne, doch muß diese Kraft der Kommunikation, um voll und ganz wirksam zu sein, von Zeit zu Zeit durch die Aufführung heiliger Riten neu belebt werden. Ein heiliges Ritual kann als magische Aufführung gesehen werden, doch ist es in einem besonderen Sinn magisch. In den entscheidenden Momenten eines Kreislaufs von Wandlungen stellt es in eindringlicher, den Menschen betreffender Form dar, was die schöpferische Lebenskraft am Anfang des Kreislaufs hervorbrachte. Diese Lebenskraft, die das gewöhnliche Verständnis der Menschen übersteigt, wird als schöpferisches Wirken der Götter zum Mythos erhoben. Was auf die schöpferische Tätigkeit der Götter eingestimmt ist und sie durch Symbole wieder herbeirufen kann, ist *heilig.*

Wenn die Menschen die heiligen Rituale aufführen, die direkt oder indirekt mit dem Schöpfungsmythos verknüpft sind, haben sie teil an den Schwingungen der Schöpferkraft der Götter. Jede Kultur hat ihren Schöpfungsmythos. Der der hebräisch-christlichen Kultur steht im 1. Buch Mose, auch wenn sich die moderne Astrophysik eifrig bemüht, ihn durch einen eigenen Mythos von der Entstehung des Kosmos zu ersetzen. Die Geschichte der Astronomen vom Urknall und dem Prozeß, den er in Bewegung setzte, ist ein Mythos, auch wenn sie vom intellektuellen, analytischen Verstand als anscheinend logisches Gebäude aus sorgsam angehäuften «Tatsachen» aufgebaut wurde. Er ordnet eine Anzahl interpretierter Fakten in eine Abfolge von atomaren und physikalischen Phänomenen ein – Fakten, die *nur* dann relevant sind, wenn man annimmt (eine gewaltige Annahme!), daß die «Naturgesetze» immer und überall so gewesen sind, wie sie unserer begrenzten Auffassungsgabe momentan erscheinen. Es handelt sich um einen Mythos, der die Stufe der geistigen Entwicklung der abendländischen Zivilisation anzeigt, so wie ältere religiöse Kosmogonien den Zustand des Bewußtseins und die Gefühle offenbarten, in dem und mit denen frühere Kulturganze auf Natur, Leben und gesellschaftliche Prozesse reagierten.

Mircea Eliade zeigt in seinem Buch *The Sacred and the Profane* eindringlich die Bedeutung des Heiligen in primitiven Kulturen.[10] Dieses heilige Tun der Götter wird vor allem zu Beginn aller Daseinszyklen wirksam, wenn es auch nie wirklich endet, da es sich in einer besonderen Zeitdimension vollzieht, die immer gegenwärtig ist. Wer in Begriffen historischer Zeit denkt, muß sagen, daß Gott nur einmal und für allemal *schöpferisch* handelte, und zwar bei der Erschaffung der Welt, auch wenn Er dem christlichen Mythos nach in der Gestalt Christi ebenfalls ein für allemal als *Erlöser* tätig war. In vitalistischen Kulturen wird der jahreszeitliche Kreislauf der Vegetation im Sonnenmythos symbolisiert, der während der letzten hundert Jahre so häufig von den Anthropologen untersucht worden ist. Dieser Mythos wurde in den Mysterien der Antike dargestellt, deren heiliger Charakter während der großen Epoche der athenischen Kultur noch außer Frage stand. Heilig war alles, was ursprünglich mit ihm verknüpft war, weil es sich in tiefer Resonanz zum schöpferischen Tun der Götter befand.

Die heiligen Taten eines Menschen, der sein ganzes Dasein den

Göttern (oder Gott) weiht und es ihnen als einen Kanal zur Verfügung stellt, durch den ihre (oder Seine) Schöpferkraft fließen kann, sind in ihrer potentiell umwandelnden Wirkung magisch. Doch sind sie mehr als nur magisch, da in mythischer Sicht die menschliche Gestalt und ihr Bewußtsein völlig von der göttlichen Kraft ergriffen wurden. Gott handelt *durch* den Menschen, und dieses Wirken findet *jetzt* statt, da Gottes Tun ewig ist. Es ist also nicht so, daß dieses göttliche Wirken zu jeder Festzeit und in jedem heiligen Ritual wiederholt wird; es ist vielmehr derselbe Akt, der aus dem unwandelbaren Reich Gottes in das der sich stets verändernden Ereignisse sozusagen hinabgebracht wird.

Jeder Augenblick ist für den, der auf das Heilige eingestimmt ist und mit ihm lebt, ein schöpferischer Beginn. So war sich der vorbildliche katholische Priester im Zeitalter des totalen Glaubens an den Christusmythos bewußt, daß die Messe, die er jeden Tag feierte, die erlösende Opfertat Christi *war*. In der geweihten Hostie war die Kraft Christi wirksam. Die Kommunion war eine psychisch wirksame, heilige Erfahrung eines von Gott ergriffenen Menschen.

Im Bereich der vielen Lebewesen, die im berühmten Darwinschen Kampf ums Überleben aufeinander einwirken, laufen verschiedene Arten magischer Tätigkeit ab. Jedes Lebewesen kämpft um seine Nahrung und seinen Lebensraum, den es instinktiv auszuweiten sucht. Zusammenarbeit mag die beste Art des Überlebens und der Ausdehnung sein, doch das Motiv ist immer Überleben und Expansion auf Grund einer Übermacht. Die Magie – oder heute die Technologie, eine moderne Form der Magie – beruht auf der Anwendung der Kraft, die auf die eine oder andere Art durch konzentrierten Willen erworben wurde. Das heilige Tun läuft jedoch auf einer anderen Seinsebene ab. Es erfordert zunächst eine Umpolung und Umwandlung des Bewußtseins. Hier handelt nicht mehr der Mensch; er ist vielmehr die göttliche Kraft der Schöpfung und Verwandlung, er ist eine menschliche Gestalt, die der Gott annimmt. Auf der kollektiven Ebene der Kultur scheinen die versammelten Menschen, die direkt oder indirekt mit dem heiligen Ritual zu tun haben, den Mythos aufzuführen, und doch ist es der Mythos, der durch sie handelt.

Vom intellektuellen Gesichtspunkt der modernen Anthropologen und Ethnologen aus ist der Mythos allmählich durch die Einbildungskraft vieler Individuen ausgestaltet worden. Für die Menschen der vitalistischen Zeit ist der Mythenschöpfer lediglich ein Instrument, das in Resonanz mit der Kraft der schöpferischen Stimme des Stammesgottes ist. Die vom Göttlichen ausgehenden schöpferischen Impulse nehmen im erleuchteten Bewußtsein des Mythenschöpfers häufig die Form von Visionen an, die aber dennoch an den ganzen Stamm gerichtet sind. Mythen werden auf der Ebene des kollektiven Psychismus einer Gemeinschaft von Menschen wirksam, weil diese Menschen unlöslich im gemeinsamen Boden verwurzelt sind, weil sie tatsächlich wie *ein* biopsychischer Organismus funktionieren. Dieser Organismus, das Kulturganze, entwickelt in seinen Mythen ein bewußtes Gefühl der Einheit, ganz ähnlich, wie ein Mensch das Gefühl, «ich» zu sein – einen besonderen Charakter – entwickelt, weil in ihm ein bestimmter Satz von Reaktionen wirksam ist, Reaktionen auf die Zwänge seiner Umwelt und die Möglichkeiten, die in ihr liegen.

Die großen Mythen eines Kulturganzen verkörpern sein kollektives Ego, seine ganz spezifische Art, das tiefe und zwingende Gefühl zu deuten, eine besondere Eigenart und Aufgabe im Universum zu haben. Die Entwicklung solch eines ausgeprägten und einzigartigen Gefühls ist der Mythos des Ego. In einer alten Gesellschaft den Wert und die psychische Kraft eines Mythos in Frage zu stellen, hat dieselbe Wirkung, als setze man in unserer Gesellschaft das Ego eines heranwachsenden Kindes herab, als verletze oder zerstöre man es sogar. Eine Kultur, die nicht mehr vom Glauben an ihre Mythen getragen wird, die ihre Energien nicht mehr aus diesen erhält, ist seelisch verkrüppelt. Gibt ein unterworfenes Volk seine Mythen preis, gibt es auch seine seelische Stärke auf. Wenn am Glauben in den Mythos trotz des Drucks einer feindlichen Umgebung festgehalten wird, erhält der Mythos eine Qualität, die dem unterworfenen Volk einen gespannten und bitteren Charakter verleiht. Ähnlich ist in einer modernen Gesellschaft, die eigentlich aufgrund der Kraft und der Gefühle einer Vielzahl persönlicher Egos funktioniert, ein Jugendlicher oft unfähig, vital und psychisch gesund zu handeln, wenn seinem Ego durch einschneidende Schocks die Stärke genommen wurde.

Alles oben Erwähnte gilt auch für die Entfaltung der Musik. Während der langen Zeitalter, in denen die Menschheit animistisch lebte, fühlte und dachte, waren die primitiven Gesellschaften eher Protokulturen als wirkliche Kulturen. Sie bedienten sich der Tonmagie, entwickelten aber keine Musik. Zwischen den beiden Verwendungsarten des Klangs besteht ein grundlegender Unterschied.

Ein Ton ist direkte Erfahrung; Musik ist jedoch ein Mythos. Das Tonerlebnis ist in dem Sinne magisch, als es eine lebenswichtige Art von Kommunikation zwischen Lebewesen herstellt. Naturklänge, Tierschreie oder die Stimmen anderer Menschen zu hören, kann über Leben oder Tod entscheiden. Die gehörten Klänge übermitteln Information, und das Wissen um die NAMEN ermöglicht den Einsatz magischer Kraft im ständigen Kampf um das Überleben, um die Expansion. Tonmagie arbeitet mit dem willentlichen Einsatz der Nachahmung von Klängen, und zwar in primitiven Mantras, die im wesentlichen eine Reihe von NAMEN sind – NAMEN kosmischer oder göttlicher Wesen, die über verschiedene Regionen oder Ebenen supraphysischer, «astraler» Bereiche herrschen. Wenn Trommelschläge eingesetzt werden, so um Lebensenergien zu stimulieren oder zu vernichten, um den Krieger und den Kranken zu heilen und neu zu kräftigen, oder um den Feind zu verjagen.

Nur in echten Kulturen werden die Einzeltöne zu bestimmten Reihen angeordnet, eingerahmt von Tönen, die durch diese Anordnung als Wiederholungen (gewöhnlich Oktavklänge) erklingen. Die Ordnung der Töne ist zyklisch. Sie ist innerhalb klarer Grenzen wirksam. Töne werden zu Gramas geordnet, wie Familienhütten zu Dörfern geordnet werden. Das Dorf ist in dem Sinne ein Mythos, als es kollektiv als eine Daseinsform erlebt wird, die eine eindeutige Stärke hat – selbst wenn diese Kraft zunächst vielleicht nicht mehr als kollektive Sicherheit in einer gefährlichen Umgebung bedeutete. Der Grama ist ebenfalls ein Mythos. Eine Anzahl kraftgeladener Töne werden ihrer Funktion nach geordnet, was ihnen einen kollektiven Charakter verleiht.

45

Ein Grama ist kein abstraktes System. Er ist eine geordnete Gemeinschaft von Tönen, die alle psychische Kraft besitzen. Er ist heilig. Da der Klang im Grunde die Schöpferkraft der Götter ist, hat der Grama mit dem Schöpfungsmythos der Kultur zu tun. Die Götter teilen der Materie des Chaos durch den Klang ihren Willen magisch mit, und die Materie nimmt klare Formen an. Wenn primitive Kulte vom vitalistischen Geist durchdrungen werden, der mit der Ausbreitung des Ackerbaus und der Viehzucht verknüpft ist, nimmt auch die Ordnung der Töne einen vitalistischen Charakter an. Die Vorstellung der Identität von Oktavtönen drückt in ihrer ursprünglichen Form vermutlich das zyklische Wesen des Lebensprozesses von einem Frühling und Sommer zum nächsten in mythischer Gestalt aus. Dennoch sind zwei Klänge, die ein Intervall von einer Oktave trennt, *nicht* der gleiche Ton. Sie sind lediglich die gleiche Note. Die Musikkulturen geben ihnen denselben Namen und verschleiern damit ihren Unterschied. Als gleiche Noten nehmen sie identische Positionen ein und erfüllen innerhalb einer *zyklischen, sich wiederholenden Reihe* identische Funktionen. Wichtig ist folgender Punkt: Wenn Musik als Kunst aufgefaßt wird, hat ein Klang, der in einer Tonleiter als Note festgelegt ist, nur in Beziehung zu anderen Noten einen *musikalischen* Charakter, eine Funktion. In vitalistischen Kulturen dagegen und solchen, die noch stark auf vitalistischen Gefühlsreaktionen ruhen, ist der Grama eine geordnete Gemeinschaft von Tönen, von denen jeder seine eigene, lebendige, magische, verwandelnde, schöpferische Stärke hat. Der ganze Grama stützt und erhält sozusagen die Stärke jedes seiner Töne.

Der Grama hat als Organismus funktionaler Töne eindeutige Grenzen. Jedes Ganze ist begrenzt. Man braucht sich jedoch nicht vorzustellen, ein Tonorganismus liege nur innerhalb einer Oktave, das heißt innerhalb des mathematischen Verhältnisses von 2:1. Das anscheinend instinktive Gefühl, daß zwei Klänge im Abstand einer Oktave identisch sind, mag auf der Tatsache beruhen, daß ein Mann und eine Frau, die dieselbe Melodie singen, dies gewöhnlich im Abstand einer Oktave tun. Sie singen vielleicht dieselbe Melodie, aber nicht dieselben Klänge. Die Empfindung der Identität der beiden Klänge im Oktavabstand ist vielleicht naturgegeben, doch mag Natur hier lediglich biologische Natur bedeuten – eine Natur, in der die Polarisierung einen sexuellen Charakter hat und sich das Leben durch eine Wechselwirkung von Männlichem und Weiblichem fortpflanzt, eine Generation nach der anderen. In einem solchen Prozeß wiederkehrender, zyklischer Tätigkeit wird die Generation zum Faktor der Begrenzung. Doch auf metabiologischen Ebenen des Seins könnte dieser Faktor der Begrenzung ein Verhältnis von 3 : 2 (das das Intervall der Quinte entstehen läßt), oder 4 : 3 (das Quartintervall) oder sogar 3 : 1 (eine Duodezime) sein.

Musik ist in dem Sinne ein Mythos, als sie auf Reihen sich wiederholender Beziehungen beruht, wobei jede Reihe eigentlich ein Mysterienspiel schafft, das sich seinem Wesen nach kaum vom Sonnenmythos unterscheidet. Der Held im Sonnenmythos muß eine Reihe von Prüfungen durchlaufen, und die stellen die Entwicklung symbolischer Beziehungen zu Ungeheuern, Feinden und Elementarkräften dar. Jeder Ton im archetypischen Grama kann als bestimmte Phase eines heiligen Entwicklungsprozesses des Bewußtseins und der Kraft gedeutet werden, die sich von einer Ebene zur nächsten bewegt. Der musikalische Sonnenheros durchläuft eine Sphäre nach der anderen. Wenn er das Ende der Umwandlung – die siebte Stufe, den «Leitton», die Initiation – erreicht, ist er fähig, die «Musik der Sphären» zu hören, die Abfolge der schweren Prüfungen, die beinahe sein Wesen vernichtet hätten, als das wiederzuerleben, was die Griechen eine «Harmonie» nannten, was aber in Begriffen der europäischen Kultur eine «Seelenmelodie» genannt werden sollte.

Musik ist ein Mythos, in dem die Handelnden die Töne sind, die von der schöpferisch-zerstörerischen, umwandelnd-regenerierenden Kraft des Einen Lebens hervorgebracht werden – dem heiligen TON des kosmischen Wesens, das im Makrokosmos wie im Mikrokosmos wirkt. Der heilige Ton differenziert sich in seine grundlegenden Eigenschaften, von denen jede potentiell eine archetypische Form annimmt, die auf der Ebene des kulturellen Psychismus als Gott oder Göttin interpretiert wird. Die Anzahl dieser Eigenschaften schwankt, doch haben die Zahlen drei, fünf, sieben, zwölf und zweiundzwanzig offenbar eine grundlegende Bedeutung und heilige Kraft. Musik befaßt sich mit den Beziehungen dieser Eigenschaften; die musikalische Entsprechung des dynamischen, sich entfaltenden Aspekts dieser Beziehungen ist die Melodie. Tonmagie befaßt sich hauptsächlich mit der Eigenschaft der Töne selbst und der ihnen innewohnenden Fähigkeit, Bedeutung zu vermitteln. Tonmagie wird zu Sprache, wenn durch diese Vermittlung vor allem Information weitergegeben wird.

Sprache ist heilig, wenn sie Information weitergibt, die von dem göttlichen Wesen stammt, das den Prozeß initiierte, durch den die Gemeinschaft ein einheitliches Kulturganzes wurde. Es setzte diesen Prozeß in Gang, indem es sein Volk lehrte, wie man im Einklang mit den Rhythmen der Natur arbeiten, denken und fühlen kann, indem es ihm wie im Christusmythos die Existenz einer supraphysischen «Natur» offenbarte, in der der zwanghafte und aggressive Charakter des Lebens in der Biosphäre durch harmonisches Zusammenwirken und spirituelle Liebe abgelöst wird. Auf einer späteren als der vitalistischen Stufe kultureller Entwicklung ist Sprache heilig, wenn heilige Texte vorgetragen werden. Sie enthalten die Ereignisse des Lebens des göttlichen Wesens auf Erden sowie seine Lehren. Das Wissen, das sie weitergeben, ist offenbartes Wissen (Sanskrit: Sruti). Die Ereignisse des Lebens bilden den großen Mythos, das Mysterienspiel, auf das sich die Kultur stützt. Die offizielle Sprache der Kultur entwickelt sich aus dem Vortrag heiliger Texte. Eine volkstümlichere Sprache entstammt dem ursprünglich magischen Einsatz von Vokalen und Konsonanten – der Übermittlung alltäglicher Information, die zum Überleben durch Kooperation nötig war.

Das heilige Nachspielen der Lebensereignisse des göttlichen Wesens setzt Gesten und bildhafte Wörter ein, die voll emotionaler Kraft sind. Im Lauf der Zeit ruft die emotionale Intensität der geschilderten Ereignisse ein Übertreiben der stimmlichen Mittel hervor, wodurch die Eintönigkeit der Erzählung aufgehoben wird. Wenn Intensität und Tonlage des monotonen Vortrags in der Erregung erhöht oder in Verzweiflung und Kummer gesenkt werden, bildet sich ein Bereich von Schwingungsfrequenzen heraus, der zur herkömmlichen (das heißt symbolischen) Definition dreier Tonebenen führt. Diese drei Tonebenen sind möglicherweise der Ursprung der zwei traditionellen Tetrachorde des musikalischen Systems im archaischen Griechenland. Jeder Tetrachord umfaßte vier Tonhöhen. Der eine lag unter, der andere über dem einen zentralen Ton, der Mesa. Dieser mittlere Ton lag etwa beim Fis der westlichen C-Dur-Skala; der absteigende Tetrachord lief zum unteren C (F-E-D-C) und der aufsteigende zum höheren C (G-A-H-C).

Hier ist nicht der Ort, sich auf die endlosen Diskussionen über Ursprung und erstes Auftreten griechischer Musik einzulassen. Was ich eben sagte, hat nichts mit der Musik als Kunstform zu tun, sondern mit der heiligen Verwendung von Stimmtönen. Als man zunehmend Musikinstrumente einsetzte, erst zur Begleitung der Stimme in rituellen Darstellungen der Mythen, die in den Mysterien aufgeführt wurden, dann als unabhängige Erzeuger von Tönen und schließlich von Noten, wurde die Musik zur *Kunst*. Die Quelle dieser Kunst liegt sowohl im Volkstümlichen wie im Religiösen, obwohl das Volkstümliche gewöhnlich sein ursprüngliches musikalisches Material dem religiösen Bereich entnahm. Religiöse Musik ist aber nicht dasselbe wie der sakromagische Einsatz der Töne. Das Heilige unterscheidet sich vom Religiösen – wenn es auch schwer ist, genau zu sagen, wo das eine zum anderen wird. Der Übergang vom Heiligen zum Religiösen tritt als Folge eines Bewußtseinswandels auf, der sich ereignet, wenn sich das Gefühl der Individualität entwickelt und die starken, zentrifugalen gesellschaftlichen Strömungen erzeugt, die mit Industrie, Aufstieg der Städte und Stadtstaaten einhergehen. Dann bilden sich auf den Ruinen entweihter (nicht mehr im Lebenskern erfahrener und geglaubter) Mythen und Mysterien «große Religionen». Diese Religionen haben eine im wesentlichen überkulturelle, sozusagen universale Botschaft. Sie sind nötig, um die Menschen, die entwurzelt wurden und in großen, vielschichtigen Gemeinschaften sonst nicht mehr funktionsfähig wären, «zurückzubinden» *(religere)*. Es sind dies Gemeinschaften, die zunehmend vom abstrakten, rationalen und analytischen Verstand strukturiert werden – einem Geist, der mehr und mehr von Quantität statt Qualität besessen ist.

4. DIE ZAHL UND DIE QUANTIFIZIERUNG DER TONBEZIEHUNGEN

Protagoras (500?–411 v. Chr.) sagte: «Der Mensch ist das Maß aller Dinge.» Bezeichnender wäre es zu sagen, der Mensch ist das Wesen, das alle Dinge mißt. Einsteins Relativitätstheorie wird unter Heranziehung von Meßinstrumenten wie Metermaß und Uhr erklärt. Ein derartiges Vertrauen in das Messen offenbart einen grundlegenden Glauben an die Zahl und die Abhängigkeit des Geistes von der Vorstellung der Quantität. Die moderne abendländische Zivilisation betet die Quantität an und erweist der Qualität nur wenig Ehre. Sie wird von der Zahl beherrscht – eine tyrannische Herrschaft, die kaum durch das Ideal sogenannter Demokratie abgeschwächt wird. In der Wissenschaft dominiert die Statistik, in der Politik die Auszählung von Stimmen, in der Geschäftswelt dominieren die Erwartung quantitativer Produktion und Profite.

Auch in unserer Musik herrschen Zahl und Maß, Quantität und Länge musikalischer Produkte. Der musikalische Vortrag wird nach der quantitativ festgelegten Genauigkeit (der exakten Tonhöhe) der erzeugten Klänge bewertet, nach deren Verhältnis zu voraufgegangenen, gleichzeitigen und folgenden Klängen. Hier sollte man lieber von Noten und nicht von Klängen sprechen, da die klassische westliche Musik sich vom Klang getrennt hat. Sie wird von der Musikpartitur bestimmt, einem verräumlichten Komplex von Beziehungen zwischen Noten, die nur *potentiell* Klang sind.

Es ist eine der großen Schwächen der westlichen Zivilisation, daß sie nur allzu oft das Potentielle mit dem Konkreten verwechselt. Die Herrschaft der Zahl ist die Herrschaft des Potentiellen. Zehn Einheiten sind potentiell stärker als eine; trotzdem werden die meisten wichtigen Entscheidungen im Grunde von einer kleinen Minderheit qualitativ besonders hervorragender, bedeutender und tüchtiger Individuen getroffen, die in gewisser Weise die Vorkämpfer der menschlichen Evolution sind. Die Quantität beginnt erst dann zu herrschen, wenn Wesen, die berufen sind, im Namen einer besonderen Qualität der Organisation zu handeln, nicht mehr in der Lage sind, die ihnen bestimmte Aufgabe – ihr Dharma – zu erfüllen.

Das große Problem liegt darin, wie der Prozeß der Berufung definiert und klar erkannt werden kann. Ihn im Sinne biologischer Vererbung und gesellschaftlichen Erbes zu definieren, ist nur zum Teil richtig. Was wir Erziehung nennen, sollte eigentlich ein Prozeß sein, in dessen Verlauf ein Mensch gewahr wird, was seine Gesellschaft, seine Kultur braucht und wo seine Fähigkeiten liegen, sinnvoll an der Befriedigung dieser Bedürfnisse mitzuwirken. Nur so findet ein Mensch seine innere Berufung. Doch eine Gesellschaft, die von quantitativen Werten und Messungen (Tests und Statistiken) beherrscht wird, läßt das tiefe, intuitive und qualitative Gefühl individueller Berufung in den Hintergrund treten. In den indianischen Gesellschaften Amerikas ging jeder Jugendliche (zumindest jeder männliche) in die Wildnis und fastete, bis er seine eigene Vision empfing und ihm sein heiliger NAME gegeben wurde. Die abendländische Kultur ist dagegen eine Kultur namenloser Individuen ohne eine eigene Vision, die als Bürger bloß Zahlen in einer Reihe von Statistiken sind.

Ähnlich ist die abendländische Musik eine äußerst komplexe Anordnung von Noten, die eine Partitur – ein musikalisches Werk – ergeben. In einer Partitur stehen alle Noten zueinander in Beziehung, doch diese Beziehungen sind als Intervalle – also Zahlenverhältnisse – bestimmt und nicht durch die Qualität und Bedeutung von Klängen, welche man als Töne auffassen könnte, da sie eine Qualität besitzen und eine Botschaft übermitteln.

Wahrscheinlich kann man unmöglich feststellen, wann die Vorstellung von der Zahl, von genauem Messen und Proportionen in den Bereich sakromagischer Zaubersprüche und ritualistischer Tonerzeugung eindrang und ihn zu beherrschen begann. Der Überlieferung nach geht das auf Pythagoras im sechsten vorchristlichen Jahrhundert zurück. Doch so groß Pythagoras auch war, man kann ihn kaum allein für eine so wichtige Entwicklung verantwortlich machen. Er war sicher weit gereist und hatte vielleicht in den Heiligtümern Ägyptens und Chaldäas viel von dem gelernt, was er dann eine kleine Gruppe griechischer Adeliger lehrte. Viel von seinem Wissen soll er auch den orphischen Mysterien verdanken, doch wo der Ursprung der orphischen Überlieferung zu suchen ist, bleibt ungewiß.

Pythagoras war einer der großen Pioniere (wenn nicht der größte der mediterranen Welt) auf dem Gebiet der Entwicklung einer neuen Ebene des menschlichen Geistes. Er nahm den Göttern das Persönliche und offenbarte – weniger anstelle der Götter als über sie hinaus und durch sie hindurch – kosmische Prinzipien als Grundlage aller Daseinsformen. Aber durch diese Entwicklung allein wurde das, was die mythische Form der Übermittlung psychischer Kraft und empirischen Wissens geschaffen hatte, nicht aufgehoben. Die Pythagoreischen Prinzipien verliehen den psychischen Energien der heiligen Riten der nahöstlichen orphischen Überlieferung einfach einen neuen Charakter. Zweifelsohne wollte er es Menschen, die darauf brannten, als Individuen in weitgehender intellektueller Freiheit und persönlicher Unabhängigkeit zu handeln, möglich machen, diese Energien bewußter, objektiver und genauer einzusetzen. Dieses relativ neue Gefühl der Individualität und der intellektuellen Freiheit hatte sich unter den soziokulturellen und politischen Bedingungen entwickelt, die zu dem Entstehen von Stadtstaaten geführt hatten.

Pythagoras war außerdem wie sein Zeitgenosse Gautama Buddha ein Reformer. Beide vermittelten einigen wenigen Jüngern eine «neue» Auffassung, die einige der grundlegenden Ungewißheiten voraufgegangener Generationen beseitigte. Diese Ungewißheiten waren entstanden, als die alten vitalistischen Stammeskulte der griechischen Welt sowie Indiens unbewegliche Gesellschaft, die von der Brahmanenkaste beherrscht wurde, an Wirksamkeit und Ansehen verloren. Als die Schüler der großen Reformer die Lehren ihrer Meister zu verbreiten begannen, war deren Auffassung allerdings nur in den Augen der breiten Öffentlichkeit neu. Die Prinzipien, auf denen sie beruhte, waren unter Eingeweihten und Adepten, die an abgelegenen Orten oder im schützenden Umkreis von Tempeln gelebt hatten, jedoch schon lange bekannt gewesen. Sowohl in Indien als auch in den sumerischen und babylonischen Kulturen hatte man sie brahmanischer Zeitrechnung nach schon seit mindestens zweitausendfünfhundert Jahren, seit dem Beginn des Kali-Yuga (*Yuga* = Weltzeitalter), gekannt.

Gewöhnlich wird das Kali-Yuga als ein Zeitalter spiritueller Finsternis bezeichnet. Es ist jedoch auch eine Zeit, in der eine neue Menschheit aufkeimt. Dieser Keimprozeß ist lang und schwierig. Er erfordert die Entwicklung eines klaren und objektiven Geistes, der sich zunehmend von den instinktiven Zwängen biologischer Triebe und den kollektiv anerkannten und fraglos hingenommenen Regeln und Tabus der Kultur frei macht. Die einzelnen Kulturen tendieren im allgemeinen dazu, sich abzuschließen und eifersüchtig über ihre Errungenschaften zu wachen. Außerdem sind sie an ein bestimmtes geographisches Gebiet sowie an die Lebensweise gebunden, die dieses Gebiet begünstigt.

Pythagoras und Buddha waren jedoch beide Universalisten. Als Pythagoras von Zahlen sprach, dachte er nicht an bloße arithmetische Abstraktionen, sondern an *Universalien* – das heißt, an Wirklichkeiten eines Seinsbereiches, der den Bereich dessen transzendiert, was durch eine Lokalisierung bedingt ist. Hier werden kulturell-mythische Personifikationen, die nur im Rahmen eines bestimmten Kulturganzen Bedeutung und Kraft haben, sowie die Vorrechte einer bestimmten Klasse oder Kaste innerhalb jenes Kulturganzen überschritten. Wenn Buddha vom Nirvana sprach, so meinte er damit einen Zustand des Bewußtseins, der nichts mehr mit den lange geglaubten und noch immer vorherrschenden Vorstellungen und Ritualen des alten vedischen Indien zu tun hatte oder von ihnen konditioniert war. Er versuchte, die unmittelbare Einsicht zu verbreiten, daß es in allen Menschen eine Kraft des Geistes gibt, die jedes Haften an den Formen des Verlangens und jede Identifikation mit ihnen bis auf den Grund analysieren und zerstören kann, vor allem das Verlangen nach individueller, ausschließlicher und isolierter Selbstheit. Er versuchte so, einen universellen Bewußtseins- und Seinszustand wachzurufen.

Die meisten Schüler dieser großen Reformer verstanden vermutlich nicht, daß das, was ihre Lehrer zu formulieren versucht hatten, eine Übung oder Technik war, den Geist von der Macht privilegierter Kasten und überlieferter Methoden zu befreien, die in Familien mündlich weitergegeben wurden, welche eifersüchtig über ihre Geheimnisse wachten. Was der Buddha lehrte, konnte jedermann verwenden, und wenn ein Mensch dann plötzlich begriff, konnte sein Bewußtsein augenblicklich befreit sein. Als Pythagoras das Monochord[11] einsetzte, um den genauen Wert und die Bedeutung der Verhältnisse der Töne eines Gesanges zu zeigen, ermöglichte er jedermann, Tonverhältnisse zu begreifen und mit ihnen Versuche anzustellen. Vor Pythagoras war die Verwendung von Tönen und ihren Abwandlungen einigen wenigen ausgebildeten Dichter-Musikern vorbehalten, die sich vermutlich streng an Regeln hielten, die aus alten magischen und heiligen Überlieferungen stammten.

Pythagoras lehrte die universellen Gesetze des Klangs mit großer Umsicht; dabei hob er besonders hervor, wie die Klangverhältnisse, die sein Monochord aufzeigte, eingesetzt werden konnten, um spirituelle und heilende Energien zu übertragen. Seine Schule in Kroton arbeitete, den Logen der Freimaurer nicht unähnlich, auf drei Ebenen. Auf der ersten Stufe, die nur nach strengen Prüfungen der charakterlichen und sittlichen Reife erreicht werden konnte, lernten die Akusmatici, wie sie die verschiedenen musikalischen Verhältnisse, die ihnen mit Hilfe des Monochords vorgeführt wurden, erkennen und anwenden konnten. Auf der zweiten Stufe mußten sich die Mathematici eingehender mit individueller Reinigung und geistiger Selbstbeherrschung befassen. Vermutlich brachte man die Aspiranten auf dieser Ebene dazu, das Wesen jener Verlagerung ihrer Bewußtseinsebene zu begreifen, die im Mittelpunkt der neuen spirituell-geistigen Reform stand. Im dritten Grad unterwies man die Esoteriker wahrscheinlich im geheimen Prozeß seelischer Umwandlung und in der Beherrschung der Kräfte, die nötig waren, das «große Werk» der Selbstvervollkommnung zu vollenden und andere zu heilen. Pythagoras betonte die therapeutische Kraft des Klangs, vorausgesetzt die Klänge waren Töne, welche eine von Mitleid erfüllte Energie übertrugen, den Willen des geläuterten Tonschöpfers, der auf die Rhythmen der universalen Lebenskraft

54

eingestimmt war (siehe Anhang I). Wichtig ist zu sehen, daß Pythagoras versuchte, die Musik von den Beschränkungen überlieferter Praktiken zu befreien, die auf dem mythischen Bewußtsein beruhten. Die Musik, der er den Weg wies, bezog ihre Kraft aus dem Geist, doch nicht aus einem kulturell konditionierten Geist, sondern einem Geist, der eine kosmische evolutive Kraft darstellt.

Es ist nicht klar, ob Pythagoras das verwendete, was wir heute die griechischen Modi nennen. Wie die Namen zeigen, die sie trugen – zum Beispiel dorisch, phrygisch, lydisch – hatten die Modi ihren Ursprung in sakromagischen Zeremonien, die von bestimmten Volksstämmen abgehalten wurden. Bei ihnen handelte es sich um Folgen von Verhältnissen zwischen *gesungenen* Tönen, die fast immer mit Wörtern verbunden waren. Wurden Musikinstrumente eingesetzt, so hielten sich diese eng an die heilige Intonation der göttlichen NAMEN und Elementarkräfte. Instrumentale Melodien wurden erst in späterer Zeit unabhängig von den Wörtern, wahrscheinlich im Griechenland des vierten Jahrhunderts (vielleicht mit Ausnahme einiger Melodien, die schon vorher bei Volkstänzen verwendet wurden oder den Gesang der Vögel, Tierlaute oder den Donner nachahmten). In der indischen Mythologie spielt der flötespielende Krishna eine große Rolle; wir können jedoch nicht feststellen, wann diese mythische Geschichte entstand, da die Verehrung des Krishna-Kindes erst lange nach Buddha einsetzte, als der alte Hinduismus wieder mächtig wurde. Ebenso hieß es vom mythischen Orpheus, er spiele die Leier, wahrscheinlich, um sakromagische Gesänge auf ihr zu begleiten.

Was die Tonleiter, die Pythagoras einsetzte, so bedeutsam macht, ist, daß sie in keinem besonderen Zusammenhang mit lokalen oder rituellen Ereignissen stand. Die melodische Abfolge von Tönen konnte jederzeit und an jedem Ort angestimmt werden, da sie statt mythischer und kultureller Eigenart eher eine allgemeingültige Bedeutung hatte. Sie beruhte nicht nur auf allgemeingültigen, sondern auch auf nachvollziehbaren Tatsachen. Wer die Methode kannte, konnte leicht die Genauigkeit der Klänge und ihre Verhältnisse in der Reihe nachprüfen, indem er die Längen schwingender Saiten maß. Mit Hilfe dieser Messung konnten jetzt die formativen Prozesse im Bereich des kosmischen Geistes – des Geistes der Vernunft und der Harmonie – verstanden und für die Bedürfnisse der nun entstehenden «Individuen» eingesetzt werden, die bestrebt waren, sich vom kollektiven Dasein zu befreien.

Büßen die örtlichen Gegebenheiten aufgrund von Reisen und Handel viel von ihrer grundlegenden Bedeutung und Wurzelkraft ein, dann verlieren Mythen, Kulte und heilige Zeremonien einer Kultur ihre biopsychische Wirksamkeit. Die Kraft der Vernunft hebt Schritt für Schritt die magischen Grundlagen des vitalistischen Zeitalters auf. Es ist dies ein langsamer Prozeß, zu dem nur eine «schöpferische Minderheit» (um einen Ausdruck Arnold Toynbees zu verwenden) wirksam in Resonanz sein kann. Die neuen geistigen Vorstellungen nehmen die Form von Theorien an, die vielleicht offiziell gelehrt werden, die jedoch noch nicht zu radikalen Änderungen der alltäglichen Lebensweise der Menschen führen. Die Folge ist eine Periode der Verwirrung.

Die pythagoreische Tonleiter ist kein Modus, denn ein Modus ist das Ergebnis besonderer Gegebenheiten, die dem Bereich von Kultur und Mythos angehören. Die pythagoreische Tonleiter ist eine uneingeschränkte, archetypische Manifestation kosmischer Prinzipien. Zahlen und Proportionen, wie Pythagoras sie verstand, gehören dem Bereich der Archetypen an. Will der Mensch in diesem Bereich wirksam tätig sein, muß er einen Geist entwickeln, der sich von Grund auf von der Bindung an biologische Energien und mythisch-kulturelle Spezialisierung und Ausschließlichkeit befreit hat. Die Musik kann, wird sie vom archetypischen Geist erfaßt, zumindest potentiell zu einer universalen, überkulturellen Sprache werden.

Der Unterschied zwischen Skalen und Modi ist grundlegend, wenn auch fein; er hat mehr mit dem Musikbewußtsein als mit den Klängen und Intervallen zu tun, die das Ohr wahrnimmt. Was die magischen Formeln angeht, die die Schamanen und Priester in archaischer Zeit anstimmten, lassen sich die Verhältnisse zwischen den verwendeten Tönen (die Intervalle) von denen der pythagoreischen Skala vielleicht nicht unterscheiden; *sie wurden jedoch nicht gemessen!* Wurden die Töne von der menschlichen Stimme hervorgebracht, *konnten* sie auch nicht gemessen werden. Waren sie mathematisch genau, so war diese Genauigkeit unbewußt und instinktiv. Der Schamane stimmte seinen Sprechgesang an, wie Vögel singen oder Katzen in der Brunstzeit in intensiven melodischen Bögen klagen und kreischen.

Der Schamane sorgte sich nicht, womöglich «falsche» Noten hervorzubringen. Er hatte durch Nachahmung und mündliche Weitergabe die rechte Art (Sanskrit: Rita) zu singen gelernt, jene, die eine deutliche Wirkung erzielen konnte. Das Gedächtnis der archaischen Menschen war ohne Zweifel bemerkenswert. Ein Barde konnte sich nicht nur den Wortlaut eines langen epischen Berichts merken, sondern auch die überlieferte Art, die Wörter zu intonieren, von Ton zu Ton zu gleiten und komplexe rhythmische Muster einzuhalten. Natürlich prägen sich Opernsänger heute lange Rollen ein, und Dirigenten merken sich eine erstaunliche Anzahl komplexer Orchesterpartituren. Doch ihre Fähigkeit, sich etwas einzuprägen, gehört nicht der gleichen Bewußtseinsebene an. Magische Wirkungen unterscheiden sich sehr von intellektuellen und *ästhetischen* Empfindungen.

Ähnlich kann man sich Archetypen auf mindestens zwei grundlegende Weisen vorstellen. Ein typisch intellektueller Mensch sieht die Archetypen vielleicht als Abstraktionen an, als eine Reihe von Eigenschaften, die aus einer gewaltigen Masse konkreter Daten «herausgezogen» (abstrahiert) wurden. Er stellt sich die Archetypen also als Produkt eines geistigen Vorgangs vor, der anscheinend eine der außergewöhnlichen Fähigkeiten des menschlichen Geistes ist. So kann man sagen, die Zahl Fünf sei die Abstraktion von der allgemeingültigen menschlichen Erfahrung, an jeder Hand fünf Finger zu haben. Die Zahl Eins ist dann die Abstraktion von der Erfahrung, von allem anderen verschieden zu sein und Eigenschaften zu haben, die einzig einem selbst gehören und das grundlegende Gefühl bestimmen, «ich» zu sein. Führt man den Gedanken weiter, ist eigener Erfahrung nach alles das eine Einheit, was nicht doppelt vorhanden ist, oder das, was zur Quelle eines ewig wiederholten Vervielfältigungsprozesses wird.

Andererseits gehören für Pythagoras, Plato und andere Philosophen, Mystiker und Kosmologen alter Zeiten die Archetypen einem Bereich an, der *über* dem des menschlichen Denkens liegt, der (was die zyklische Zeit betrifft) diesem Denken vorangeht. Archetypen wurden von ihnen als Resultat der schöpferischen Tätigkeit des göttlichen Geistes angesehen. Sie bildeten das Fundament, auf dem alle konkreten Daseinsformen oder -modi errichtet wurden. Allerdings ist der Begriff «Fundament» ungenau, da man sich Fundamente für gewöhnlich aus festem und widerstandsfähigem Material bestehend denkt, während Archetypen eher Saatkörnern gleichen, die von latenter Lebenskraft durchdrungen sind – der Kraft, mit der sie sich durch Keimung und Wachstum in Pflanzen und Bäume verwandeln. Archetypen wurden also ursprünglich nicht als Abstraktionen von einer Fülle ähnlicher oder analoger Einzelheiten gesehen. Jeder Archetyp wurde vielmehr als Samen-Ursprung einer Fülle von Daseinsformen und -modi verstanden, die identische Eigenschaften besitzen.

In meinem Sprachgebrauch ist ein Archetyp sowohl ein Konzentrat schöpferischer Energie wie auch eine ideelle Struktur, die eine festgelegte Reihe von Verhältnissen zwischen ihren Bestandteilen schafft. Das Wort *Struktur* bedeutet in seinem nichtmateriellen Sinn eine besondere Anordnung oder ein Gliederungsmuster, welches materielle Dinge als Teile eines allumfassenden Ganzen erweist.[12]

Die pythagoreische Skala ist in diesem Sinn ein Archetyp. Sie ist eine Struktur, die den Verhältnissen zwischen ihren Bestandteilen eine festgelegte Form gibt. Doch diese Bestandteile sind nicht Abstraktionen oder bloße Noten, sondern vielmehr Töne, die von archetypischer, potentieller Kraft durchdrungen sind. Als die Töne in der klassischen europäischen Musik zu bloßen Noten wurden, geschah das, weil die Potenz des schöpferischen menschlichen Geistes, *der mit Harmonie und Rhythmus des Universums* (oder seinem postulierten göttlichen Ursprung, dem «Einen») *im Einklang ist*, durch eine intellektuelle und formalistische Befähigung zum systematischen Aufbau ersetzt worden war.

Der Übergang von schöpferischen, von einer verwandelnden Kraft durchdrungenen Archetypen zu einer intellektuellen Ordnung, die auf abstrakten Modellen beruht, ist charakteristisch für das Scheitern der griechischen Kultur. Europa erbte das Vermächtnis (das Karma) jenes Scheiterns. Als sich eine komplex strukturierte Polyphonie ausgebildet hatte und ein starres System der Notation und des Metrums gewählt worden war, entwickelte die europäische Musik das System der Tonalität und das Modell der C-Dur-Tonleiter. Wesen und Bedeutung dieser Entwicklung wird in einem folgenden Kapitel behandelt.

Man kann eine interessante, wenn auch begrenzte Parallele zwischen Pythagoras und Francis Bacon ziehen, dem Mann, der die wissenschaftliche Methode begründete. Beide Männer wollten eine allgemeingültige Grundlage für das Wissen und die praktische Anwendung dieses Wissens schaffen. Pythagoras lebte zu Beginn der klassischen Zeit der griechischen Kultur, einer Zeit, die schließlich die Kulte nicht mehr achtete, die sich im östlichen Mittelmeerraum ausgebreitet hatten. Das große Jahrhundert der Vorherrschaft Athens war von der Vernunft fasziniert und durch einen Sinn für das Schöne und Wahre gekennzeichnet. Das Gute wurde nur an zweiter Stelle verehrt, obwohl Pythagoras anscheinend die Notwendigkeit betonte, ein reines Leben zu führen, das auf liebevoller Güte, Tugend und Harmonie in allen Beziehungen beruht. Francis Bacon lebte zu einer Zeit, als sich Engländer und Europäer bemühten, die neuen Voraussetzungen, die Kopernikus geschaffen hatte, zu einem humanistischen Wissen auszuweiten, das frei vom Dogmatismus der Offenbarungslehren der mittelalterlichen Kirche sein sollte. Bacons Empirismus (in seinem *Novum Organum*) war eine Methode, objektives und rationales Wissen über die Welt menschlicher Erfahrung und ihre unendliche Mannigfaltigkeit der Beziehungen zu gewinnen.

Für die Griechen der klassischen Zeit basierte die Wahrheit auf Vernunft und harmonischen Proportionen. Das Wahre konnte von jedem vernünftigen Menschen bewiesen werden, der mit Messungen richtig umgehen konnte. Das Schöne war eine Verräumlichung der Harmonie. Was die Griechen in der Musik Harmonie nannten, heißt bei uns Melodie, denn die griechische Musik war im wesentlichen melodisch (oder monodisch), und die Vorstellungen des Pythagoras bezogen sich auf eine einzige Folge von Tönen. Man kann sich dennoch überlegen, ob seine «Sphärenmusik» nicht auch eine harmonische Polyphonie meinte.

Pythagoras' Gebrauch des Monochords, um die Genauigkeit des Verhältnisses (des Intervalls) zwischen zwei oder mehreren Tönen zu überprüfen, war sowohl empirisch wie auch rational. Er stützte sich auf streng objektive Beobachtung, war aber auch ein geeignetes Mittel, den Schüler zu veranlassen, in Begriffen kosmischer Prinzipien zu denken. War dieses Denken vom Willen zum Guten durchdrungen und bewegt, so wurde es erleuchtet durch die Kraft zu heilen – die Kraft, die psychische Eigenart von Menschen zu harmonisieren, die verkrampft und in ihren Gefühlen verwirrt waren, weil sie ihrer Bindung an einen kollektiven, kulturellen Psychismus teilweise entwachsen waren.

Die Praxis des Heilens (oder «Ganzmachens») war ein wichtiger Teil dessen, was Pythagoras in Kroton lehrte. Doch kann Heilen verschieden aufgefaßt werden. In archaischer Zeit heilte der Schamane, indem er den Kranken zum Kraftreservoir, zum kollektiven Psychismus seines Stammes zurückführte. Der Priester vitalistischer Kulte heilte durch Anrufung des Gottes oder der Göttin, die er und der Kranke als Ursprung des mächtigen Flusses des Einen Lebens verehrten. Mit Pythagoras wurde Heilen zur Harmonisierung des Mißklangs im teilweise individuierten (damit relativ isolierten) und psychisch gestörten Menschen.

Der KLANG selbst war die Heilkraft, die Pythagoras einsetzte – der Klang als Kraft, die harmonisiert. Im griechischen Sinn hieß harmonisieren, sich mit dem unaufhörlichen Wandlungsprozeß des Lebens selbst zu befassen und diese Wandlung in Resonanz mit dem rhythmischen Fließen der universalen Wandlung zu bringen. Das Universum wurde nicht als statisches Ganzes, sondern vielmehr – wie Heraklit betonte – als dynamischer Prozeß rhythmischer Gestaltung und Umgestaltung gesehen. Pythagoras betonte vermutlich den Aspekt der Gestaltung, während Heraklit Gewicht auf die Phase der Umgestaltung legte, deren Symbol das Feuer ist.

Das grundlegende Postulat, das Pythagoras dem kollektiven Geist des vorklassischen Griechenland einprägte, besagt, daß der Prozeß, der allen Dingen Gestalt verleiht, über die Zahl wirksam wird. Der über die Zahl wirkende Gestaltungsprozeß, wie Pythagoras ihn verstand, ist nicht magisches oder göttliches Wirken, sondern stützt sich auf Verhältnisse und, abstrakter, auf die Vernunft. Dieses Wirken konnte vom menschlichen Geist im einfachen Akt des Messens verstanden und angewandt werden.

Der gefährliche und potentiell negative Aspekt einer solchen Auffassung des Daseins liegt darin, daß sie dazu neigt, quantitative Vorstellungen und Verfahren an die Stelle qualitativer Worte zu setzen. Außerdem neigt sie dazu, Gewicht auf die Bedeutung der Materie und materieller Körper zu legen, weil diese leicht zu messen sind, während die psycho-spirituelle Wirklichkeit sich keiner quantitativen Analyse unterziehen läßt. In der Musik wird eine Umwandlung der sakromagischen Töne in abstrakte Noten, die nichts als die Grenzen von Intervallen sind, wahrscheinlich, sobald der Erzeuger der Töne zu einem sozusagen mathematischen Theoretiker und Techniker wird, dem es ständig um Genauigkeit und mechanische (das heißt meßbare) Vollkommenheit geht. Die griechische Trinität des Guten, Wahren und Schönen kann die Form von Ethik, Wissenschaft und Ästhetik annehmen; doch wenn wissenschaftliche Erkenntnisse von Technikern erstrebt werden, die nur beabsichtigen, alles zu messen, ganz gleich, welche Folgen das für die Menschheit hat, und die Künste vor allem den Aspekt der Form betonen, ohne auf Inhalt und Bedeutung zu achten, wird die Ethik als Entwicklung zwischenmenschlicher Beziehungen auf der Grundlage einer allumfassenden Harmonie leicht entweder vergessen oder durch das väterliche Gehabe von Priestern und Moralisten ins Sentimentale gewendet.

Dann treten zwei grundsätzliche Vorstellungen auf: Wissen, das zu mehr Wissen führen soll (ganz gleich, was seine Anwendung bedeutet), und Kunst um der Kunst willen, die im weitesten Sinn des Worts Formalismus ist. Musiker sprechen dann von «reiner Musik», frei von aller Verbindung mit der Dichtkunst oder allem Zusammenhang mit wirklichen Ereignissen oder Erscheinungen. Das Problem liegt dann in der Definition dessen, was die Musik vermittelt. Wir werden in den folgenden Kapiteln zu dieser Frage zurückkehren.

5. DIE VERRÄUMLICHUNG DES TONERLEBENS: MUSIKALISCHE NOTENSCHRIFT UND FORM

In primitiven Gesellschaften wird die Übermittlung von Wissen durch die Wiederholung von Bewegungen – Gesten und Stimmlauten – geleistet. Sprechen heißt, die Organe des Körpers bewegen, die Sprache artikulieren. Immer ist Bewegung (Tätigkeit) die grundlegende Tatsache menschlichen Daseins; Kind und Schüler lernen durch Nachahmung von Gesten und Stimmlauten. Wörter (ursprünglich die NAMEN von Wesenheiten), ihre Lautung und die besondere Art, in der der Erzeuger der Töne von einem Wort zum nächsten fortschreitet, werden mündlich übermittelt. Auf einer späteren Entwicklungsstufe der Kultur versucht man, Grundelemente des erworbenen sakromagischen Wissens als Gedächtnishilfen niederzuschreiben. Geschrieben werden Buchstaben und symbolische Formen, die auf die Namen der Wesenheiten, Götter oder Elementarkräfte verweisen, welche man um Beistand anruft. Notiert werden außerdem anschauliche Hinweise, wie die Stimme die Intonation der Namen zu beginnen und zu beenden hat, damit die Kraft, die man beschwört, geneigter und wirkungsvoller auf die Anrufung antworten kann.

Diese symbolischen Hinweise werden schließlich an eine oder beide Seiten einer (senkrechten oder waagerechten) Linie geschrieben. Offensichtlich wurden jedoch erst während des europäischen Mittelalters drei oder vier, später fünf waagerechte Linien verwendet, um eine melodische Folge von Tönen der Stimme so aufzuschreiben, daß die relative Höhe der aufeinanderfolgenden Töne sichtbar wurde. Die erste Verwendung eines Notensystems läßt sich um 900 n. Chr. nachweisen, und die Erfindung des Systems mit vier Linien wird Guido von Arezzo im elften Jahrhundert zugeschrieben. Die jetzt üblichen fünf Notenlinien entstanden offenbar später mit der Entwicklung der Mehrstimmigkeit.

Ein Schamane, der seine magischen Beschwörungen anstimmte, ein Barde oder Zelebrant eines alten Kultes, der die Taten der Kulturheroen oder die Lehren einer göttlichen Gestalt besang, erhielt sein Wissen über die Töne, Rhythmen und melodischen Bögen durch mündliche Überlieferung, entweder vom Vater auf den Sohn oder in langen Zeiträumen einer Ausbildung, die zugleich Einweihung war. Und wenn die Männer und Frauen eines Stammes die einstimmigen Gesänge psalmodierten, die sie seit früher Kindheit gehört hatten, taten sie das in einmütigem Einklang mit der psychischen Kraft, die sie zu einem organischen Ganzen verband. Dagegen waren die Priester und Mönche des Frühmittelalters zwar in ihrer Frömmigkeit vereint, waren aber verschiedener Herkunft und hatten unterschiedliche Kindheitserlebnisse. Eine mehrstimmige Musik entwickelte sich, die immer mehr einen weltlichen als religiösen Charakter annahm, und als durch die Kreuzzüge eine Vielfalt neuer kultureller Elemente eingeführt wurde, unter anderem das Auftreten von Troubadours, deren Lieder man nachahmte, nahm die Übermittlung der Musik konkreteren Charakter an. Man führte bei musikalischen Aufführungen Instrumentalstimmen ein, und diese wurden immer wichtiger und selbständiger, was die Beziehung zwischen einer Tonfolge und der Abfolge von Körperbewegungen, die das Spielen von Instrumenten erforderte, noch verstärkte.

Da der Übergang von einem Ton zum nächsten durch eine räumliche Verlagerung hervorgerufen wurde, war es logisch, ihn symbolisch als den Abstand (das Intervall) zweier Noten darzustellen, der sich auf feste Linien bezog, welche verbindlich Tonstufen angaben. Eine Folge von Tönen, die einst Energieverdichtungen innerhalb eines Kontinuums von Schwingungen bildeten, die sich in «lebendiger Zeit» ereigneten, konnte man sich jetzt räumlich vergegenwärtigen. Lebendige Zeit ist Zeit, deren zyklische Wiederholung okkulte oder spirituelle Potenz besitzt, oder die – wie im Fall primitiver Volksmusik, die Tanzbewegungen miteinbezieht – einen aktivierenden psychischen Charakter hat.

Der Raum eines Notenblattes ist nicht nur im Hinblick auf den Abstand der kleinen schwarzen Punkte auf den Linien des

Papiers meßbar. Er wird auch durch Taktstriche unterteilt, die Rhythmus, Vortragsgeschwindigkeit und Tempo angeben. Die Musik wurde so durch die Niederschrift von Noten verräumlicht. Die Töne verloren ihre Potenz, weil sie zu abstrakten Noten wurden, die keine Bedeutung außer in Beziehung auf das haben, was ihnen im Raum eines Notenblattes vorangeht und nachfolgt. Und wie ich schon sagte: Für die meisten ausgebildeten Musiker *sind* die Noten die Musik. Wenn der Komponist die Partitur des musikalischen Werkes einmal geschrieben hat, ist seine Arbeit im wesentlichen abgeschlossen. Dann beginnt die des Ausführenden, der den Raum in Zeit und abstrakte Noten in wirkliche Töne – oder wenigstens in aufschlußreiche oder ausdrucksvolle Klänge – zurückübersetzen muß.

Die Verräumlichung der Musik in eine Notenschrift ist die logische Folge der Einführung von Maß und Zahl in das, was einst ein magisches oder geheiligtes Erklingenlassen der Eigenschaften lebendiger Wesenheiten, Elementarkräfte und Götter war. Doch die Musik hätte auch auf eine andere Art verräumlicht werden können als durch das Verfahren, dem man in Europa folgte.

Um zu begreifen, was ein alternatives Verfahren beinhalten würde, muß man sich klarmachen, daß Raum auf zweierlei Art vorstellbar ist: als leeres Gefäß, in dem sich einzelne und unabhängige Dinge bewegen und über elektromagnetische Kräfte und die Schwerkraft in Beziehung treten, oder als Fülle des Seins, in der Bereiche unterschiedlich starker Verdichtung, Differenzierung und Konzentration auftreten, die wir als getrennte und scheinbar vereinzelte Dinge oder Wesenheiten wahrnehmen. Die abendländische Kultur hat sich die erste Auffassung des Raums zu eigen gemacht. Es bleibt zu hoffen, daß eine zukünftige westliche Kultur fähig sein wird, sich die andere Auffassung zu eigen zu machen. Um eine neue Art der Raumvorstellung würde es sich hierbei nicht handeln, denn in alten Zeiten machten sich die Eingeweihten instinktiv oder intuitiv eben jenes geistige Bild vom Raum.

Damals, als Gefühl und Vorstellung sagten, der Raum sei ganz von dem Einen Leben erfüllt, glaubte man, alles, was im Raum lebe, sei ein bestimmter, differenzierter Aspekt dieses Einen Lebens, eine Verdichtung im Raum. Wir beginnen heute, uns die Materie als verdichtete Energie und den interstellaren und intergalaktischen Raum als einen Energieozean zu denken, der mit unglaublicher Geschwindigkeit schwingt. Die klassische europäische Vorstellung Newtons vom leeren Raum oder die metaphysische Vorstellung vom Raum als eine dem menschlichen Geist eingeborene Idee – als grundlegender Modus der Wahrnehmung – wird heute von der Einsicht abgelöst, daß der ganze Raum eigentlich von ursprünglich undifferenzierter Energie-Substanz erfüllt ist. In diesem Sinn ist Raum die absolute Wirklichkeit – oder eher einer ihrer beiden Aspekte. Der andere Aspekt ist Bewegung; er impliziert die Zeit als Substrat der Veränderung oder (wie manche Philosophen sagen würden) als Abstraktion von der allgemein menschlichen Erfahrung der Veränderung.

Im Grunde geht es darum, ob wir an die Bewegung getrennter Dinge *im* Raum denken sollen, oder an rhythmische Bewegungen *des* Raumes, welche Dinge schaffen, die, obwohl scheinbar getrennt, in Wirklichkeit nur differenzierte Bereiche des Raumes und zeitlich begrenzte Verdichtungen von Energie sind. Das scheint eine in hohem Maße metaphysische Frage zu sein, die sehr wenig mit Musik oder den anderen Künsten zu tun hat. Es ist jedoch die allergrundlegendste Frage, der sich eine Kultur und ihre Künstler (und sogar die Lenker und Leiter der Gesellschaft) zu stellen haben.

Im antiken Griechenland gab es eine Zeit, in der wenigstens einige große Denker und Künstler die zweite Möglichkeit (die Dinge als rhythmische Bewegungen des Raums) gelten ließen; Pythagoras war vielleicht der erste von ihnen. Diese Denkweise scheint aber bald verlorengegangen zu sein. Wiederentdeckt wurde sie im Hinblick auf Kunstformen von Jay Hambidge, der 1920 sein zukunftweisendes Buch *Dynamic Symmetry* schrieb und danach seine Gedanken in der kleinen Zeitschrift *The Diagonal*[13] entwickelte. Einige amerikanische Maler, vor allem Howard Giles und Emil Bisttram, lehrten die Vorstellungen über dynamische Symmetrie und wandten sie während der späten zwanziger und frühen dreißiger Jahre an, und ich schrieb in meinem Buch *Art as Release of Power*[14] darüber.

Die Unterscheidung in Dinge, die sich *im* leeren Raum bewegen, und in Bewegungen *des* Raumes, der sich in Energiewirbeln ausdifferenziert, läßt sich auf das Problem der Form anwenden. Ein Maler denkt gewöhnlich daran, Formen und Farbmengen in einen Raum zu setzen, der von einer Art Rahmen eingegrenzt wird. Die Formen werden sozusagen von Geist und Hand des Malers in den leeren, blanken Raum einer Leinwand projiziert. Unter dem Gesichtspunkt der dynamischen Symmetrie sollten die Formen jedoch aus der Aufteilung jenes Raumes hervorgehen.[15] Der Raum wird hier zuerst als Fülle potentieller Formen aufgefaßt. Er wird dann nach allgemeingültigen geometrischen Prinzipien der Proportion unterteilt, in deren Kontext die Zeichnung ihren Sinn entfaltet.

Die gezeichneten Formen erhalten daher auf zwei Ebenen ihren Sinn: auf einer kosmisch-geometrischen Ebene und auf einer persönlich-expressionistischen oder darstellend-interpretativen Ebene. Unter diesem Gesichtspunkt ist ein Mensch nicht nur das, was er als bestimmte Person ist, sondern er ist auch der Raum, den die menschliche Form – der Archetyp Mensch – innerhalb der Lebenszone (der Biosphäre) der Erde und auf Ebenen, die über das Körperliche hinausgehen, innerhalb von Feldern metabiologischer (psychischer, geistiger, spiritueller) Tätigkeit einnimmt. Einfacher gesagt kann jede Regung oder Geste als eine kosmische Bewegung angesehen werden, die von archetypischen Rhythmen bestimmt ist, oder besonders beim Menschen als ein *existentieller* Modus der Tätigkeit, der durch die besondere Natur des Existierenden (des Lebewesens) und so durch seine Emotionen (biopsychischen Reaktionen) gekennzeichnet ist.

Das gilt auch für die Bewegungen der Muskeln des Stimmapparats, die Töne hervorbringen, Tierlaute mit inbegriffen. Letztere haben einen beinahe ausschließlich archetypischen Charakter, weil es unter den Artgenossen nur geringe Schwankungen gibt und jede Art eine einmalige, archetypische, biodynamische Struktur hat. Menschliche Tätigkeit wird jedoch von unterschiedlichen Kulturen bedingt, die von den Besonderheiten des Orts und der Rasse geprägt sind. Jede Kultur bildet ein kollektives Ganzes mit eigenen, charakteristischen Stimmlauten. Vokale, Konsonanten, Modulationen, Betonung und Tonhöhe der Stimme sind charakteristische Formen existentieller Bewegung. Wenn Menschen zu Individuen werden, unterscheiden sich ihre jeweiligen Stimmlaute noch mehr – sie drücken persönliche Emotionen aus.

Doch bleibt über die kollektiv-kulturellen und persönlich-emotionalen Unterschiede hinaus eine archetypisch-menschliche Eigenart des Tones erhalten. Sie stellt die allgemein gültige Grundlage menschlicher Stimmlaute dar – die archetypische Form des Menschen als eines Erzeugers von Tönen –, auf die gleiche Weise, wie das menschliche Skelett und das System der biologischen Funktionen der Gattung *Homo sapiens* dem archetypischen «Urbild des Menschen» entsprechen, auf das esoterische Lehren oft verweisen.

Der Mensch setzt sich (archetypisch gesehen) diesen Lehren nach allerdings aus allen Tiergattungen zusammen. In den Menschen sind die Eigenarten aller Tiere einerseits auf existentielle und andererseits auf transzendente Weise latent vorhanden. In einem noch tieferen Sinn ist der Mensch der Mikrokosmos des Universums und eine Spiegelung oder Verdichtung der Fülle des Kosmos – ein «Bild und Gleichnis» der Elohim (im Hebräischen ein Plural), der Schöpfungskraft der Vielen im Einen, die ihren Willen dem Ozean potentieller Energie und über den KLANG der undifferenzierten Materie des präkosmischen Chaos mitteilt.

Als Pythagoras von der «Sphärenmusik» sprach, wies er ohne Zweifel auf die komplexe Beschaffenheit dieses schöpferischen KLANGES hin, der Welten entstehen läßt und den man in Indien Nada sowie auf den vielen Ebenen seiner Manifestation Vac genannt hat. In den meisten relativ jungen religiösen Mythologien, die uns überliefert sind (wobei jung die letzten drei bis vier Jahrtausende bedeutet), wird dem schöpferischen KLANG eine siebenfache Natur zugeschrieben.

Das heißt, der Schöpfungsakt vollzieht sich im kosmischen Sinn auf sieben Ebenen, wobei jede Ebene ein Feld der Tätigkeit darstellt, das dem Wirken eines Aspekts oder eines Modus des Seins besonders entspricht. Diese sieben wurden zunächst als Ebenen der Differenzierung der ursprünglichen oder eher der ursächlichen Freisetzung der kinetischen Energie – des Schöpfungsaktes – verstanden. Die erste dieser Ebenen bezog sich allerdings auf einen Zustand reiner metakosmischer Einheit – einen subjektiven Zustand, der dem Schöpfungsakt «vorangeht», wenn man überhaupt von einem Vorangehen sprechen kann, da es in diesem Zustand die Zeit noch nicht gibt.

Das, was wir Zeit nennen, beginnt mit dieser Freisetzung von Energie. Die Freisetzung wirkt in den und durch die Zerfallsprodukte eines früheren Universums, seine karmischen Reste, seinen Humus – die «dunklen Wasser des Raumes», die im ersten Buch Mose erwähnt werden. Diese undifferenzierte präkosmische Materie setzt der schöpferischen Bewegung enormen Widerstand entgegen. Auf Grund dieses Widerstands (oder dieser Trägheit) wird es «eine Zeit dauern», bis die Materie ganz auf den schöpferischen Willen reagiert. Die Geschwindigkeit, mit der der kosmische Prozeß abläuft – das heißt die Zeit, die verstreicht, bis sich alles völlig gewandelt hat –, hängt daher vom Verhältnis der Kraft des Schöpfungsakts (oder in menschlichen Begriffen der Willensstärke) zum Widerstand (der Trägheit) des Materials ab, das neu geordnet werden soll.

In der esoterischen Philosophie der Musik ist eine Ebene der schöpferischen Tätigkeit symbolisiert durch die Oktave – das Intervall zweier Schwingungen, deren Frequenzen sich wie 1:2 verhalten. Sieben Ebenen bedeuten demnach sieben Oktaven – das archetypische «Spektrum» des Klanges und der gesamte Umfang der Tasten eines Klaviers. Wir werden in den folgenden Kapiteln zur Vorstellung der Klangebenen und Oktaven zurückkehren; zunächst müssen wir uns mit einem wichtigen Thema befassen, das lange übersehen wurde. Wir müssen uns Klang auf zweierlei Weise vorstellen: als absteigende wie auch als aufsteigende Form der Energie.

Einer der grundlegenden Mythen, die sich in den jüngeren der großen Religionen, besonders in der Mystik der christlichen Gnosis, finden, ist der von der «Pilgerschaft der Seele». Die Seele verläßt das Reich reiner, göttlicher Einheit, um in die Materie hinabzusteigen, wo sie menschliche Natur annimmt. Dann muß sie aus dem Zustand der Gebundenheit an die Bedingungen der Materie und aus dem Nichtwissen zurück in den Zustand vollkommener Einheit mit Gott emporsteigen. In einem mehr kosmischen Sinn weist diese Pilgerschaft der Seele einfach auf die

Involution der Energie in eine Vielfalt materieller Formen (oder geordneter Felder der Tätigkeit) und auf die nachfolgende *Evolution* formal bestimmter Lebensenergie hin. Diese nähert sich wieder einem Zustand der «Vollkommenheit» an, in dem sich alle wesentlichen Aspekte dessen, was zu Beginn des Daseinszyklus freigesetzt (oder geschaffen) wurde, in harmonischer Wechselbeziehung und wechselseitiger Durchdringung verwirklichen und erfüllen. Diese Erfüllung ist nur innerhalb der «vollkommenen Form» möglich, in der die Fülle des Raumes schwingt.

Diese vollkommene Form ist die höchste Manifestation des Schönen. Sie offenbart die Wahren Proportionen des kosmischen und menschlichen Wesens; und durch Begreifen und Betrachten dieser vollkommenen Form werden die Menschen bewegt, miteinander im Sinne der Harmonie, die sie offenbart, Verbindung aufzunehmen. Das ist das Leben der Guten – das Leben der Fülle und der harmonischen Beziehung, das Leben in göttlicher Liebe (Agape) oder, für die Griechen der Zeit Pythagoras' und Platos, die ideale Freundschaft.

Das nächste Kapitel setzt sich mit den absteigenden (oder involutionären) und den aufsteigenden (oder evolutionären) Aspekten des Klanges auseinander. Es behandelt außerdem das, was ich für einen Versuch des Pythagoras halte, jene beiden Bewegungen innerhalb einer verdichteten, siebenstufigen musikalischen Form, der sogenannten pythagoreischen Tonleiter – eines archetypischen Abbildes der «Sphärenmusik» –, miteinander in Beziehung zu bringen. Doch zunächst möchte ich betonen, daß man dem Begriff der musikalischen Form zwei Bedeutungen geben kann. Man kann von der Form *in* der Musik, oder der Form *eines* bestimmten musikalischen Werkes sprechen. Form *in* der Musik bezieht sich auf die Art der Ordnung und die Folgerichtigkeit (im Sinne innerer Notwendigkeit) im zeitlichen Fluß der Klänge. Die Form *eines* musikalischen Werkes ist das Ergebnis einer Kultur, welches sich mit dem Stil einer bestimmten Epoche entfaltet und mit dem Charakter der kollektiven Geistigkeit jener Kultur verknüpft ist.

Diese kollektive kulturelle Geistigkeit durchläuft eine Evolution. Wir können die klassische Epoche einer Kultur in diesem Sinn als ihre «Blüte» ansehen, da zu dieser Zeit ihre besonders charakteristischen Züge eine feste und formalistische Gestalt annehmen. Doch das besonders Charakteristische ist auch besonders eigentümlich und auf Ausschließlichkeit bedacht. So nahmen zum Beispiel im 16. und 17. Jahrhundert die musikalischen Werke die Formen der Motette, der Fuge, der Suite und schließlich der Sonate an, die in der Musik Symbole des eigentümlichen Charakters der europäischen Kultur sind und ihn zum Ausdruck bringen. Die Fuge, die Sonatenform und die Symphonie können als Versuche gesehen werden, die vollkommene Form innerhalb der Begrenzungen des typischen Charakters der kollektiven Geistigkeit der Kultur und ihrer grundlegenden Weltanschauung zu entwickeln.

Für die kollektive Geistigkeit der abendländischen Zivilisation ist Form ein Muster der Entwicklung, das in die Leere des Raumes projiziert wird. Sie leitet sich in der Musik im wesentlichen von dem auf ein Zentrum ausgerichteten Ordnungssystem her, das wir *Tonalität* nennen, und außerdem von der Anwendung dieses Systems auf Noten, deren abstrakter Charakter zwar ein ständiges Transponieren ermöglicht, aber auch einen lebendigen Fluß klanglicher Energie zwischen den Noten verhindert. Die Noten sind nur durch die mathematischen Verhältnisse der Tonhöhen aufeinander bezogen. Sie werden im leeren Raum als Netz exakter geometrischer Beziehungen wirksam. In der Musik der Klassik oder des Barock stellen sie Formen dar, die wie Arabesken auf eine leere Wand gemalt sind.

Diese Formen erkennt man am besten, wenn man die Noten eines Werkes betrachtet und analysiert. Die *Noten* sind die Musik, und es sind daher eher die Augen und der Geist und nicht die psychische Erfahrung über die Ohren, die ihre Entwicklung verfolgen und würdigen. Wir sprechen von «musikalischen Werken» und «Musikstücken» und betonen damit den räumlichen Aspekt. Man hat gesagt, Architektur sei «gefrorene Musik»; umgekehrt ist ein musikalisches Werk ein architektonischer Bau mit einer erkennbaren Gestalt. Das soll nicht heißen, daß klassische Musik keine Kraft hätte. Sie hat die Kraft des Psychismus des abendländischen Kulturganzen – eine äußerst dynamische und «faustische» Art von Kraft, um einen

Begriff zu verwenden, den Oswald Spengler in *Der Untergang des Abendlandes* eingeführt hat.

Die europäische Kultur ist die Frucht einer Gesellschaft, die auf zwei Ebenen wirksam wurde – wobei die eine von der geographischen Beschaffenheit des europäischen Subkontinents bestimmt ist, die andere ihre Kraft aus einem intensiven, ruhelosen Drang nach allgemeingültigen Werten und Weltherrschaft erhält. Dieser Drang, der in den von Meeren gegliederten europäischen Landschaften wirksam ist, brachte es mit sich, daß man ständig von Seeabenteuern fasziniert war. Wir sprechen von den «sieben Meeren», aber in Wirklichkeit gibt es nur einen Ozean – und Pythagoras wußte das. Er begriff anscheinend auch, daß die Erde eine Kugel ist, die um die Sonne kreist. Eine Kultur, die solches Wissen gelten läßt, muß so oder so vom Drang nach Universalität bewegt sein.

Diese treibende Kraft ist das Feuer einer Geistigkeit, die sich von den Einschränkungen des Ortes und der Rasse, vom Psychismus eines bestimmten Kulturganzen zu befreien sucht, der nach Ausschließlichkeit strebt. Dieser Wille zur Freiheit neigt jedoch anfänglich dazu, als Eroberungswille zu wirken, als Wille, örtlich begrenzte und verhältnismäßig statische Formen kultureller Ordnung zu zerstören. Dieser Wille rechtfertigt seine Zerstörung, indem er sich auf ein Ideal ständiger Umwandlung beruft. Die Ausbreitung der Industrie war die Folge des Bedarfs nach mehr Brennmaterial, mehr Materie, die sich umwandeln und «universeller» machen ließ, bis hin zur Atomstrahlung. Zur Wahl stehen schließlich nur entweder die Rückführung aller Sonderformen in einen undifferenzierten Ozean von Strahlung und Hitze, oder die Gestaltung der «vollkommenen Form», in der alle Bestandteile in einem Geist wechselseitiger Durchdringung von Herz und Verstand miteinander verbunden sind. Zur Wahl stehen der Reduktionismus oder die Fülle des Seins, Mißklang oder Sphärenmusik.

6. ABSTEIGENDE UND AUFSTEIGENDE MUSIKALISCHE REIHEN

Bücher, die sich mit der griechischen Musik der Antike befassen, stellen gewöhnlich kommentarlos fest, daß die Tetrachorde, die offenbar die ursprüngliche Gliederung in der griechischen Musik darstellten, eine absteigende Richtung hatten. Ihre Töne wurden der Höhe nach von oben nach unten aufgezählt. In einigen Musikgeschichten, die ich im Sommer 1917 las, wurde knapp festgestellt, manchmal nur in Fußnoten, daß die musikalischen Standardreihen (oder Skalen) *aller* alten Kulturen von hohen zu tiefen Noten abstiegen.

Das ist von weitreichender, tiefer Bedeutung und zeigt, daß sich seit der griechischen Antike eine völlige Umkehrung des menschlichen Klangbewußtseins vollzogen hat. Dennoch haben Historiker und Musikwissenschaftler diesem Umstand keine große Aufmerksamkeit gewidmet. Ich frage mich, wie verläßlich diese Erforscher der musikalischen Vergangenheit sind, wie tief ihr Verständnis der Musik reicht.

Ob heute und in unserer Kultur wohl jemand, der Tonleitern singt oder spielt, mit hohen Tönen beginnen und sich Schritt für Schritt zu tieferen hinabbewegen würde? Sind Gefühl und Ansicht, daß Leitern *aufsteigen*, nicht absolut fest im heutigen Musikbewußtsein verwurzelt? Was ist geschehen, daß im Musikbewußtsein eine solche Umkehrung stattfand?

In primitiven Gesellschaften und alten Völkern, die immer noch an ihrer Überlieferung festhalten, werden absteigende musikalische Reihen auch heute noch verwendet. Um 1900 beschrieb der französische Schriftsteller Pierre Loti den melodisch langgezogenen Schrei, den die Basken ausstießen, wenn sie eine Schmuggeltour über die französisch-spanische Grenze erfolgreich abgeschlossen hatten. Vor kurzem führte mir eine Baskin diesen bemerkenswerten Schrei vor. Sie begann mit einem lauten, hohen Ton und ließ ihn allmählich zu einem tiefen absinken. Sie hatte ihn als Kind gelernt und erzählte mir, daß er traditionell von der ganzen Gemeinschaft, Männern wie Frauen, bei kriegerischen Abenteuern eingesetzt wurde, um den Gegner zu erschrecken und einzuschüchtern. In der japanischen Kriegskunst soll es einen gewaltigen Schrei geben, der töten kann, indem er auf die Nervenzentren des Widersachers einwirkt. Von den Medizinmännern der Navajo werden absteigende Gesänge ebenso wirksam zu Heilzwecken angestimmt. Bei der Erzeugung magischer Töne wird also anscheinend traditionell so vorgegangen, daß man mit einer explosiven Freisetzung von Energie beginnt, vielleicht um eine übernatürliche Kraft sozusagen in eine physische Erscheinung herabzubringen.

Das zweite Kapitel weist auf den unhörbaren KLANG als Schwingungskraft hin, die archetypische Formen und schöpferische Ideen konkret manifest werden läßt, sobald sie angeregt und freigesetzt wird. Der KLANG ist in alten Religionen und Kosmologien die göttliche Schöpfungskraft, die Energie, die dem schöpferischen WORT, dem LOGOS, innewohnt. Er ist ebenfalls die Willenskraft, die es einer Idee (und besonders einem Entschluß) auf unerklärliche Weise ermöglicht, die Muskeln des Körpers (der Glieder, des Stimmapparats, der Augen) zu zwingen, sich genau auf die Art zu bewegen, die für die erfolgreiche Ausführung der Idee oder des Entschlusses nötig ist.

Wir wissen, daß das efferente willkürliche Nervensystem anscheinend das ausführende Organ ist, mit dessen Hilfe ein Entschluß in Form einer Handlung nach außen gebracht werden kann. Wir wissen auch, daß unsere Emotionen ebenfalls nach außen gebracht und tatsächlich zu Bewegungen werden – selbst Emotionen und Gefühle, die uns nicht bewußt sind –, und heute schenken wir psychosomatischen Vorgängen und den Organstörungen, die sie verursachen, große Aufmerksamkeit. Doch obwohl wir von elektrochemischen Strömen sprechen, die die Nerven entlanglaufen, kennen wir die Beschaffenheit dieser Ströme nur oberflächlich. Die alte indische und chinesische Vorstellung eines Energiefeldes (Ätherleib), das den ganzen Raum des Körpers durchdringt und erhält – dazu die Aura, die über ihn hinausreicht –, könnte gut ein Aspekt des schöpferischen KLANGES sein, der Ebene nach Ebene in das Feld des Lebens auf der Erde und in den feinstofflichen Leib aller Lebewesen hinabsteigt.

Dieses Absteigen ist die *Involution* des KLANGES in jedes materielle System hinein, das mit ihm in Resonanz sein kann. Ein materielles System kann ein Körper, aber auch ein Musikinstrument wie eine Violine, eine Flöte oder ein Gong sein. Wenn der menschliche Körper mit der Stimme einen Ton hervorbringt, oder wenn ein Gong vom Schlegel angeschlagen schwingt, wird körperlich hörbarer Klang erzeugt. Doch dieser Klang ist die *Reaktion* des menschlichen Körpers oder des Gongs auf eine Muskeltätigkeit, die den Entschluß, einen hörbaren Ton zu erzeugen, um Information oder einen Zustand des Bewußtseins zu übermitteln, nach außen brachte. Der physische Klang ist die Auswirkung des unhörbaren KLANGES in der Materie (der Strom des Willens durch die Nerven), so wie Licht und Farbe Reflexionen der Sonnenstrahlen sind, die auf die Atmosphäre oder einen materiellen Gegenstand treffen.

Die Klänge der Stimme und der Instrumente, die wir hören, sind nur die Resonanz der Materie, zu der auch die Luftmoleküle gehören, die sich in den mittönenden Hohlräumen des menschlichen Körpers oder des Instrumentes befinden. Die hörbaren Klänge, die durch diese Resonanz erzeugt werden, *steigen auf*. Sie steigen symmetrisch zu der Reihe von Schritten auf, die der *absteigende*, Tätigkeit erzeugende KLANG macht – die Energie des Willens oder der Emotionen. Diesen KLANG hören wir nicht, nur die Wellenbewegung des Stoffes, der in Resonanz ist. Und da der mittönende Stoff gewöhnlich von komplexer Beschaffenheit ist, hören wir eine gleichermaßen komplexe Reihe von Schwingungen. Fast alle Klänge, die wir hören, sind Kombinationen von Schwingungen. In der Akustik heißen sie Partial- oder Teiltöne. Normalerweise herrscht ein Partialton in den Klängen der Musikinstrumente und der menschlichen Stimme vor. Diese vorherrschende Schwingung nennen wir Grundton, die kaum wahrnehmbaren heißen Obertöne oder Teiltöne.

Die Vorstellung von Grundtönen und Obertönen ist jedoch nicht grundlegend und natürlich (was Musiker gewöhnlich glauben). Die Tonanalyse ist nicht angeboren. Wenn der moderne Akustiker eine Trompete und eine Violine dieselbe Note, sagen wir das mittlere C, erzeugen hört, denkt er sich die beiden Klänge vielleicht als Kombinationen derselben vorherrschenden Schwingungen und der unterschiedlichen Obertöne, die für die Töne der Trompete und die der Violine charakteristisch sind. Der Akustiker hört so, weil er dazu ausgebildet wurde. Ein nicht ausgebildeter Hörer wird nichts analysieren, wird gefühlsmäßig auf die Klänge der Instrumente reagieren, vielleicht weil die Klänge mit angenehmen oder unangenehmen Erlebnissen in der Vergangenheit verbunden sind. Der Unterschied zwischen den beiden Reaktionen wird noch deutlicher, wenn wir einen indianischen Späher, der sich vor seinem Stamm her durch einen dunklen Wald bewegt, mit einem Akustiker vergleichen, der im sicheren Zoo Tierschreie studiert. Der indianische Späher lauscht auf die Töne von Lebewesen, um Art und Gemütslage der Tiere herauszufinden, die sie erzeugen. Der Wissenschaftler macht sich seine intellektuelle Ausbildung zunutze, um mehr über die Klänge als zusammengesetzte Wellen zu erfahren.

Die Schallwellen, die der Akustiker analysiert, gehen von den Schwingungen materieller Substanzen aus. Ob es sich nun um Musikinstrumente oder Teile des Körpers handelt, die mit Hilfe der Stimme Klänge erzeugen, die materielle Substanz ist gewöhnlich nicht homogen. Ihre Schwingungen sind daher komplex, ebenso die Form der Schallwelle. Sekundäre kleine Wellen wirken auf die Hauptwelle ein, rufen Obertöne oder Oberwellen hervor, die für das Instrument oder den Körper, der die Klänge hervorbrachte, charakteristisch sind. Diese charakteristische Eigenschaft der Klänge, die ein Instrument oder eine Stimme hervorbringen, ist die Klangfarbe oder das Timbre – mit den relativen Stärken der erzeugten Partialtöne und ihren Verhältnissen zueinander.

Auffällig und nicht leicht zu erklären ist, daß alle Obertöne, auf die Grundschwingung bezogen, in einfachen Verhältnissen schwingen, die eine arithmetische Reihe bilden. Die Urform aller dieser Reihen ist die Reihe der ganzen Zahlen 1, 2, 3, 4, 5 und so fort. Die Frequenz aller Schwingungen (Obertöne), die die jeweilige Klangfarbe (oder Eigenschaft) bestimmen, stehen im selben Verhältnis zur Frequenz der Grundschwingung wie jede beliebige ganze Zahl zu 1. Ein bestimmtes Musikinstrument erzeugt die Obertöne 3, 5, 6, 7; ein anderes hebt vielleicht die Obertöne 2, 4, 5 heraus. Die Obertöne können jedoch nicht im Verhältnis von 2,45 oder 5,17 Schwingungen des Grundtones schwingen. Es sind nur Frequenzen möglich, die in ganzen Zahlen auszudrücken sind – wobei der Grundton die 1 ist. Warum ist das so, wenn die Obertöne nur wegen der komplexen Beschaffenheit des mittönenden Materials des Instrumentes auftreten?

Die Frage ähnelt vielleicht der, warum alle Schneeflocken sechseckige Kristallformen zeigen. Alle Modi und Formen existentieller Tätigkeit (und kosmischer Bewegung) verkörpern einfache, harmonikale Verhältnisse. Die Wissenschaft der Harmonik versucht zu zeigen, daß diese Verhältnisse die strukturellen Grundlagen sind, auf denen das Universum wie auch die mikrokosmischen Lebewesen als komplexe, materielle Ganze errichtet sind. Griechische Philosophen sprachen von solchen strukturellen Grundlagen als Archetypen, die einen Aspekt des Geistes der Gottheit darstellen. Die Grundfrage ist, ob diese archetypischen Formen oder geometrischen Strukturen der existentiellen Tätigkeit – der Materie und dem Leben – als allgemeingültige und notwendige Modelle oder Muster vorausgehen, oder ob sie eine Hervorbringung des menschlichen Geistes sind, der aus einer Vielzahl menschlicher Erfahrungen, an denen alle teilhaben oder die man sich mitteilt, Ordnungsprinzipien abstrahiert, die universelle Gültigkeit haben. Wenn das zweite wahr ist, stülpt der menschliche Geist eine Ordnung über irdische Natur und Universum, die nur in ihm selbst ist. Materielle Substanzen, die nicht *absolut* in das archetypische Modell passen, läßt die Wissenschaft über den «Koeffizienten der Unwirksamkeit» zu, der jedem Experiment anhaftet, oder über das Prinzip des Indeterminismus, das sich aus der Wirkung herleitet, die vom Beobachter auf das Beobachtete ausgeht. Wenn man an den Vorrang der Archetypen glaubt, an ihre Wirklichkeit in einem Bereich des reinen Geistes, werden Messungsgenauigkeiten und wirkliche Erscheinungen, die mit den archetypischen Strukturen und der entsprechenden Form nicht genau übereinstimmen, als die Folgen von Abweichungen interpretiert, die durch die verwirrende und zentrifugale Kraft materieller Tätigkeiten und (auf der höheren Ebene menschlichen Daseins) durch die persönlichen Wechselbeziehungen in die Vollkommenheit der Archetypen hineingebracht wurden.

Diese scheinbar so metaphysische Frage ist von ganz praktischer Bedeutung für musikalische Begriffe und die Philosophie der Musik. Der Unterschied zwischen einer absteigenden und aufsteigenden Reihe von Klängen hat nicht nur etwas mit dem Ursprung der Reihen, sondern auch mit der Eigenart dessen zu tun, was sich in Reihen entwickelt, das heißt, was entweder auf- oder absteigt. Wenn der KLANG das Absteigen einer Energie ist, die kosmisch im göttlichen Schöpfungsakt und menschlich im willentlichen Entschluß oder emotionalen Impuls freigesetzt wird, ist er der Träger einer Botschaft (Information oder Kommunikation) in eine materielle Form hinein (ein natürliches oder von Menschen geschaffenes Mittel), die so gestaltet ist, daß sie diese Botschaft mehr oder weniger angemessen übermitteln kann. Wenn dieses Mittel unter der Einwirkung des KLANGES mittönt (und auf ihn reagiert, wenn es ein Bewußtsein hat), *ist diese Resonanz ein Ton*. Dieser stimmliche, instrumentale oder der Natur angehörende Ton ist eine *Kombination* aus dem KLANG, der in den mittönenden Mittler hinabstieg (oder sich in ihm verkörperte), und aus dessen Wesen oder Eigenart. Der Ton wird menschlichen Ohren über Schallwellen vermittelt.

Die Energie des KLANGES sollte, wenn sie vom Material zurückgeworfen wird, das sie in Resonanz versetzt hat, theoretisch eine aufsteigende Struktur von Obertönen annehmen, die zu der des Abstiegs symmetrisch ist. Die Obertonreihe stellt diesen idealen Verlauf dar. Doch weil das, was wir hören, die Resonanz des materiellen Instrumentes ist, nimmt diese Resonanz in der zurückgeworfenen Energie eine Auswahl des KLANGES vor. Sie hebt nur bestimmte Abschnitte der Obertonreihe hervor, in denen sich die Energie des Tones, der sich in Resonanz befindet, verdichtet (in die Formante). Das Ergebnis ist das Timbre (oder die Klangfarbe) der Stimme oder des Musikinstrumentes.

Die Reihe von Grundton und Obertönen, die die Schwingungen eines materiellen Körpers erzeugen, ist weder vollständig noch unendlich. Ein biologischer (Stimm-)Organismus oder ein von Menschen geschaffenes Instrument, die in der Lage sind, in Reaktion auf nervliche Erregung oder physische Einwirkung zu schwingen, setzen so viel wie möglich von der Energie frei, durch die sie in Bewegung versetzt wurden. Eigenart oder Qualität der Freisetzung hängen zum großen Teil von Wesen und Form des schwingenden Körpers ab. Der Ton ist eine Kombination relativ weniger Obertöne, die unterschiedlich intensiv sind. Die Vorstellung einer vollständigen Obertonreihe, die durch eine Folge von Noten auf Linien dargestellt wird, ist entweder abstrakt oder die auf musikalischen Begriffen des Abendlandes beruhende intellektuelle Deutung eines unhörbaren Prozesses – des Abstiegs eines kosmischen oder menschlichen Energiestromes (KLANG), der von einem einzigen Ursprung, dem «Einen», ausgeht.

Metaphysisch gesehen wird dieser Energiestrom durch die schöpferische Tätigkeit des «Einen» freigesetzt, durch das Schöpferische Wort (Verbum oder Logos). Die indischen Philosophen des Altertums nannten es Nada Brahman und stellten es symbolisch durch die mystische Silbe AUM (OM) dar. Im Menschen handelt es sich entweder um die Energie des Willens oder die eines biopsychischen Zustandes, der nach außen gewendet werden will (eine Emotion). Ein Energiestrom ist ein Modus der Bewegung. Pythagoras und andere Philosophen lehrten, daß Bewegung sich nach dem Gesetz der Zahl vollzieht. Dieses Gesetz läßt sich am einfachsten in der Reihe ganzer Zahlen zeigen, dem Muster aller arithmetischen Reihen. Da der KLANG die Kraft ist, die eine Idee oder einen Entschluß, durch die ein Anfang gesetzt wird, materiellen Substanzen und Körpern übermittelt, die diese mehr oder weniger effektiv verwirklichen können, wirkt die Klangenergie dem Gesetz der Zahl gemäß und daher in Form einer arithmetischen Reihe. Sie steigt von Ebene zu Ebene materieller Ordnung hinab, bis sie die Ebene des Instruments oder Körpers erreicht, die effektiv mit ihr in Resonanz sind, damit der schöpferische Wille oder der einen Anfang setzende Entschluß verwirklicht werden. Die Bewegung ist ein Absteigen, aber ein passenderer Begriff wäre *Veräußerlichung*.

Als ich in *The Rebirth of Hindu Music* und anderen frühen Schriften von einer absteigenden Obertonreihe sprach, erwähnte ich auch einen «spirituellen Grundton» und eine Reihe von «Untertönen».[16] Das scheint mir heute unerheblich oder verwirrend zu sein. Wichtiger ist zu verstehen, daß die absteigende Bewegung des KLANGES (den das menschliche Ohr nicht hören kann) ein Prozeß der *Differenzierung* ist, denn der KLANG hat an seinem Ursprung einen einheitlichen Charakter. Das führt zu dem Schluß, daß das sakromagische Musikbewußtsein der archaischen Völker, die die Tonfolgen ihrer magischen Gesänge und Mantras instinktiv in absteigenden Reihen ordneten, den Prozeß des KLANGES spiegelte, der von seinem einheitlichen Ursprung absteigt und sich in materielle Körper und Instrumente und einige grundlegende Töne differenziert. Diese Töne bilden den archaischen Grama – vielleicht den legendären Gandhara Grama, den der Seher und Musiker Narada im himmlischen Bereich gehört haben soll.

Der absteigende Tetrachord, auf dem die griechische Musik der Antike beruhte, zeigt, daß hier ursprünglich das gleiche Gefühl für eine absteigende musikalische Reihe existierte – wahrscheinlich in den orphischen Gesängen vor der Zeit von Pythagoras. Die pythagoreische Bedeutung der Tetraktys steht mit den mystischen Eigenschaften der Zahl 4 in Zusammenhang, selbst wenn sie auch auf die grundlegenden musikalischen Intervalle übertragen wurde – auf Oktave, Quinte, Quarte und Ganzton.

Pythagoras befaßte sich vor allem mit den Vorstellungen von Zahl und proportionaler Form, das heißt mit den Beziehungen zwischen den Zahlen und ihren sichtbaren Manifestationen in geometrischen Formen. Es ging ihm nicht um Klangfarbe oder die Qualität von Tönen, die von materiellen Körpern erzeugt werden, sondern um die Entwicklung des Geistes der Vernunft – um den archetypischen Geist, der sich mit Zahl und Form befaßt. Diese Entwicklung war historisch notwendig geworden, um den Menschen zu helfen, sich aus den Verstrickungen in den biopsychischen Bereich der Instinkte, Emotionen und kollektiven Kulte, der Symbole und Mythen zu lösen, welche Naturkräfte und kosmische Prozesse personifizierten. Pythagoras wollte die Musik *vom Mythos befreien*. Diese Reform versuchte, Zahl und Proportion an die Stelle der Götter zu setzen. In ihrem Verlauf intellektualisierte und verräumlichte sie jedoch das, was immer noch die direkte Erfahrung der absteigenden Energie des Klanges gewesen sein mag. Wenn Pythagoras selbst mit der Kraft des Klanges erfolgreich heilte, so deshalb, weil er seine Resonanz in der Materie mit Hilfe angemessener stimmlicher und instrumentaler Verwirklichung hörbar machte.

Eine Musik mit absteigenden Tonfolgen zeigt, daß die Musiker wenigstens unbewußt immer noch auf das Fließen des Klanges eingestimmt sind. Ihre Psyche steht der *direkten* Einwirkung seiner absteigenden Energie noch offen. Später verliert die Musik diese Übereinstimmung. Sie befaßt sich dafür mit Tönen, die vom komplexen Stimmapparat und den mittönenden Hohlräumen des menschlichen Körpers erzeugt werden und die auch mehr und mehr von Musikinstrumenten hervorgebracht werden, welche noch stärker in Resonanz mit dem Klang sein können. Die Musiker denken zunehmend im Sinne von meßbaren und genauen Verhältnissen zwischen den Tönen – das heißt im Sinne von Intervallen.

In der Musik kann jede Reihe von Tönen (zum Beispiel eine Melodie) unter zwei Gesichtspunkten betrachtet werden: als eine Folge einzelner *Klänge* unterschiedlicher Höhen, oder als eine Reihe entweder aufsteigender oder absteigender *Intervalle* (eine Sekunde, eine Terz, eine Quinte und so fort). Ein Intervall ist durch das mathematische Verhältnis der Frequenzen zweier Töne bestimmt.

Wenn Musiker oder Akustiker von der harmonikalen Reihe des Grundtones und der Obertöne sprechen, meinen sie entweder die einzelnen Noten der Reihe (zum Beispiel C, c, g, c^1, e^1, g^1, b^1, c^2), oder die Intervalle zwischen ihnen, das heißt, eine Oktave (C-c), eine Quinte (c-g), eine Quarte (g-c^1), eine große Terz (c^1-e^1), eine kleine Terz (e^1-g^1) und so weiter. Im ersten Fall richtet sich die Aufmerksamkeit auf jede Note als schwingende Einheit, im zweiten auf das Verhältnis zwischen zwei aufeinanderfolgenden Noten.

Über diese beiden Auffassungen hinaus (die sich beide mit der Musik als einer Kunst befassen, die von einer bestimmten Kultur geformt wurde) gibt es jedoch immer die Möglichkeit, den Klang als kontinuierlichen Strom schöpferischer und umwandelnder Kraft zu erfahren. In diesem Kontinuum tauchen einzelne Töne vorübergehend als Zentren auf, um die sich Felder von Klangenergie bilden und wechselseitig durchdringen, und schwinden dann wieder. Ähnlich können die Abstände zwischen diesen zentrierenden Tönen als die vielen differenzierten Aspekte einer Fülle schwingenden Raumes erfahren werden, statt daß sie als genau abgemessene Intervalle betrachtet werden. Dieser Raum kann als ein Pleroma sich wechselseitig durchdringender und aufeinander einwirkender Töne erfahren werden, eine gewaltige und vielfältige Resonanz des Orchesters kosmischen Daseins auf den schöpferischen, dann formerhaltenden, umformenden und auflösenden Willen Gottes, des Einen Ursprungs manifestierten Seins.

Der Mensch, als Spiegelung gesehen, kann ebenfalls ein wahrer Erzeuger von Tönen sein. Er kann auf physisch konkrete Weise – durch Worte, angefüllt mit dynamischer Energie, welche Bilder heraufbeschwört – den Grundton einer entstehenden Kultur zum Klingen bringen. Er kann als der sakromagische Dichter oder Sänger tätig werden. Er kann den KLANG als Trägerwelle verwenden, um die alles erneuernde Antwort auf das neue Bedürfnis der Menschen weiterzugeben.

7. DIE OBERTONREIHE

Sieht man Grundton und Obertöne, die alle genau festgelegte Frequenzen haben, als Reihe an, so ist die Obertonreihe eine arithmetische Reihe. Die archetypische arithmetische Reihe ist die der ganzen Zahlen, 1, 2, 3, 4, 5 und so fort. Diese Reihe wird durch die endlos wiederholte Addition der Zahl Eins gebildet. Jedoch erzeugt kein instrumentaler oder stimmlicher Grundton wirklich eine vollständige und endlose Obertonreihe, und die Obertöne, die er hervorbringt, schwingen nicht alle mit gleicher Intensität.

Die Obertonreihe ist daher ein archetypisches Modell. Sie ist entweder der Prozeß, den die welterschaffende Energie des KLANGES durchläuft, wenn sie von einem schöpferischen, spirituellen Ursprung ausstrahlt oder ausströmt und Schritt für Schritt in zunehmend dichtere Felder objektiven und materiellen Daseins absteigt, oder sie ist eine ideelle Vorstellung, abstrahiert von der Erfahrung, *einige* Obertöne zu hören, wenn eine Vielzahl von Grundtönen zum Klingen gebracht werden, indem materielle Instrumente (auch der Stimmapparat des Menschen) in Bewegung versetzt werden.

In diesem Sinn ist die Obertonreihe ein Mythos – der Mythos der Zahl übertragen in musikalische Begriffe. Er beruht auf der Verknüpfung zweier Faktoren: einer arithmetischen Reihe ganzer Zahlen und einer geometrischen Reihe, die zunächst offenbar die Form einer Reihe von Oktavintervallen annimmt (siehe Abbildung 1). Die Oktave ist eine musikalische Darstellung des Verhältnisses zwei zu eins (2:1). Zwei Noten stehen in einer Oktavbeziehung, wenn die Frequenz der höheren das Doppelte der tieferen beträgt.[17] Eine Reihe von Oktavklängen folgt einer geometrischen Reihe, und die Frequenzen der Klänge können auch mit Exponenten ausgedrückt werden: $2, 2^2, 2^3, 2^4, 2^5$ und so weiter (oder 2, 4, 8, 16, 32 und so weiter).

Jede Reihe sich wiederholender *Intervalle* ist eine geometrische Reihe. Alle Reihen von Intervallen können mit Reihen anderer Intervalle verglichen werden. Während der letzten fünf Jahrtausende ist das Intervall der Quinte (3:2) für besonders wichtig angesehen worden, und eine Reihe von zwölf Quinten enthält ein wenig mehr als sieben Oktaven. Die Bedeutung dieser Vergleiche wird im Verlauf dieses Kapitels erläutert. Vergleiche zwischen anderen Intervallreihen können, müssen aber nicht von Bedeutung sein.

Eine arithmetische Reihe verweist auf die Übermittlung von *Kraft*, die aus einem schöpferischen Ursprung freigesetzt wird und sich differenziert. Zum Beispiel steigt die Macht, die von der

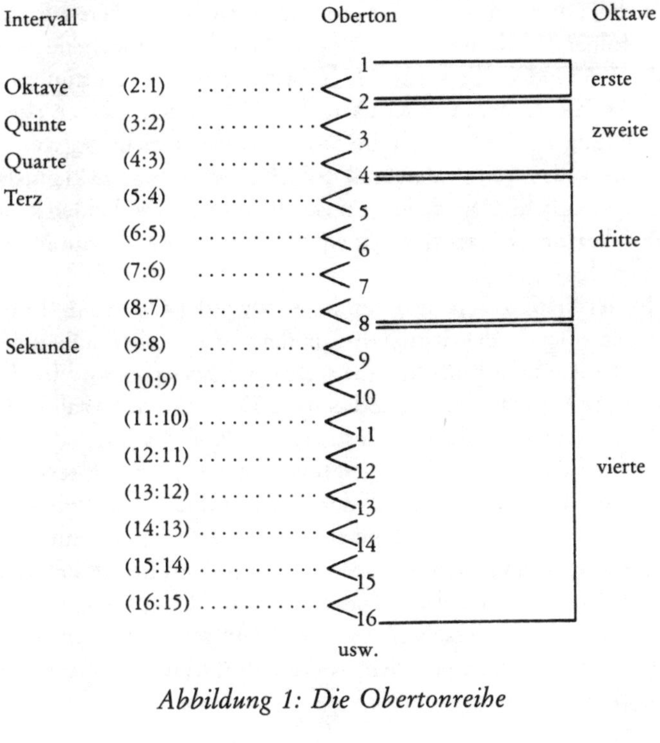

Intervall		Oberton	Oktave
Oktave	(2:1)	1, 2	erste
Quinte	(3:2)	3	zweite
Quarte	(4:3)	4	
Terz	(5:4)	5	
	(6:5)	6	dritte
	(7:6)	7	
	(8:7)	8	
Sekunde	(9:8)	9	
	(10:9)	10	
	(11:10)	11	
	(12:11)	12	vierte
	(13:12)	13	
	(14:13)	14	
	(15:14)	15	
	(16:15)	16	

usw.

Abbildung 1: Die Obertonreihe

leitenden Spitze einer großen Gesellschaft ausgeübt wird, über einige Kompetenzebenen ab, bevor sie den Bereich konkreter, materieller Ergebnisse erreicht. In der Musik ist dieser Bereich der der tatsächlichen Schwingung eines resonanzfähigen Instruments, einer Stimme. Andererseits verweist eine geometrische Reihe auf das *Bewußtsein*, da Bewußtsein der Beziehung zwischen einer Person und einer zweiten innewohnt oder ihr Ergebnis ist. Das Bewußtsein entwickelt sich durch Beziehungen, die fortschreitend komplexer werden. Es erweitert sich, indem es eine immer größere Zahl differenzierter Verhältnisse in sich aufnimmt – in der Musik eine wachsende Zahl unterschiedlicher Intervalle.

So nimmt in der Struktur einer harmonikalen Reihe von Grundton und Obertönen das Verhältnis – das Intervall – zwischen zwei aufeinanderfolgenden Obertönen an Umfang ab; die Verhältnisse 2:1, 3:2, 4:3, 5:4 und so fort werden zunehmend kleiner. Wenn wir andererseits die geometrische Reihe der *Oktaven*, beginnend mit dem Grundton, betrachten, sehen wir, daß jede folgende Oktave mehr Obertöne als die vorangehende enthält. Während so die Menge der Obertöne pro Oktave zunimmt, werden die Intervalle zwischen den Obertönen kleiner (siehe Abbildung 1). Bevor noch die achte Oktave erreicht ist, werden die Intervalle zweier aufeinanderfolgender Obertöne so klein, daß das menschliche Ohr sie nicht mehr deutlich unterscheiden kann. Die Obertonreihe wird zu einem ansteigenden Kontinuum von Klangschwingungen.

In der ersten Oktave liegen keine weiteren Obertöne, in der zweiten einer, in der dritten drei, in der vierten sieben. Die fünfte (16 bis 32) enthält fünfzehn, die sechste (32 bis 64) einunddreißig, die siebte (64 bis 128) dreiundsechzig. Das letzte Intervall in der siebten Oktave hat das Verhältnis 128:127; dieses Intervall ist so klein, daß das Ohr es nicht vom folgenden, 129:128, unterscheiden kann. Das letzte Intervall der fünften Oktave (das Verhältnis 32:31) wurde in Griechenland als das charakteristische enharmonische Intervall verwendet. Es war ein wenig größer als ein Viertelton der modernen abendländischen Skala. Das pythagoreische Komma – der Unterschied zwischen dem musikalischen Raum von sieben Oktaven und dem von zwölf Quinten – ist etwa ein Achtel eines Tones.

Teilt man eine Oktave in gleiche Intervalle von der Größe eines Komma, enthält sie achtundvierzig Achteltöne. Kein Instrument, von elektronischen abgesehen, könnte in feineren Intervallen gestimmt werden. Deshalb umfaßt die Musik aus praktischen Gründen sieben Oktaven von Schwingungen, etwa den Umfang der Tastenreihe des Klaviers (das heißt von etwa 27 bis 2456 Schwingungen pro Sekunde, dazu drei Halbtöne am oberen Ende der Tastenreihe).

Traditionell wird in der esoterischen Weltanschauung das Universum in sieben Seinsebenen aufgeteilt. Die niedrigste ist die der physischen Materie, die Grundlage aller Tätigkeiten und Veränderungen, die wir mit unseren Sinnen wahrnehmen. Auf dieser Ebene wird die Resonanz materieller Dinge (dazu gehören auch Musikinstrumente) auf den absteigenden Kraftstrom, den ein schöpferischer, Willen-aussendender Ursprung freigesetzt hat, als Ton hörbar – das heißt als die komplexe Schwingung des materiellen Körpers oder Stimmapparats.

Dieser Ton soll die Absicht des verursachenden Ursprungs vermitteln, die zur Freisetzung einer solchen schöpferischen oder umwandelnden Kraft führte. Doch der hörbare Ton enthält nicht nur die ursprüngliche schöpferische oder informative Absicht, die der *absteigenden* Kraft des KLANGES innewohnt, er ist auch von den physischen Grenzen und besonderen Eigenschaften des resonanzfähigen Instrumentes geprägt und spiegelt sie wider. Diese Eigenschaften sind eine Folge der molekularen Beschaffenheit und der Form des Instrumentes. Daher ist die *aufsteigende* Obertonreihe, die der hörbare, resonanzfähige Ton (der Grundton) hervorbringt, niemals eine vollkommene arithmetische Reihe von Obertönen. Man kann nur einige dieser Obertöne hören, und einige von ihnen sind intensiver als andere. Das führt zur besonderen Klangfarbe (oder Qualität) des Tones.

So hören wir in den Tönen von Instrumenten und Stimmen nie eine vollständige (theoretisch unendliche) Reihe von gleich intensiven Obertönen, da wir nur Klänge hören, die durch die Schwingung materieller Dinge erzeugt wurden. Außerdem hören wir nicht wirklich den KLANG, sondern die *Resonanz*, die in materiellen Instrumenten durch die Einwirkung unhörbarer Ströme der Energie und des Willens oder durch psychische Tätigkeit (Emotionen) erregt wurde. Dennoch ist die aufsteigende Obertonreihe, so unvollständig und ungleichmäßig sie auch ist, symmetrisch zur absteigenden. Obertöne können nur als Bestandteile einer ideellen arithmetischen Reihe auftreten; der Ton eines Instrumentes hat einen Grundton, und der ist die Zahl Eins dieser Reihe.

Diese Feststellung mag willkürlich und unlogisch klingen, doch nicht für einen modernen Physiker, der in Begriffen von Quanten (das heißt sprunghafter Freisetzung von Energie) und besonderen Bahnen denkt, die die Elektronen, die ein Proton umrunden, einnehmen müssen. Die harmonikale Reihe erscheint so als struktureller Faktor, der sowohl dem dynamischen Prozeß der Freisetzung des absteigenden KLANGES (oder der Willenskraft) als auch den aufsteigenden Obertönen innewohnt, die von der symmetrischen Spiegelung des materiellen Instrumentes erzeugt werden, das zur Einwirkung des KLANGstroms in Resonanz ist.

Aufsteigende und absteigende Reihe sind (im Prinzip) symmetrisch, wenn man sie als Reihen ständig abnehmender *Intervalle* (Oktave, Quinte, Quarte, große und kleine Terz und so weiter) betrachtet. Doch sieht man sie als *Noten* abendländischer Tonleitern, sind die Noten der absteigenden Reihe nicht die der aufsteigenden Reihe (siehe Abbildung 2). Eine aufsteigende Reihe vom Grundton C bringt an der Stelle des dritten Partialtones ein G hervor, doch eine absteigende Reihe, die von derselben Note C ausgeht, erzeugt an dieser Stelle der absteigenden Reihe ein F.

Die harmonikale Reihe ist als Reihe von Intervallen wie eine Leiter, deren Sprossen in ständig abnehmenden Abständen auftreten. Stellt man die Leiter gegen eine Wand und markiert die Stellen, an denen die Sprossen die Wand berühren, erhält man, wenn man die Leiter mit den kleineren Abständen zwischen den Sprossen nach oben aufstellt, eine Reihe von Markierungen, und eine zweite Reihe, wenn man die Leiter umdreht.

Diese Beziehung kann man hörbar machen, und zwar mit dem Monochord, dem Instrument, das Pythagoras bei der Einführung in seine Lehre verwendete. Wenn man die ganze Saite des Monochords, eine Hälfte, ein Drittel, ein Viertel, ein Fünftel und so weiter nacheinander anzupft, hört man eine *aufsteigende* Reihe von Obertönen. Sie erklären sich aus der physikalischen Tatsache, daß die angezupfte Saite nicht nur als Ganzes, sondern auch in ihren ganzzahligen Teilen schwingt – daher sind auch, wenigstens theoretisch, die Schwingungen der Hälfte, der Drittel, Viertel und Fünftel ebenfalls wahrzunehmen.

Wenn man dagegen ein bestimmtes Maß (zum Beispiel 2,5 cm) der Monochordsaite anzupft, dann zwei, drei, vier, fünf und sechs Maßeinheiten und so weiter, wird eine *absteigende* Reihe von Klängen erzeugt, die dem Hörer die symbolische Erfahrung des Weges vermittelt, dem der schöpferische und vom Willen getragene KLANG bei seinem Absteigen folgt. Die Erfahrung ist deshalb nur symbolisch, weil kein Teil der absteigenden harmonikalen Reihe hörbar ist. Was anscheinend wie «Untertöne» klingt, sind Kombinationstöne. Das sind komplizierte Hörerscheinungen, die von den Akustikern in dem Sinn als subjektiv angesehen werden, als sie offenbar im Innenohr auf Grund der Schwingungsweise der 25 000 äußerst feinen Haarzellen der

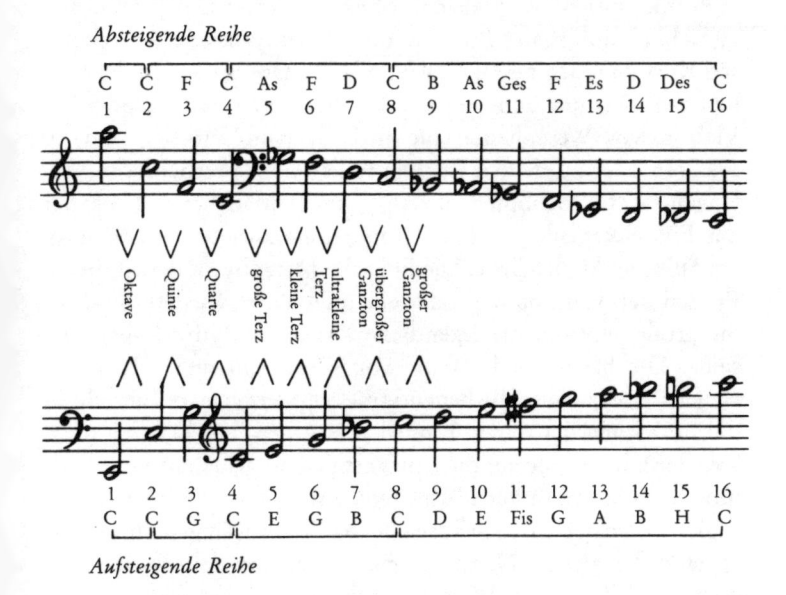

Abbildung 2: Die Noten der Oktaven, C, sind in beiden Reihen gleich, alle anderen Noten jedoch verschieden.

Kochlea (Schnecke) erzeugt werden. Kombinationstöne entstehen jedoch nur, wenn zwei oder mehrere laute Töne gehört werden. In komplexen nichtharmonischen Klängen, die bei japanischen Gongs oder Kirchenglocken auftreten, sind solche tiefen Kombinationstöne oft stark zu hören. Unter gewissen Umständen sind sie auch beim Klavier zu hören.[18]

Die sieben Seinsebenen und die Zahlensymbolik

Den großen Religionen der letzten fünf Jahrtausende und den meisten metaphysischen Systemen nach, die sich mit dem Ursprung des Universums (oder allgemeiner mit dem Ursprung des Seins) beschäftigen, begann alles, was da ist, in der Einheit. Der religiöse Geist personifiziert die Vorstellung der Einheit als Gott. Metaphysiker sprechen vom «Einen». Shankaracharya, der Begründer der indischen (nichtdualistischen) Advaitalehre der Metaphysik, spricht vom «Einen ohne Zweites». Das große (und tatsächlich unlösbare) Problem der Metaphysik und der religiösen Kosmogonien besteht darin, wie der Übergang von der Einheit zur Dualität und von der Dualität zur quasi unendlichen Vielzahl von Wesenheiten, die im Universum wirksam sind, zu erklären oder zu deuten ist. Die Religionen sprechen vom Verlangen Gottes, Schöpfer zu sein, vom uranfänglichen Eros, der das Eine veranlaßt, aus seiner Einheit ein Zweites zu erzeugen, ein Spiegelbild vielleicht. Die indische Metaphysik deutet diesen Prozeß der Verdopplung oder ebenbildlichen Wiederholung als die große Illusion, die eigentliche *Maya*, die Wurzel allen Daseins. Die harmonikale Reihe von Grundton und Obertönen verschafft uns eine sehr bedeutsame, eine erfahrbare Einsicht in die Beziehung der reinen Einheit (des Einen) zur Dualität (dem Zweiten), indem sie auf die einzigartige und geheimnisvolle Stellung der Oktave in der Musik hinweist.

Bemerkenswert ist die Tatsache, daß zwei Klängen im Oktavabstand der gleiche Name gegeben wird, obwohl die eine Frequenz den doppelten Wert der anderen hat. Für unsere Ohren sind sie wesensgleich. Sie sind die gleiche *Note*, obwohl sie offenbar nicht derselbe *Klang* sind. Sind wir etwa von unserer

Kultur so geprägt, daß wir zwei Klänge im Abstand einer Oktave als gleiche Note empfinden, oder ist das Gefühl angeboren, daß sie identisch sind – das heißt, wurzelt es in einem intuitiven Erfassen des Wesens des metaphysisch-spirituellen Prozesses, der kein anderer als der grundlegende Prozeß kosmischen Daseins und die unmittelbare Manifestation dessen ist, was wir Leben nennen?

Obwohl die harmonikale Reihe von Grundton und Obertönen eine arithmetische Reihe ist und der Archetyp aller derartigen Reihen die der ganzen Zahlen ist, die durch die unendliche Addition der Zahl Eins entsteht, kann der Begriff *Addition* irreführend sein. Philosophisch verweist die Reihe auf die Selbstvermehrung oder ebenbildliche Selbstwiederholung des Einen. Alle Zahlen sind aus der Zahl Eins geboren. Der Geburtsprozeß beginnt mit dem charakteristischen Akt der Selbstverdopplung. Aus der Einheit geht die Dualität hervor: Das Eine erzeugt das andere, das mit ihm identisch ist – ein Spiegelbild (sozusagen) –, aber eben doch eine neue Rolle spielt. Dieser Verdopplungsprozeß kann sich wiederholen; seine Wiederholung läßt eine geometrische Reihe entstehen: Wird die Zwei verdoppelt, entsteht die Vier, aus ihr die Acht, dann die Sechzehn und so weiter.

Diese Reihe kann als wiederholter Reflektionsprozeß gesehen werden, der eine Reihe von Spiegelbildern entstehen läßt. Doch klanglich erzeugt die Reihe Oktaven. Sie sind aber nicht nur Spiegelungen, denn jede ist der Ursprung einer Reihe von Obertönen, und jede neue Oktave der harmonikalen Reihe enthält mehr Obertöne als die vorangehende. Jede neue Oktave symbolisiert eine Seinsebene, die einen weiteren Schritt von der ursprünglichen Einheit entfernt ist – im Bereich des Klanges vom Grundton, philosophisch vom Einen.

Einige der indischen Religionen nennen das Eine Shiva und das Zweite Shivas Shakti – seine Kraft, die personifiziert sein weibliches Ebenbild, die Geliebte ist. In der tantrischen Kosmologie zieht sich Shiva sozusagen zurück, wenn er einmal die Shakti geschaffen und sich mit ihr vereint hat, und wird zu einer geheimnisvollen Gegenwart jenseits der kosmischen Manifestation, welche die Shakti gebiert. Wenn die Mutter das Kind geboren hat, wird sie die Lenkerin der Fruchtbarkeit und ihrer Folgen. Sie herrscht über das Universum konkreter und mannigfaltiger Dinge – über alle aufeinanderfolgenden Generationen, von denen jede mit einer Spiegelung der Urmutter beginnt. Jede dieser Mütter (wie jeder der aufeinanderfolgenden Oktavklänge der Zahl Zwei) lenkt und beherrscht auch ihre eigene Nachkommenschaft und ihre Seinsebene.

Der anfängliche Verdopplungsprozeß des Einen in ein Zweites hat seinen Ursprung in einer Freisetzung der Kraft des Einen. Dies wird von den Religionen als Gottes «Verlangen» gedeutet, zu schöpfen, sich selbst zu offenbaren oder die gewaltigen Möglichkeiten seines unendlichen Wesens nach außen zu wenden – das Eine verlangt danach, Viele zu sein. Weniger persönlich gesprochen ist dieses Verlangen die Bewegung, die im gesamten Universum wirkt. Überall ist Bewegung. Materie ist die unglaublich schnelle Bewegung subatomarer Teilchen, die selbst nichts als Bewegungswirbel sind. In allem Leben offenbart sich Gott selbst als rhythmische, sich selbst verdoppelnde Bewegung. Diese Bewegung ist in ihrem unmittelbar spirituellen Aspekt KLANG – die Kraft des Einen, die in die Mannigfaltigkeit hinabsteigt, die absteigende harmonikale Reihe.

Ist dieser Abstieg ohne Ende? Der rationale Intellekt kann keinen Grund entdecken, warum der sich selbst reproduzierende Prozeß ein Ende finden sollte. Die harmonikale Reihe, die vom grundlegenden Einen ausgeht, kann sich theoretisch *ad infinitum* erstrecken. Doch Unendlichkeit ist nichts als ein Begriff des Intellekts; er ist die Negation der Grenze. Der Begriff des Seins muß jedoch auch die Begrenzung in sich enthalten. Das Sein kann nur in Begriffen von Ganzen vorgestellt werden, und alle Ganzen müssen Grenzen oder Begrenzungen haben, wenn nicht physische, so metaphysische.

So symbolisiert und bestimmt die Oktave ein Klang*ganzes* – die Grenzen, in denen die Bewegung als schöpferischer Faktor zyklisch wirksam wird. Metaphysisch ist die Oktave das grundlegendste Ganze, da sie im *ersten Akt der Selbstverdopplung* entsteht; alle weiteren Akte sind ebenbildliche Wiederholungen. Doch der Impuls der schöpferischen Freisetzung der Kraft des Einen endet nicht mit der Zahl Zwei. Die Freisetzung der Kraft, die *über* die Zahl Zwei *wirkt*, erzeugt die Drei, das symbolische

Kind. Zwischen dem Prinzip der Mutter und dem des Kindes entsteht eine neue Beziehung. Diese Beziehung wiederholt sich ihrerseits, erzeugt in der Musik eine Reihe von Quinten (das Verhältnis 3 : 2) – einen neuen begrenzenden, zyklischen Faktor.

Die geometrischen Reihen der Oktaven und der Quinten wirken aufeinander ein, und an einem bestimmten Punkt erreichen die beiden Reihen beinahe die gleiche Schwingungsfrequenz: Zwölf Quinten sind ein wenig mehr als sieben Oktaven; ihre Differenz ist das pythagoreische Komma. Die Bedeutung dieses Sachverhaltes wird uns klar, wenn wir die Eigenart des Intervalles der Quinte verstehen und erfahren, welche psychische Reaktion es gewöhnlich in den Menschen hervorruft. Dazu müssen wir uns aber zunächst eingehender mit dem Feld der kosmischen und psychischen Tätigkeit und des kosmischen und psychischen Bewußtseins befassen, das jede Oktave der Obertonreihe darstellt. Wir werden eine Reihe abstrakter Zahlen und Proportionen erörtern, dazu die harmonikale Reihe als archetypisches Muster, die sowohl in ihrem Aufsteigen wie in ihrem Absteigen numerologisch gedeutet werden kann.

Die erste Oktave

Die erste Oktave verweist, als Teil einer *absteigenden* harmonikalen Reihe gesehen, auf den präkosmischen Bereich des Seins. Der menschliche Geist kann die Eigenart dieses Bereiches weder in Vorstellungen fassen noch ausdrücken, und das Wort *Bereich* ist offenbar unangemessen, da der Raum hier noch nicht existiert. Es bedeutet auch nicht viel, wenn man sagt, es handle sich um den Bereich unwandelbaren Seins, da hier auch die Zeit noch nicht existiert. Der menschliche Geist kann ihn sich nur als reine Leere, als Nichts denken. Doch ist in dieser Leere die Potentialität allen Daseins enthalten. Ihr wohnt Bewegung inne, aber nur in dem Sinn, daß Gottes Verlangen in sich selbst die Ursache der Bewegung ist. Anthropomorph gesehen handelt es sich um die Emotion, die unausweichlich zur objektiven Muskelbewegung führt. Die erste Oktave der absteigenden Reihe symbolisiert die rein subjektive Beziehung zwischen dem Einen und dem Anderen, das sein Ebenbild ist. In der Terminologie der tantrischen Systeme symbolisiert sie die geheimnisvolle Liebe von Shiva und Shakti, bevor noch irgendwelche manifestierten Formen des Daseins erscheinen. Es ist der Bereich des Verlangens Gottes, sich selbst in einer Mannigfaltigkeit von potentiell schöpferischen und individuierten Zentren gespiegelt zu sehen.

Die erste Oktave in einer *aufsteigenden* harmonikalen Reihe – das heißt, im Widerhall des absteigenden Stromes von Willen, Emotion oder schöpferischer Kraft, der vom materiellen Instrument ausgeht, das diesem Strom eine konkrete, begrenzte und hörbare Wirklichkeit verleiht – symbolisiert die sexuelle Liebesvereinigung des Männlichen und Weiblichen, die die göttliche Liebe von Shiva und Shakti spiegelt. Das Verlangen Gottes, sich selbst zu offenbaren, ist zu der dynamischen Kraft geworden, die wir Leben nennen. Das Leben wirkt *in und durch* die Liebenden. Die beiden sexuell komplementären Körper sind lediglich Mittel, die das Leben in schwingende Resonanz versetzt, damit eine seiner Sonderformen (oder Modi der Tätigkeit und des Bewußtseins), die wir als *Homo sapiens* bezeichnen, weiterbesteht. Ein moderner Biologe würde also sagen, in der Sexualität und in der triebhaften Liebe (in der Verzauberung durch die Sexualität) sind die Körper der beiden Liebenden lediglich natürliche Hilfsmittel für das Weiterbestehen der Gene.[19]

Was wir Leben nennen, ist daher die symmetrische Spiegelung des Prozesses, demzufolge eine schöpferische Freisetzung der Energie aus der präkosmischen Vereinigung des Einen mit seinem Ebenbild einen materiellen Organismus in Schwingung versetzt. Bevor in der biologischen Evolution die Differenzierung in Geschlechter auftritt, besteht das Leben durch die Mitose weiter, bei der sich eine Zelle in zwei teilt. Wenn die Fortpflanzung geschlechtlich erfolgt, vereinigen sich zwei komplementäre Faktoren vorübergehend, um ein Drittes zu erzeugen. Bei einigen biologischen Arten tötet das Weibchen aber nach der Befruchtung das Männchen und frißt es auf. Übertragen wir das in die Symbolsprache der Musik, bleibt allein der zweite Teilton (der Oktavklang des Grundtones) tätig und gebiert die Zahl Drei.

Es gibt tatsächlich Fälle, wo dieser Oktavklang (der oft verwirrenderweise als erster Oberton bezeichnet wird) von uns tatsächlich statt des Grundtones gehört wird. Auf jeden Fall herrscht dieser Oktavklang (Nummer zwei der Obertonreihe) als Mutter über das Heim und ist zugleich der Ursprung einer Nachkommenschaft. Der Urtyp aller Kinder wird in der Reihe ganzer Zahlen durch die Drei symbolisiert. In alten Stammesordnungen wie auch in modernen Familien- und Gesellschaftsformen steht sie für den ersten Sohn. Im kosmischen Plan kommt ihr jedoch eine viel wichtigere Stellung und tiefere Bedeutung zu.

Die Zahl Drei ergibt sich aus dem Einen, das *durch* sein Ebenbild, seine Verdopplung, die Zahl Zwei bewirkt. Die Zahl Drei *verkörpert* das Verlangen, alles nach außen zu wenden, was dem Einen innewohnt, und läßt so das erste Resultat entstehen, das nicht nur Spiegelbild ist. Die Zahl Drei ist der Ursprung einer potentiell quasi-unendlichen Reihe verschiedener, aber komplementärer Verwirklichungen, die alle dem Einen latent innewohnten. Ist die Zahl Zwei (metaphysisch) die projizierte Spiegelung des Einen, so ist die Drei die Projektion der Liebe, die das Eine für diese Spiegelung hegt. Sie ist das Verlangen, das Eine, das als *Wille* wirkt, nach außen zu wenden – die erste Manifestation kosmischer Bewegung.

Die zweite Oktave

Die zweite Oktave beginnt mit der Zahl Zwei. Wenn wir uns die harmonikale Reihe als *absteigenden* Strom schöpferischer Energie vorstellen, die von Gott ausstrahlt, stellt die zweite Oktave den ersten Bereich einer Manifestation der Prinzipien dar, nach denen der Kosmos errichtet werden wird. Die erste Oktave enthielt implizit die Dualität; in der zweiten ist sie explizit. Die erste Oktave ist das Noumenon des Raumes als ein Feld potentieller Tätigkeit. Potentiell deshalb, weil es das Verlangen des Einen nach einem Zweiten gibt, dies Zweite jedoch ein Spiegelbild des Einen ist. Das Eine und das Zweite sind identisch. Wir können kaum von einer Beziehung sprechen, da Identität nicht wirklich Bezogenheit ist. Doch besteht implizit ein Unterschied zwischen Eins und Zwei. Zwei ist das Eine, das in sich die Kraft enthält, Ursprung einer ungemein verschiedenartigen Nachkommenschaft zu sein. Diese Kraft ist der KLANG, Nada Brahman. Diese Kraft hat eine Doppelnatur, und die zweite Oktave wird durch die Zahl Drei in zwei ungleiche Intervalle geteilt, in eine

Quinte (das Verhältnis 3:2) und eine Quarte (das Verhältnis 4:3).[20]

Wir können das auch anders ausdrücken: Die Liebe ist als subjektives Verlangen einigend; die schöpferische Kraft ist bipolar und wirkt im Zusammenspiel zweier Prinzipien, der Ausdehnung und der Zusammenziehung. Das Intervall der Quinte ist ausdehnend, die Quarte zusammenziehend, da sie die zentrifugale Kraft der Quinte ausgleichen und ihr entgegenwirken muß, damit die Zahl Vier die genaue Verdopplung der Zwei sein kann. Ein derartig genauer Verdopplungsprozeß spiegelt die präkosmische, uranfängliche Liebe des Einen zum Zweiten wider – was eine geometrische Reihe von Oktaven erzeugt. Jeder neue Oktavklang ist der Anfang einer neuen Ebene kosmischer Manifestation und gebiert so einen neuen Rhythmus der Tätigkeit und des Bewußtseins.

Als zentrifugale Kraft verkörpert die Quinte den Willen, sich selbst nach außen zu wenden, die Kraft, das Potentielle wirklich, das Implizite explizit zu machen – daher den kosmogonischen, schöpferischen Geist. Die Quinte symbolisiert die Elektrizität, die Quarte den Magnetismus. Die zweite Oktave, die sowohl Quinte wie Quarte enthält, ist ein Bereich, in dem der Elektromagnetismus der uranfängliche Modus der Bewegung ist. Auf einer tieferen menschlichen (oder psychologischen) Ebene handelt es sich um den Dualismus von Geist und Gefühl.

In der chinesischen Philosophie bilden die beiden Prinzipien Yang und Yin den uranfänglichen Dualismus der Bewegung im Kreis des Tao. Yang und Yin gleichen sich, sind aber auch Gegensätze. In der Musik sind Quinte und Quarte ungleiche Intervalle, auch wenn sie in einem kreisförmigen und zyklischen Muster, in der Oktave, enthalten sind. Zwölf Quinten sind aber ein wenig mehr als sieben Oktaven. So ist das Universum des schöpferischen Geistes eine Spirale, kein Kreis. Die ewige Wiederkehr Nietzsches, die unaufhörliche Wiederholung gibt es nicht. Auch wenn sich die Oktaven innerhalb der Obertonreihe wiederholen, enthält jede neue Oktave mehr Obertöne als die vorangehende. Die Verästelungen und verschiedenartigen Gestaltungen der Urkraft, die vom Grundton, dem Einen, ausstrahlt, nehmen ebenfalls zu.

Da das Intervall der Quarte die Zusammenziehung symbolisiert, gleicht sie die zentrifugale, offene Eigenschaft der Quinte aus. Zwölf Quinten plus zwölf Quarten nehmen so denselben musikalischen Raum ein wie zwölf Oktaven. Doch der Mensch ist nicht in der Lage, zwölf Oktaven zu hören.

Die Obertonreihe als bloß geometrische Reihe von Oktaven verweist, eine Ebene nach der anderen, auf die Spiegelung dessen, was die erste Oktave bedeutet – das Verlangen des Einen, Viele zu sein. Die geometrische Reihe der Quinten und Quarten verweist symbolisch auf die Entwicklung von Bewußtsein durch die Vielen; und Bewußtsein pendelt zwischen zwei Polen hin und her, zwischen schöpferischer Ausdehnung und Freude am Sein. In der indischen Philosophie ist diese Freude zu sein Ananda. Das Wort wird gewöhnlich mit Seligkeit übersetzt, bedeutet aber in Wirklichkeit die Rückkehr der Vielen zum Einen – wie das Eine von einem der Vielen verstanden und erfahren werden kann, dessen Bewußtsein sich zurückwendet. Das Eine, zu dem es zurückkehrt, ist aber so nicht das ursprüngliche Eine, sondern seine Spiegelung in einem Oktavklang. Deshalb verehren die Anhänger des Tantra die mütterliche Kraft (die Zahl Zwei oder ihre Oktavklänge), weil sie glauben, das Eine (der verborgene Vater) sei unerreichbar. Das Intervall der Quarte symbolisiert auf diese Weise die Rückkehr zur Mutter. Auf menschlicher Ebene kompensiert eine solche Rückkehr vielleicht eine psychische Niederlage, eine Neurose, oder sie bedeutet, daß die negativen Aspekte des Geistes – egozentrischer Ehrgeiz und Stolz – durch Aufgabe des Ego überwunden wurden. Im Idealfall wird das Ego zugunsten des unpersönlichen kosmischen Prinzips des Mütterlichen aufgegeben; häufiger jedoch wird es diesem Prinzip in der Person einer Frau überantwortet, die zum Symbol der mütterlichen Kraft des Universums – der kosmischen Mahashakti (der Großen Mutter) – wird.[21]

In der absteigenden harmonikalen Reihe verweist die Zahl Drei metaphysisch und metakosmisch nur auf die Idee eines zukünftigen Universums – also auf das, was H. P. Blavatsky in ihrem Buch *The Secret Doctrine* «kosmische Ideenbildung» nennt. Die zweite Oktave befaßt sich mit den beiden großen Noumena manifestierten Seins. Die dritte Oktave zwischen viertem und achtem Oberton ist der Bereich der Archetypen, in dem die Drei durch ihren Oktavklang (ihre Spiegelung) in der Sechs wirksam wird. Jeder Oberton, dessen Frequenz das Doppelte eines vorangehenden beträgt, faßt Eigenart und Funktion des früheren auf einer konkreteren Seinsebene neu. Die Zahlen Zwölf und Vierundzwanzig sind daher neue Manifestationen der schöpferischen Einbildungskraft, des Willens, den die Zahl Drei symbolisiert. Diese Manifestationen verwirklichen Möglichkeiten, die durch die vierte und fünfte Oktave der Obertonreihe symbolisiert werden.

Die dritte Oktave

Die dritte Oktave der Obertonreihe enthält vier Intervalle, die fortlaufend kleiner werden. Jedes der beiden Intervalle der zweiten Oktave wird jetzt in zwei kleinere geteilt. Die Quinte wird in zwei Terzen geteilt, eine große und eine kleine, die Quarte in zwei Intervalle, die man ultrakleine Terz und übergroße Sekunde oder übergroßen Ganzton nennen könnte.

In einer *absteigenden* harmonikalen Reihe könnte man die dritte Oktave den Bereich der Archetypen nennen. Das ist der Bereich, in dem sich die schöpferische Einbildungskraft die Grundformen, die Modelle für eine quasi-unendliche Vielfalt physischer Verkörperungen vergegenwärtigt. Er verweist auf die vier großen Ziele des Lebenswillens: auf den Willen, eine bestimmte Wesenheit zu sein, ihre Form zu bewahren, sie auszudehnen und sie fortzupflanzen. In der Evolution des menschlichen Bewußtseins stellt er die Ebene dar, auf der den Prozessen des Geistes (Intervall der Quinte) und des Fühlens (Intervall der Quarte) eine *persönliche* Form gegeben wird.

In der dritten Oktave tritt der siebte Oberton auf, und die Zahl Sieben hat in der okkulten Philosophie, Astrologie und Geometrie eine besondere Bedeutung. Doch die sieben kosmischen Kräfte oder «Strahlen», die in esoterischen Philosophien erwähnt werden, sollten nicht mit irgendeinem der Obertöne in Verbindung gebracht werden. Sie verweisen auf sieben Aspekte der ursprünglichen, einheitlichen Kraft des Einen. In der Musik werden sie von den sieben grundlegenden Tönen (in manchen Fällen fünf) vertreten, die in ihrer Gesamtheit die Grundlage der meisten Musikkulturen bilden. Diese grundlegenden Töne und ihre Rolle bei der Ausformung von Tonleitern werden im achten Kapitel behandelt.

In der Obertonreihe stellt die Sieben den archetypischen Ursprung dar oder das Symbol von Lebensprozessen, an denen ein irrationaler oder transzendenter Faktor beteiligt ist. Dieser Faktor tritt in den folgenden Oktaven der Obertonreihe eindringlicher auf und manifestiert sich in den Zahlen 15, 31, 63 und so fort. Am Ende jedes Zyklus tritt eine Periode des Übergangs auf, die immer ein Element des Indeterminismus enthält – ein überwältigendes Verlangen nach Vollendung (Rückkehr zur Mutter) oder einen unerklärlichen und irrationalen Impuls, die eigenen Grenzen zu überschreiten und sich in den Prozeß der Wiedergeburt auf einer neuen Seinsebene zu verlieren.

Die vierte Oktave

Die vierte Oktave erstreckt sich vom achten zum sechzehnten Oberton. Die Acht ist eine Sonnenzahl. In der indischen Mythologie fährt die Sonne, Surya, auf einem Wagen, den acht weiße Pferde ziehen. Die Elf ist ebenfalls solar, da sie das Maß für den Zyklus der Sonnenfleckentätigkeit ist, der nach esoterischer Tradition der Rhythmus des Herzschlags der Sonnenenergie ist, die durch das Sonnensystem kreist. Astrophysiker nennen diese Energie Sonnenwind. In der Symbolsprache der Gnostiker ist die dreimal wiederholte Acht (888) die Zahl Christi, der dem Wissenschaftler, Philosophen und Seher Rudolf Steiner nach ein solarer Erzengel war, der seine spirituelle Substanz an unseren Planeten weitergab. Die vierte Oktave ist dann der Bereich, in dem absteigende spirituelle und aufsteigende biologische Kräfte zusammengebracht werden, um ihr eigentliches Werk zu vollbringen.

Der elfte Oberton der aufsteigenden Reihe ist, wenn man mit C beginnt, ungefähr ein Fis (siehe Abbildung 2). In der westlichen Tonalität ist das Intervall von C nach Fis der Tritonus (und enthält drei Ganztöne). Im europäischen Mittelalter hieß es «der Teufel in der Musik» und wurde für höchst dissonant gehalten. In Franz Liszts *Après une lecture de Dante, Fantasia quasi Sonata* (1839) erklingt es wiederholt in seiner absteigenden Form, die in der absteigenden harmonikalen Reihe besser C – Ges geschrieben werden sollte. Für den Komponisten symbolisierte das Intervall vermutlich den Abstieg zur Hölle. Seit Liszt ist das Intervall oft verwendet worden, weil es ein dramatisches Gefühl vermittelt.

Der fünfzehnte Oberton ist der letzte der vierten Oktave. Die fünfzehnte Tarotkarte stellt den Teufel dar, doch handelt es sich dabei um das, was die Okkultisten eine Irreführung nennen, ein Symbol, hinter dem sich ein Geheimnis verbirgt. Satan ist ein Anagramm für Sanat Kumara, der in der esoterischen Philosophie Indiens das prometheische Wesen ist, welches der Menschheit das Feuer sich selbst bewußter und unabhängiger, individueller Selbstheit gab. Diese Gabe (die Zahl Fünfzehn) führt in der aufsteigenden Obertonreihe zum Bereich der fünften Oktave.

Die fünfte, sechste und siebte Oktave
Die Zahl Fünf (und der Stern mit fünf Zacken) ist das hieratische Symbol des Menschen, der Individuum geworden ist. Die fünfte Oktave beginnt mit der Zahl Sechzehn, die die zur vierten Potenz erhobene Zwei ist (2^4 oder $2\times2\times2\times2$). Im Hinblick auf die Energie, die vom Geist ausstrahlt und in materielle Zustände absteigt, bezeichnet diese Ebene die volle Verkörperung der mütterlichen Kraft, der Zahl Zwei. Das ist die Ebene des Daseins in physischen Körpern – Geist, der an materieller Ordnung teilhat. Von der aufsteigenden Entfaltung der Resonanz der Materie aus gesehen – das heißt, von der Fähigkeit aus, auf die Einwirkung des Willens und des Vermögens, Bilder zu schaffen, tätig zu reagieren –, bezeichnet die fünfte Oktave den ersten Schritt des Prozesses der Individualisierung. Dieser Schritt führt zur Bildung von Kulturganzen, und ihre geistigen und emotionalen Felder schaffen *kollektive* Modelle, auf deren Grundlage sich Tempel errichten lassen, in denen individualisierte Kraft und Bewußtsein des Menschen gefeiert werden.

Was geschieht dann mit dem Individuum? Und wie ist sein individuelles Handeln geartet? Diese Fragen werden symbolisch von der Zahl Fünfzehn gestellt. Der Übergang von der Fünfzehn zur Sechzehn bestimmt die Antwort, die entweder zur göttlichen Mutter (dem Ewig-Weiblichen, das den Menschen zur individuellen Größe hinanzieht) oder zur dunklen Mutter (die den Menschen an den Bereich der Leidenschaften und der Sünden des Stolzes und des Ehrgeizes fesselt) führt.

Im ersten Fall erreicht der spirituell zum Individuum gewordene Mensch die Ebene der sechsten Oktave, die mit der Zahl 32, der fünften Potenz der Zwei beginnt. Die esoterische Philosophie verweist auf die zweiunddreißig Wege zur Weisheit. Wirkliche Weisheit kann nur über die Intuition erlangt werden. Intuition ist ein Modus höchst empfindlicher Wahrnehmung, ein spirituelles «Sehen». Der Intellekt denkt, erörtert und folgert, was sein könnte; er kann nur zu einem Schluß kommen, den er schon kennt. Doch die Intuition nimmt das, was *ist*, direkt wahr. Sie ist eher ein «Begreifen» als ein «Verstehen». Symbolisch hat das Begreifen deshalb auch mit der Zahl 33 (der höchste Grad der Freimaurer) zu tun. Begreifen führt oft zu einer symbolischen Kreuzigung, die als Befreiung der Seele von der Erinnerung an ihre materielle Gebundenheit verstanden werden sollte. Die Zahl 40 symbolisiert wie in den vierzig Wochen der Schwangerschaft die Vorbereitung auf die Wiedergeburt.

Das Verhältnis 32:31 war das Maß des kleinsten theoretischen Intervalles der griechischen Musik, des enharmonischen Vierteltones. Die siebte Oktave beginnt mit der Zahl 64, und es wird zunehmend schwieriger, ihre Intervalle aufzufassen oder sie als Stufen melodischer Folgen oder Akkorde zu betrachten. Die Obertöne 127 und 128 am Ende der siebten Oktave können kaum noch voneinander unterschieden werden. Eine weitere Differenzierung der Energie, die als Resonanz von einem materiellen Instrument ausgeht, ist nicht mehr möglich.

An diesem Punkt (der siebten Potenz der Zwei) erscheint der Oktavklang in einer Frequenz, die eine geometrische Reihe von zwölf gleich großen Quinten schon erreicht hat, da sie um das sehr kleine pythagoreische Komma darüber hinausgeht. Dieses pythagoreische Komma (in der Theorie der griechischen Musik gibt es noch andere Kommata) ist das kleine Intervall, um das zwölf Quinten größer als sieben Oktaven sind – ungefähr ein Achtel eines Ganztones. Wenn die Reihen der Oktaven und Quinten mit der Zahl Zwei beginnen, beträgt die Frequenz am

Ende der Oktavreihe 256 (die achte Potenz der Zwei), während das Ende der Quintenreihe bei 259,48 liegt.

Geist kontra Natur

Die Beziehung zwischen den Reihen der siebten Oktave und zwölf Quinten ist der Beziehung zwischen Natur und Geist analog. Eine ähnliche Beziehung besteht traditionell zwischen Akkerbau (der innigen Teilhabe des Menschen an der jahreszeitlichen Aktivität der Natur) und Industrie (der Verwendung von Maschinen und Prozessen, die allgemein dem Bereich des *Feuers* zuzurechnen sind).[22] Die natürliche Stimmung in der Musik bezieht sich auf die Intervalle der Obertonreihe und ihre siebten Oktaven von Schwingungen. Die Töne, die die Stimme und von Menschenhand hergestellte Musikinstrumente erzeugen, enthalten «natürlicherweise» Obertöne. (Gongs, Glocken und Maschinen zum Beispiel geben nichtharmonische Klänge von sich, aber man braucht Feuer, um ihre Metalle zu schmelzen und zu formen.)

Eine Reihe reiner Quinten ist auch eine Reihe natürlicher Intervalle (des harmonikalen Verhältnisses 3 : 2), doch von den ersten Tönen der Reihe abgesehen, erzeugen die Töne der Reihe Obertöne, die sich nicht gegenseitig verstärken. Sie beziehen sich nicht auf ganze Zahlen (siehe Abbildung 3).

Die Reihe der sieben Oktaven ist sowohl arithmetisch wie auch geometrisch. Sie ist geometrisch, da es sich um eine Folge gleicher Intervalle handelt; außerdem sind alle ihre Glieder Teile einer umfassenden arithmetischen Reihe, deren Urform die Reihe ganzer Zahlen ist. Reihen gleicher Quinten, Quarten, Terzen und so weiter sind lediglich geometrisch. Jede von ihnen stellt daher nur die Entwicklung eines einzigen Aspekts der Natur, das heißt des Kosmos als eines Ganzen, dar. Wenn die Quinte dem Geist entspricht, so ist der Geist nur ein Aspekt der Natur. Doch ist er die erste und grundlegendste Funktion des Kosmos.

Dieser kosmische, überintellektuelle Geist ist die Grundlage aller mentalen Prozesse. Er ist die Wurzel mentaler Tätigkeit, das Noumenon aller mentalen Phänomene. Er ist Geist, der noch ganz von göttlicher Liebe durchdrungen ist. Nimmt man die zwölf Jünger Christi symbolisch, wird er vom Lieblingsjünger Johannes verkörpert, der für den rein geistigen Ausdruck des menschlichen Bewußtseins steht, das sich während eines vollständigen Evolutionszyklus' entwickelt (in der Astrologie durch das Zeitalter der Fische symbolisiert).

Die zwölfte Quinte der Reihe symbolisiert den Verräter Judas, da er den Willen verkörpert, über die Natur hinauszugehen. Die zwölfte Quinte reicht über den Oktavklang hinaus, der die Reihe der sieben Oktaven beschließt, und zwar um den Betrag des pythagoreischen Kommas. Judas stellt das dar, was der deutsche Historiker Oswald Spengler den «faustischen Geist» nannte, die rastlose Unzufriedenheit mit jeder natürlichen Erfüllung, die ewige Suche nach dem Jenseits. Sein Selbstmord durch Er-

Quinten	Reihe der Quinten Obertöne	Note	Reihe der Oktaven Obertöne		Oktaven
			1	C	erste
erste	2	C	2	c	
	3	G			zweite
zweite		....	4	c^1	
dritte	4,5	D			dritte
	6,75	A			
vierte		....	8	c^2	
fünfte	10,12	E			vierte
	15,19	H			
sechste		....	16	c^3	
	22,78	Fis			fünfte
siebte		....	32	c^4	
achte	34,17	Cis			sechste
	51,25	Gis			
neunte		....	64	c^5	
zehnte	76,88	Dis			siebte
	115,32	Ais			
elfte		....	128	c^6	
zwölfte	172,98	Eis			achte
	259,48	His	256	c^7	

Abbildung 3

hängen an einem Baum – dem Baum der Natur – findet ihre musikalische Entsprechung in der gleichmäßigen Temperierung, das heißt in der Verkleinerung jeder der zwölf reinen Quinten um den zwölften Teil eines Kommas, damit die letzte Note der zwölfgliedrigen Reihe genau der Schwingung des letzten Oktavklanges der natürlichen Obertonreihe entspricht. Die gleichmäßige Temperierung enthält unausgesprochen den Gedanken, daß jeder der zwölf Apostel an der Sünde des Judas teilhatte – an der Sünde des egoistischen Stolzes und spirituellen Ehrgeizes.

Wird die Reihe der zwölf Quinten in den Umfang einer Oktave gebracht, entsteht eine chromatische Tonleiter. Die Tastenreihe des Klaviers mit ihren weißen und schwarzen Tasten ist eine chromatische Skala, die bis zum äußersten festgelegt und temperiert ist. Ein Pianist kann sich nicht aus ihr entfernen. Er kann jedoch die Resonanzen der Metallsaiten mischen (oder sie sich wechselseitig durchdringen lassen) und so vielschichtige, nichtharmonische Töne erzeugen, die vielleicht an Töne von Gongs erinnern.

Die großen Gongs buddhistischer Länder sind schwingende Symbole der Wurzel des kosmischen Seins, die der Buddhismus den Buddha-Geist nennt. Das typische buddhistische Bauwerk (der Stupa) ist wie eine Glocke geformt, ein Resonator, der in der Lage ist, durch seine Schwingung dem Absteigen spiritueller Kraft eine Bahn zu schaffen, jener Kraft, die sich aus höchstem Mitgefühl für alle Lebewesen inkarniert. Die großen Glocken der christlichen Kathedralen, die die Menschen zum Gebet riefen – zur Teilhabe an der göttlichen Liebe –, waren ebenfalls Manifestationen der grundlegenden Wirklichkeit eines Geistes, der von Liebe durchdrungen ist.

Der schöne Tempel der Baha'i in der Nähe Chicagos ist wie eine gewaltige neuneckige Glocke geformt, die die Gläubigen zur Geburt eines neuen Zeitalters herbeiruft. Es wird ein Zeitalter der Kraft sein, deren allgemein mißverstandenes Symbol, Wassermann, den Abstieg einer kosmischen Kraft symbolisiert, die der Geist freisetzt – *wenn* dieser Geist in Übereinstimmung mit dem Buddha-Geist und der Christus-Liebe ist. Die Zahl dieses kommenden Zeitalters ist die Neun. Neun ist die zweite

Potenz der Drei. Sie ist das zweite Glied einer geometrischen Reihe von ganzen Zahlen, die nicht auf der Verdopplung, sondern auf der Verdreifachung beruht, also 1, 3, 9, 27, 81, 243 und so fort – eine Reihe von Intervallen der Duodezime (C, g, d^2, a^3 und so fort).[23]

Das Intervall C – g in eine Oktave gebracht, ist die Quinte. Ebenso wird das Intervall C – d^2 zum Ganzton. Das folgende Kapitel zeigt, wie sie die Grundlage der pythagoreischen Skala bildeten, und was die (diatonische) Skala mit sieben Noten philosophisch und kosmogonisch bedeuten.

8. DER SIEBENSTUFIGE TONZYKLUS UND SEINE PSYCHOAKTIVEN MODI

Die griechische Musik der Antike und die Musik des vedischen Indien waren eng mit der Rezitation und den Rhythmen der Dichtung oder der heiligen Texte verknüpft. Das griechische Wort *musike* bezog sich anscheinend auf beides, auf die Worte wie auch auf die musikalische Intonation. Zu Homers Zeiten (nach neueren Berechnungen 9. oder 8. Jahrhundert v. Chr.) machten alle Schichten der griechischen Gesellschaft Musik: Berufssänger und hervorragende Persönlichkeiten der Gesellschaft begleiteten sich auf Lyra und (später) Kithara. Es gab Musik für öffentliche Tänze, bäuerliche Feste und während der Aufführungen der Mysterien. Blasinstrumente wie Syrinx und Aulos waren in Gebrauch.

Die verwendeten Töne wurden offenbar in Tetrachorde und nicht in Oktaven geordnet – zumindest während der klassischen Zeit der griechischen Kultur (5. Jahrhundert v. Chr., die Zeit Pindars und die große Epoche Athens). Aber über die griechische Musik vor dem vierten Jahrhundert v. Chr. ist nichts Sicheres bekannt.

Kurz nach dem Tod Alexanders des Großen im Jahre 323 v. Chr. schrieb Aristoxenos eine lange Geschichte der Musik nebst Kommentar, doch war es vor ihm im vierten Jahrhundert zu einer Umwälzung in der Musik gekommen, die die Instrumentalmusik aus der Abhängigkeit von der Dichtung befreit hatte. Die klassische Zeit der Kultur Athens war mit dem Tod Platos um das Jahr 347 v. Chr. zu Ende gegangen.

Zwischen Alexanders Eroberungen und seiner Vision eines griechisch-asiatischen Reiches (die dazu führten, daß griechische Ideen und griechische Kunst bis nach Nordindien, vermutlich sogar bis nach China vordrangen) und den Taten und Träumen des französischen Kaisers Napoleon besteht eine interessante Parallele. Mit diesen beiden Eroberern, die auch eine bestimmte Kultur ausbreiteten, gingen zwei ähnliche Epochen zu Ende. In Griechenland ist Sokrates eine Parallele zu den französischen Enzyklopädisten des achtzehnten Jahrhunderts; das Zeitalter des Perikles ist eine Parallele zum europäischen siebzehnten Jahrhundert. Im Schema dieser Entsprechungen würde das sechste Jahrhundert v. Chr., in dem Pythagoras lebte und lehrte, mit der Epoche vergleichbar sein, in der sich der Humanismus entwickelte und die kopernikanische Wende stattfand. Die neue Musik *(Ars nova)* des vierzehnten Jahrhunderts bezeichnete das Ende des gregorianischen Gesanges der mittelalterlichen Kirche und der Abhängigkeit von einer Mischung aus falsch verstandenen pythagoreischen Vorstellungen und *später* griechischer modaler Musik, die sich in der byzantinischen Kirche erhalten hatte.

Der Wert einer solchen Parallele liegt darin, zu zeigen, daß es ebenso ungenau und irreführend ist, von *der* europäischen Musik der christlichen Zeit zu sprechen, wie von *der* griechischen Musik vom Trojanischen Krieg bis hin zur Spätzeit hellenistischer Kultur in Alexandria. Wir wissen überhaupt nicht, wie die Töne während der sakromagischen Zeit der griechischen Kultur verwendet wurden, die vermutlich mindestens ein Jahrtausend umspannte und Zeuge der Einwanderung der Stämme aus dem Norden und ihrer Verwurzelung nicht nur auf der griechischen Halbinsel, sondern auch im gesamten griechischen Archipel war. Wir haben keine Ahnung, welche Art von Musik der mythische (doch unzweifelhaft auch reale) Orpheus in die entstehende griechische Kultur trug. Wir wissen auch nicht, welchen Einfluß ägyptische und kretische Kultur auf die Entwicklung der frühen griechischen Kultur nahmen.

Während der klassischen Zeit Athens, als Musiker – und nicht Philosophen – über die (vermutlich sieben) Modi der Musik schrieben, trugen diese noch die Namen von Stämmen oder Örtlichkeiten: dorisch, phrygisch, lydisch. Viel später wurden die Modi als Bestandteile einer umfassenderen Musikkultur klassifiziert, so etwa, wie Stile und Rhythmen verschiedener

Teile Europas in die Suiten des achtzehnten Jahrhunderts aufgenommen wurden.

Die Musik, die in den Mysterien und vor allem in der orphischen Tradition verwendet wurde, ist in den veröffentlichten Untersuchungen entweder übergangen oder mißverstanden worden. Als die bedeutende Musikwissenschaftlerin Kathleen Schlesinger den folgenden Text schrieb, faßte sie, wie ich glaube, die frühe Entwicklung der Musik völlig falsch auf[24]:

> Schon in frühester Zeit, als die Welt jung war, hat der Mensch die Sprache der natürlichen Intonation in sich aufgenommen. Über das Ohr wurden ihm alle natürlichen Klänge bewußt, der Wind in den Bäumen, das Brüllen der See, das Summen und Brummen der Insekten, der Gesang der Vögel, und vor allem weidete er sich an den Tönen seiner eigenen Stimme.
>
> Die harmonischen Obertöne seiner Stimme, für die sein Ohr außerordentlich empfänglich war, gaben ihm das, was wir die Durtonart (die aufsteigende Obertonreihe) nennen, während die Molltonart (die umgekehrte Obertonreihe) ihm später ganz natürlich zufiel, als er versuchte, mit Schilfrohren und Haferstrohhalmen Musik zu machen. Als der Mensch nun herausfand, wie er *der Länge nach* Löcher in seine Schilfrohre bohren konnte, wodurch einer Pfeife viele Klänge entlockt werden konnten, stieß er auf die schönen Tropos-Skalen. Er verliebte sich so sehr in sie, daß sie schließlich die geheime Sprache des Alten Ostens bildeten und durch alle Zeiten mit jeder Form der Sonnenverehrung verbunden waren. Auf diesen einfachen Pfeifen und mit diesen natürlichen Skalen klagte Ischtar um Tammuz, und dieselbe Art von Musik begleitete die dionysischen Mysterien des antiken Griechenland.

Es gibt keine Zeugnisse, die solche Behauptungen rechtfertigen, besonders jene nicht, wie «die geheime Sprache des Alten Ostens» sich bildete. Die romantische Vorstellung vom Naturmenschen, der durch Zufall auf Gesetze der Form und der musikalischen Ordnung stößt und das Vergnügen als Beweggrund und die Sinnesempfindungen als Formkräfte der Kultur einsetzt, ist so überholt wie Jean Jacques Rousseaus *Contrat social* und seine Lobreden auf die Natur. Ein Spinnennetz und die Wachstumslinien von Muscheln zeigen freilich, daß es einen angeborenen Sinn für Proportion und Form gibt, den auch die Menschen gehabt haben können, die im Naturzustand lebten. Mit der Entwicklung der abstrakten Intelligenz und der Erfindungsgabe gab der Mensch vermutlich in vielen Bereichen die Fähigkeit auf, instinktiv handeln zu können. Dennoch sind auf der biologischen Ebene menschlicher Aktivität noch einige Instinkte wirksam. Außerdem sollte man nie die Möglichkeit vergessen, daß schon früh einige Gruppen von Menschen manche Grundprinzipien kultureller Ordnung vielleicht von den Überlebenden einer voraufgegangenen Menschheit gelernt haben – eine Überlieferung, die im Lauf der Zeit zum Mythos und damit göttlichen Wesen zugeschrieben wurde.

Archäologen und Musikwissenschaftler erkennen nicht die wahre Bedeutung der vielen einzelnen Informationen, die sie sammeln und zu deuten versuchen, weil sie den Unterschied zwischen den Tönen der Stimme und denen der Instrumente zu gering achten, und weil sie die wesentliche Bedeutung des KLANGES nicht verstehen. Der KLANG ist wesentlich die Energie der Schöpfungskraft, wobei diese Kraft auf die Materie einzuwirken sucht – und diese Einwirkung geschieht auf sieben grundlegende Weisen. Eine bestimmte Art von Materie reagiert jeweils nur auf eine dieser Weisen. Aus dieser materiellen Resonanz entsteht das, was ich einen «Fundamentalen Ton» nenne – das heißt, eine der sieben grundlegenden Reaktionsarten auf die Schöpfungskraft. Es gibt sieben Fundamentale Töne, weil die Übermittlung der Kraft auf sieben Weisen geschieht. Die sieben Strahlen, die vom schöpferischen Ursprung ausgehen sollen, sind in Wirklichkeit KLANGströme.

Primitive Kulturen brachten die sieben Fundamentalen Töne in einen Zusammenhang mit Tierschreien (die sie auch symbolisierten), da archaische Menschen eigenständige Bewegung als Zeichen spiritueller Kraft ansahen – und die Tiere können ihre Körper im Raum bewegen, während Pflanzen und Massen von Materie das nicht können. Doch während jede Tiergattung nur eine Art von Ton, einen Fundamentalen Ton hervorbringen konnte, vermochten die Menschen alle sieben anzustimmen. Im

Lauf der Zeit wurden sie die Vokale der menschlichen Sprache. Die Sprache war ursprünglich magisch und heilig, weil der Mensch durch sie völlig mit dem ganzen vermittelnden Strom des schöpferischen KLANGES in Resonanz sein konnte. Im Feld physischer Tätigkeit konnte er so wie Gott (oder wie alle schöpferischen Gottheiten) im Moment der Schöpfung handeln. Und dieser Moment, auch wenn er sich in etwas spiegelt, das die Menschen als zyklische Zeit erleben, wurde gefühlsmäßig als immerwährendes «Jetzt» erkannt – als Zeit, die immer gegenwärtig ist, da sie keine prägende Vergangenheit hat.

Als wir den Grama als die Grundlage der Musik des alten Indien betrachteten, verwiesen wir darauf, auf welche Weise erleuchtete Musiker *fühlten*, daß die sieben Aspekte der Schöpfungskraft mit den sieben KLANGströmen zusammenhängen. Der Grama war (und bleibt im Prinzip) das Muster der wechselseitigen Beziehung, die die sieben Fundamentalen Töne in zyklischer Zeit miteinander verbindet. Die Fundamentalen Töne beziehen sich nicht auf das, was das Ohr und vor allem technische Geräte als Obertöne registrieren. Sie sind sieben grundlegende Manifestationen des Einen Lebens des Universums – sieben Arten der Resonanz und Tonbeschaffenheit. Jeder Fundamentale Ton kann dann als Ursprung einer eigenen harmonikalen Reihe von Obertönen angesehen werden.

Diese Reihen unterscheiden sich in der *Aufteilung der Energie der materiellen Resonanz* in bestimmte Resonanzbereiche (Formanten), doch folgen sie alle einem einzigen Muster, der Obertonreihe. Alle Arten materieller Resonanz *müssen* einer arithmetischen Reihe folgen, da die Resonanz der Materie die grundsätzliche Einheit der Schöpfungskraft spiegelt und sich symmetrisch entfaltet. Wenn das materielle Instrument (und der menschliche oder tierische Körper) mit der Kraft in Resonanz ist, dann *als Ganzes*.

Die harmonikale Reihe aufsteigender Obertöne stellt die Selbstvervielfältigung oder Differenzierung der Ganzheit eines mittönenden Instrumentes oder Organismus dar. Diese Prozesse der Selbstvervielfältigung unterscheiden sich je nach dem Prototyp von Kategorie, dem die materiellen Ganzen angehören, und doch können sie sich nur im Sinne der Möglichkeiten unterscheiden, die die Obertonreihe universal festlegt. Wenn das Instrument oder der Organismus ein relativ einfaches Ganzes materieller Ordnung ist, wird ein harmonischer Ton erzeugt. Ist das mittönende Ganze äußerst komplex, kann es einen nichtharmonischen Ton erzeugen – wie den Ton einer mittelalterlichen Glocke, eines chinesischen oder japanischen Gongs, oder den Lärm einer Fabrik oder Stadt. In diesen Fällen ist eine harmonikale Analyse vielleicht nicht möglich.

In alter Musik und den meisten außereuropäischen Musikkulturen müssen zwei Arten von musikalischen Reihen berücksichtigt werden. Allgemein werde ich von *Skalen* sprechen, den grundlegenden Systemen einer Anordnung der Fundamentalen Töne. Dagegen ordnen *Modi* nicht nur die Obertonreihe eines einzelnen Grundtones, sondern sind auch mit Überlegungen verbunden, die sich mit der Darbietung modaler Melodien befassen. Die folgende Erörterung von Skalen und Modi möchte den Grund für das Verständnis der Tonalität legen, die von etwa 1500 bis 1900 als Grundlage abendländischer Musik wie auch als Grundlage des Musikbewußtseins westlicher Menschen so gut wie nie in Frage gestellt wurde.

Die Ordnung der Fundamentalen Töne

Der KLANG wird als Übermittler der Schöpfungskraft auf siebenfache Art wirksam. Auf der Ebene des Menschen nimmt diese Schöpfungskraft die begrenzte Form des Willens oder Verlangens zu handeln an, wobei Muskeln, die des Stimmapparats inbegriffen, zusammengezogen und bewegt werden. Jede der sieben Arten von Bewegung, mit denen der KLANG absteigt, erregt in der Materie eine charakteristische Resonanz, einen der sieben Fundamentalen Töne. Die entscheidende Frage ist, wie diese sieben Fundamentalen Töne miteinander verbunden sind. Sie müssen verbunden sein, da sie unterschiedliche Aspekte des einen Ursprungs der Kraft sind, aus dem sie sich verzweigen. Sie verzweigen sich, weil jeder beim Auftreffen auf die Materie eine charakteristische Funktion erfüllt. Eine Skala ist, als Gruppe von sieben Fundamentalen Tönen betrachtet, ein funktionelles Ganzes – ein geordnetes System, ein musikalischer Organismus.

In der Philosophie der Zahlen bezeichnet die Sieben die möglichen Weisen, auf die drei Prinzipien wirksam werden können: jedes für sich, in Paaren und alle drei gemeinsam. So können eins, zwei und drei auf sieben Weisen als 1, 2, 3, 1 + 2, 1 + 3, 2 + 3, und 1 + 2 + 3 wirksam werden. Die Zahl Drei entsteht aus der Verdoppelung, die nicht nur die Zahl Zwei entstehen läßt, sondern auch die Drei (1 + 2 = 3). Wenn wir die sieben Kombinationen der ersten drei Zahlen zusammenzählen, erhalten wir die Zahl Vierundzwanzig (zweimal die Zwölf).

Im antiken Griechenland hießen die sieben Fundamentalen Töne vermutlich *arche*. Jede Arche hatte in einem geordneten Feld des Lebens eine Funktion zu erfüllen. Jede Arche konnte aber auch der Anfang oder erste Ton eines Modus sein, der sich mit der Entfaltung der besonderen Funktion der Arche in der siebenstufigen Skala (dem Grama) der Fundamentalen Töne befaßte.

Wenn der schöpferische KLANG auf Materie trifft, die potentiell resonanzfähig ist, wird er zur Lebenskraft (in Indien Prana, in China Ch'i), und diese Lebenskraft kreist durch die Nadis des menschlichen Körpers (die Meridiane der Philosophie der chinesischen Akupunktur). Der kosmische KLANG, Nada, wird in lebender Materie zu den Nadis, die sich zu sieben *Chakras* (Energieräder oder -wirbel im Körper) verdichten. Die esoterische Überlieferung kennt drei Reihen von je sieben Chakras. Eine Reihe entlang der Wirbelsäule ist der absteigende Weg des KLANGES, der im Muladhara-Chakra an der Basis der Wirbelsäule endet (wo die Kraft der Kundalini zusammengerollt wie eine Schlange schlafen soll). Eine weitere Reihe von sieben Chakras strahlt von dieser Reihe an der Wirbelsäule aus und ist, allgemein gesprochen, mit den biologischen Organen (vor allem mit den endokrinen Drüsen) und ihren Funktionen verbunden. Im Kopf soll es eine dritte Reihe geben, die manchmal die der Hauptchakras genannt wird.

Diese drei Reihen von Chakras können in Beziehung zu den drei Gramas des alten Indien gesetzt werden. Der Gandhara Grama hat vermutlich mit den Hauptchakras des Kopfes zu tun.

Der geheimnisvolle Weise und Eingeweihte Narada soll diesen Grama von Sängern (Gandharvas) im himmlischen Bereich gehört haben, doch gewöhnliche Sterbliche, deren Bewußtsein den Tätigkeiten auf der biophysischen Ebene des Daseins verhaftet ist, können ihn nicht hören.[25]

So gibt es die sieben Fundamentalen Töne im Menschen als zentralisierende Bereiche einer Fähigkeit zum Ton. Die sieben heiligen Planeten symbolisieren sie, und sie stehen mit den Chakras in Verbindung. Sie sind auch mit den Vokalklängen verknüpft, die symbolisch für die sieben Aspekte der Lebenskraft in der Manifestation des Menschen stehen. So hatten die christlichen Gnostiker – die nicht nur einst den esoterischen Aspekt des Christentums vertraten, sondern ihn (wenn auch von der offiziellen Kirche verfolgt) während der gesamten Zeit der europäischen Kultur weiter pflegten (wie die Sufis den inneren, spirituellen Aspekt des Islam vertreten) – ihre heiligen Vokalgesänge. Das Echo dieser Gesänge ist in Alexander Skrjabins symphonischer Dichtung *Prométhée (Le poème du feu)* zu hören, wenn der Chor das geheimnisvolle Wort OEAOHOO anstimmt. Dieses Wort sollte mit sieben Vokalklängen (die dennoch nur drei sind, O, E, A) ausgesprochen werden. Es wird in H. P. Blavatskys *Secret Doctrine* erwähnt, wo es mit einer Gruppe prometheischer spiritueller Wesen in Zusammenhang gebracht wird, die aus einem höheren Planetensystem in das Ätherreich der Erde abstiegen. Diese Wesen sollen einer tierhaften Menschheit die Gabe des Selbstbewußtseins (des objektiven oder reflektierenden Bewußtseins) verliehen haben.

Die alte chinesische Musik verwendete fünf oder sieben Fundamentale Töne, die verschiedene Bezeichnungen trugen, welche sich entweder als *Stufen* oder *Anfänge* übersetzen lassen. Die fünf Fundamentalen Töne waren Manifestationen der fünf Elemente (Feuer, Wasser, Holz, Metall, Erde), der fünf Farben, der fünf Planeten und der fünf Aspekte chinesischer Kultur (König, Verwaltung, Menschen, Handel, materielle Erzeugnisse des Reiches).

Das Problem, das es zu lösen galt, wollte man ein bestimmtes musikalisches System errichten, lag darin, wie die Beziehungen zwischen diesen Fundamentalen Tönen festzulegen waren – das heißt, die musikalischen Intervalle, die sie sowohl trennten als auch verbanden. In archaischen Zeiten entstand das Problem vermutlich nicht. Eine überlegte und bewußte Auswahl der Töne mußte erst getroffen werden, als die Vorstellungen von Zahl und Proportion in ein Musikbewußtsein eingeführt wurden, das vorher vor allem spontan und instinktiv gewesen war. Also wurde ein System der Musik auf der Grundlage von Prinzipien errichtet, die die besondere Eigenart einer Kultur bestimmten, wenn die Prinzipien auch für universal gehalten wurden.

Wenn man annimmt, die Reihe der ganzen Zahlen offenbare ein universales Gesetz, ist das Problem der Auswahl der Töne gelöst, indem man sie der Vielzahl von Möglichkeiten entnimmt, die die Reihe aufweist. Die Verhältnisse zwischen den Fundamentalen Tönen müssen gemessen werden: Sie nehmen den objektiven Charakter von Intervallen zwischen Dingen an, die im sichtbaren Raum verteilt sind. Das pythagoreische Monochord – das vielleicht schon Jahrhunderte vor Pythagoras in chaldäischen und ägyptischen Heiligtümern verwendet wurde – ist das einfachste und charakteristischste Instrument, mit dem Klänge und Zahlen gleichgesetzt werden können und aufsteigende und absteigende Reihen von Tönen erfahrbar werden. In China dienten abnehmende oder zunehmende Längen von Bambusrohren dem gleichen Zweck.

Man kann auf zweierlei Weise verfahren. Bei der ersten wählt man einen Abschnitt der Obertonreihe aus, der von zwei Klängen im Oktavabstand begrenzt ist, und nimmt nur die Obertöne, die in diesem Oktavintervall vorkommen. Das ist die Art natürlicher Intonation, die, wie Kathleen Schlesinger annimmt, überall verwendet wurde, bevor Theoretiker ein mehr intellektuelles System errichteten. Diese natürliche Stimmung setzt die Betonung der instrumentalen Musik voraus, da man die Obertöne nur mit Hilfe künstlicher Instrumente messen kann. Doch wurde die früheste, absichtliche Reihe von Tönen (wie in Mantras) ohne Zweifel von der menschlichen Stimme erzeugt. Freilich kann eine besonders ausgebildete Stimme Obertöne hervorbringen (wie in den heiligen Gesängen der Tibeter), doch gehört dieses absichtliche Hervorbringen anscheinend einer späteren Epoche an. Außerdem können die Obertöne der Stimme nicht direkt und konkret gemessen werden. Überdies sind sich auch nicht zwei Intervalle innerhalb einer Skala einer solchen Auswahl gleich, da die Verhältnisse zwischen den Tönen, die von zwei aufeinanderfolgenden Zahlen bestimmt werden, ständig abnehmen.

Beim zweiten Verfahren werden Verhältnisse ganzer Zahlen als Intervalleinheiten benutzt, mit denen eine Skala errichtet wird – ein Archetyp der Beziehung. Die ersten Zahlen, eins, zwei, drei und vier, bilden die pythagoreische Tetraktys, für die griechischen Philosophen ein geheiligtes Symbol. Diese Zahlen legen die Oktave (das Verhältnis 2:1), die Quinte (3:2) und die Quarte (4:3) fest.

Musiker, die ihre Instrumente (vor allem die Lyra) stimmten, und Schriftsteller, die die Gedanken des Pythagoras darzustellen versuchten, sahen es gewöhnlich für selbstverständlich an, mit dem Grundton (sagen wir C) zu beginnen, eine Quinte nach oben zum G, dann mit einer Quarte vom G hinab zum D zu gehen. Das Intervall C–D ist der Ganzton (das Verhältnis 9:8). Fügt man einen weiteren Ganzton an das D an, erhält man die Note E; zwischen E und F bleibt ein Halbton übrig, da das Intervall C–F eine Quarte ist (der Tetrachord der aufsteigenden Skala). Allerdings wurden griechische Tetrachorde immer als absteigende Reihe von vier Noten dargestellt. Pythagoras wollte vielleicht eine Struktur errichten, die anzeigte, daß die Menschheit einen Punkt erreicht hatte, an dem der Mensch die Herabkunft der schöpferischen Kraft des KLANGES durch eine nach oben gerichtete Art der Resonanz nachbilden konnte, die die ersten Schritte des schöpferischen Prozesses vom unbenennbaren Einen zum Zweiten und von diesem Mutterton zum Dritten, dem kosmischen Geist, symmetrisch spiegelte.

Pythagoras errichtete so seine Skala mit Hilfe wechselseitiger Durchdringung und Einwirkung einer aufsteigenden und einer absteigenden Quinte innerhalb einer Oktave. Das Ergebnis dieser wechselseitigen Durchdringung ist der Ganzton. Der römische Philosoph Boethius (480–524 n. Chr.) gibt an, daß die Leier des Merkur so gestimmt wurde.[26] Die Mitte eines derartigen Systems ist Fis, der Mittelpunkt der Oktave. Ich glaube, er symbolisiert den Ton der Erde, auf den in der chinesischen Musik Gewicht gelegt wurde. Dieser Ton kommt dem elften Oberton einer aufsteigenden harmonikalen Reihe mit dem Grundton C nahe. (Kathleen Schlesinger stellte fest, daß der Modus, der im alten Ägypten und in Indien am häufigsten verwendet wurde, eine Reihe von elf Tönen innerhalb einer Oktave war, also der Abschnitt der Obertonreihe zwischen elftem und zweiundzwanzigstem Oberton. Vgl. *The Greek Aulos*.) Viele Jahrhunderte hindurch wies Indien die Besonderheit einer Reihe von zweiundzwanzig Srutis auf, aus denen (wie Autoren einer relativ späten Zeit berichten) die sieben Noten des Sa-grama ausgewählt wurden.

Ganz gleich, wie Pythagoras sich die Entstehung des Ganztones (des Verhältnisses 9:8) dachte, die Schüler seiner Schüler glaubten, daß er die sieben Noten seiner Skala aus den ersten Noten auswählte, die durch eine aufsteigende Reihe von reinen Quinten erzeugt wurden, C, G, D, A, E, H, und die in das begrenzte Feld einer einzigen Oktave zurückgebracht wurden. Doch kommt in dieser Reihe kein reines F vor, da der siebte Quintenklang ein Fis ist (das sich hörbar vom Fis der Obertonreihe unterscheidet und ein etwas größeres Intervall ist). So wirkt dieses System der Skalenbildung etwas unbeholfen und unlogisch, und wir müssen annehmen, daß das reine F das Ergebnis einer absteigenden Quinte war.

Anscheinend beruhte die Methode, Instrumente wie die Kithara zu stimmen, auf einer teilweise wechselnden Folge von aufsteigenden Quinten und absteigenden Quarten, doch die Meinungen darüber gehen unter den Fachleuten beträchtlich auseinander. Etwas Ähnliches geschah in China, wo die Reihe der zwölf Quinten – der Zirkel der Lü – die Grundlage war, nach der die Intervalle berechnet wurden.

Die pythagoreische Skala – die Zusammenfassung von sieben Noten, die aus einer Reihe von Quintenintervallen abgeleitet wurden – ist diatonisch. Betrachtet man sie als Intervallfolge, reihen sich Ganzton (9:8), Ganzton, Hemitonium (256:243), Ganzton, Ganzton, Ganzton, Hemitonium aneinander.[27] In traditioneller griechischer Sicht enthält die Reihe zwei Tetrachorde (Ganzton, Ganzton, Hemitonium), die zwischen sich einen Ganzton liegen haben. Ob Pythagoras sie wirklich so auffaßte, ist zweifelhaft. Vielleicht stellt sie eine Deutung griechischer Musiker (und späterer Theoretiker) dar, die es gewohnt waren, mit Tetrachorden umzugehen – eine Deutung dessen, was Pythagoras sich gedacht hatte, vor allem, als er von der «Sphärenmusik» sprach.

Diese Intervallreihe erzeugt Klänge, die man als Obertöne eines tiefen Grundtones auffassen und durch die Zahlen 384, 432, 486, 512, 576, 648 und 729 darstellen kann. Die Zahl 384 ist der siebte Oktavklang der 3 (3, 6, 12, 24, 48, 96, 192 und 384), und in der Reihe ganzer Zahlen, beginnend mit 1, läßt die 3 das Intervall der Quinte entstehen. Die pythagoreische Skala ist so ebenfalls potentiell ein Ausschnitt der Obertonreihe. Die sogenannte natürliche Skala der europäischen Tonalität (vor der gleichmäßigen Temperierung) kann als Reihe von Obertönen aufgefaßt werden, die mit der Zahl 24 (24, 27, 30, 32, 36, 40 und 45) beginnt. Sie beginnt also ebenfalls mit einem Oberton, der die Oktave einer Quinte der harmonikalen Reihe ist, die mit 1 anfängt.

In Indien lieferten die zweiundzwanzig *Srutis* einer Oktave anscheinend die musikalische Substanz, aus der die sieben Töne des Sa-grama und des Ma-grama ausgewählt wurden. Es gibt noch Tabellen, die zeigen, wie die Anzahl der Srutis zwischen den sieben grundlegenden Noten aufgefunden wurde. Doch auch hier sind die tatsächlichen Verhältnisse ungewiß. Ich glaube, daß man die sieben Bestandteile des Grama in alten sakromagischen Anrufungen (zum Beispiel in den Veden) schon lange benutzt hatte, als die Reihe der zweiundzwanzig Srutis begann, die klassische indische Musik zu beherrschen.[28]

Der Gedanke der Modi in der Musik

Der Begriff Modus wird verschieden verwendet. Heute sprechen wir von den Modi oder Tonarten Dur und Moll, doch verweist das Wort vor allem auf die acht Modi des mittelalterlichen gregorianischen Gesanges und auf die griechischen Modi, von denen sie abgeleitet waren. Alte griechische Begriffe sind verschieden gedeutet worden, doch was ich Modus nenne, verweist vermutlich auf den griechischen Tropus. In dem Sinne, in dem ich den Begriff verwende, sind die indischen Ragas Modi. Doch treten sie in Indien erst nach der christlichen Zeitwende auf, vor allem nach einer Bewegung tiefer Frömmigkeit, die sich im Mittelalter ausbreitete.

Modi sind nicht Skalen im Sinne einer Reihe von fünf oder sieben Fundamentalen Tönen. Vor der Entwicklung polyphoner Motetten und eines tonalen Systems der Harmonie in Europa nach dem zwölften Jahrhundert bezogen sich Modi überall ausschließlich auf die Abfolge von Klängen in einer Melodie – ob die Melodie nun sakromagisch, religiös oder volkstümlich war. Überdies gehörten zu einem Modus neben der besonderen Reihe von Intervallen auch noch eine (mehr oder weniger umfangreiche) Zusammenstellung anderer Faktoren: die Art, wie man sich den aufeinanderfolgenden Tönen der Melodie näherte, wie ein Ton zum nächsten weiterführte, die Belebung der Töne und der gesamten Melodie durch die psychische Konzentration des Sängers, Tages- sowie Jahreszeit und Umgebung wie auch nähere Umstände der Aufführung.

So ist ein Modus das Ergebnis des Psychismus einer Kultur und der Situation, die eine Aufführung verlangt. Ob die Aufführung einen magischen oder heiligen Zweck verfolgt oder auch nicht, sie soll in den Hörern bestimmte seelische Zustände wachrufen. Künstler und Hörer mögen sich der Absicht bewußt sein oder auch nicht, und viele Hörer reagieren nur von einem ästhetischen, analytischen oder kritischen Standpunkt aus. Dennoch ist die Eigenart eines Modus prinzipiell immer durch das Wesen derjenigen Emotionen bestimmt, die er in den Zuhörern erregen soll. Modi sind psychoaktive Faktoren. (Vgl. Anhang I, II und III.)

Auch in der klassischen europäischen Musik gibt es das psychoaktive modale Element. Es zeigt sich schon im Unterschied von Dur und Moll, aber noch deutlicher in den wechselnden Harmonien und den dramatisch aufrüttelnden Durchführungen. Das dramatische Element ist vor allem in der romantischen und expressionistischen Musik stark, da diese Arten von Musik die Freuden und Leiden oder (seltener) den inneren Frieden *individueller* Menschen dynamisch und kraftvoll zu vermitteln suchen. Im Gegensatz dazu hat die Musik in der klassischen Epoche einer Kultur – ob in Europa, Indien, Java oder China – eine grundsätzlich kollektive Bedeutung. Orientalische Modi wollen auf den kollektiven Psychismus der Menschen einwirken, die viele Stunden zusammenbleiben, um Musik zu hören. Die psychoaktive Wirkung orientalischer Melodien, die nur durch den Rhythmus oder die parallele Führung von Instrumenten verstärkt werden, muß durch lange Wiederholungen und einfache Durchführungen vertieft werden, die sich völlig von den komplexen, intellektuellen und oft geheimnisvollen Umwandlungen kurzer Themen in der europäischen Musik unterscheiden. Diese Themen treten eher als Gruppierungen von Fundamentalen Tönen und nicht als modale Folgen auf. Sie gleichen Wurzeln, während die Modi Zweigen und Blüten ähneln.

Was wir Melodie nennen, hieß bei den Griechen Harmonie. Die griechische Harmonie hing von der modalen Eigenart einer Folge aufeinander bezogener Töne ab. Diese Beziehung war zweifelsohne an die Struktur gebunden (das heißt, sie hing von einer bestimmten Intervallfolge ab), doch bedeutete sie auch die Anwesenheit eines Fundamentalen Tones, auch wenn dieser Grundton nicht wirklich erklang. In Indien begleiten sich die Musiker beim Singen der Ragas gewöhnlich auf der Tambura (einem Saiteninstrument), wobei sie den tiefen Grundton des Raga und vielleicht die Oktave und/oder die Quinte darüber erklingen lassen. Ähnlich wiederholt in der Vokalmusik der frühmittelalterlichen Kirche (vor allem in Byzanz) eine tiefe

Baßstimme fortwährend den Fundamentalen Ton, den Grundton des Modus, den die anderen Sänger vortragen. Dieser Brauch führte zum *Basso continuo* und zur musikalischen Form der Passacaglia.

Wenn ein Modus einer Pflanze mit Zweigen, Blättern und Blüten gleicht, so ist die Wurzel einer der sieben Fundamentalen Töne, der wie von selbst durch einen materiellen Körper erzeugt wird, welcher sich mit der absteigenden Energie des schöpferischen KLANGES in Resonanz befindet. Im menschlichen Sinne ist ein Modus die Reaktion eines Kulturganzen auf einen bestimmten Augenblick oder ein Ereignis seines kollektiven Lebens. So gibt es Modi, die auf tiefe und vitalistische Art mit den Jahreszeiten und mit den Festen zusammenhängen, die sich auf die Jahreszeiten beziehen oder religiösen Charakter haben.

Ein typisches Beispiel für die Bedeutung musikalischer Modi auch in der christlichen Kirche liefert ein Zitat eines syrischen Autors des dreizehnten Jahrhunderts, Barhebraeus. In seinem Buch *Ethicon: Über die natürliche Ursache der Modi* bringt er die acht Modi seiner syrischen Kirche nicht nur mit den vier Elementen der Natur (kalt, heiß, feucht, trocken) in Verbindung, sondern vor allem auch mit der jährlichen Abfolge der sieben Feste, die die wesentlichen Ereignisse des mythischen Christuslebens feiern: Verkündigung, Auferstehung, Pfingsten. (Vgl. Anhang III.)

Seit Papst Gregor dem Großen war die immer mächtigere römische Kirche in der Lage, die frühen Modi von allen mystischen Elementen zu reinigen, dem Erbe gnostischer und nahöstlicher Überlieferungen, und so die später eintretende Umwandlung der Modi in ein System der Tonalität vorzubereiten, das in der klassischen C-Dur-Skala feste Formen annahm. Diatonisierung und vor allem die Notation der Musik führten zu einer Betonung des Formalen. In Anbetracht der Verehrung, die die germanischen Stämme ihren Anführern entgegenbrachten, und des sich allmählich entwickelnden Individualismus war diese Veränderung unvermeidlich. Die vitalistische, psychoaktive Kraft, die die Musik verlor, als die wahren Modi nicht mehr zu hören waren, mußte auf einer neuen Ebene psychischen Reagierens mit Hilfe polyphoner und harmonischer Vielschichtigkeit und durch den dramatischen Charakter der Umformungen der Themen wiederhergestellt werden.

Da wir heute von diesen späten Entwicklungen geprägt sind, neigen wir dazu, Modi nur als besondere, festgelegte Folgen von Noten und Intervallen zu betrachten. Zwar können wir diese genau bestimmen und messen, aber als Teile eines Modus haben sie dennoch eine psychische Eigenart und vermitteln Emotionen oder innere Zustände. Wenn wir Iamblichos und einigen seiner späten Nachfolger glauben, faßte Pythagoras die Lieder, mit denen er angeblich seine Schüler bezauberte, besänftigte und heilte, nicht intellektuell und abstrakt auf. In Indien schreibt man einigen der Ragas außergewöhnliche psychische und sogar physische Kraft zu. Sie verfügen vielleicht nicht ganz über die Art der magischen Kraft, die von den heiligen Mantrams vedischen Ursprungs freigesetzt wurde, haben jedoch sicher psychodynamischen Charakter (vgl. Anhang II).

Nach allem, was wir bisher gehört haben, verbleiben jedoch noch eine Reihe von Fragen, was die Bildung der Modi angeht. Welche Verhältnisse verbanden ihre Töne miteinander? Welche Intervallreihen traten in ihnen auf? Die meisten Musikwissenschaftler glauben, die Modi seien Reihen einfacher Intervalle – Ganztöne, Halbtöne und (in der enharmonischen Gattung) einer oder mehrere Vierteltöne – gewesen, die den griechischen Tetrachord verschieden teilten. Sie berufen sich dabei auf Texte des vierten vorchristlichen Jahrhunderts und in der Hauptsache auf spätere aus Alexandria und Rom. Doch nur wenige von diesen Texten sind vollständig und leicht zu entschlüsseln, und viele verweisen auf gesellschaftliche und politische Umwälzungen, nach denen die Musiker die ganze Bedeutung alter Praktiken nicht mehr kannten. Andererseits waren die alten griechischen Tropoi, wie Kathleen Schlesinger meint, einfach Abschnitte der Obertonreihe, die auf sieben Stufen begannen, und jeder dieser Anfänge wurde die Arche eines Modus genannt.

So gibt es also keine wirklich überzeugenden Antworten auf diese Fragen. Doch scheint mir offensichtlich, daß die frühesten Modi wohl mehr als nur Zusammenstellungen von vier oder fünf absteigenden Tetrachorden mit festgelegten Intervallen waren.

Bestimmte Stämme und kulturell zusammengehörige Gruppen (Dorer, Lyder, Ionier, Phryger und so weiter) stimmten in diesen komplexen Weisen ihre sakromagischen Gesänge an, die von einfachen Instrumenten (wie der fünf- oder siebensaitigen Lyra), die die Stimmen stützten oder nachahmten, begleitet wurden. Die Dorer mögen die letzte und wichtigste Gruppe gewesen sein, die aus den Gebirgstälern des Nordens ins eigentliche Griechenland eindrang, doch vermischten sie sich zweifellos mit früheren Einwohnern, die vielleicht den Kolonien der voraufgegangenen kretischen Kultur angehörten. Später besiedelten die Dorer ihrerseits die Inseln des ägäischen Meeres (zum Beispiel Samos, wo Pythagoras geboren wurde) und die Küstengebiete Kleinasiens und Unteritaliens.

Während dieser langen Epoche müssen die orphischen Mysterien einen bedeutenden Einfluß auf die archaische griechische Musik ausgeübt haben, und wenn die esoterischen Überlieferungen richtig sind, kam Orpheus über Chaldäa und Thrakien aus Indien, auch wenn die meisten Historiker annehmen, daß er aus Thrakien stammte. Die sehr alte syrische Stadt Urfa trägt vielleicht den wahren, noch nicht hellenisierten Namen des Orpheus, und in der brahmanischen Überlieferung heißt er Arjuna und ist der große Schüler Krishnas, der nach dessen Tod nach Westen zog. Auf jeden Fall wurde der diatonische dorische Modus aufgrund eines Prozesses der Konsolidierung (der auf ähnliche Art wie jener abgelaufen sein kann, der den gregorianischen Gesang zum beherrschenden Faktor der Entwicklung mittelalterlicher Kirchenmusik machte) schließlich als wahre Grundlage einer edlen und reinen Musik angesehen.

Wie stark der Einfluß der mathematischen Gedanken und Messungen war, die Pythagoras und seine Schüler förderten, läßt sich nicht bestimmen. Das fragmentarische Wissen, das Historiker und Musikwissenschaftler kunstvoll zusammensetzen, ist weder endgültig noch gewiß, allein schon aus dem Grund, daß bloße technische Daten keine ausreichende Grundlage für das Verständnis der Entwicklung des Musikbewußtseins der Menschen einer bestimmten Kultur sind. In Übergangszeiten läßt sich diese Entwicklung nur schwer verfolgen, da sie sowohl technisch-experimentelle wie auch philosophisch-kulturelle Formen annimmt und diese beiden Ebenen erst später in Übereinstimmung gebracht werden.

Das war sicherlich während des dreizehnten, vierzehnten und fünfzehnten Jahrhunderts in Europa der Fall (eine oberflächlich gesehen ähnliche, wenn auch grundsätzlich verschiedene Situation gab es vermutlich auch im sechsten und frühen fünften Jahrhundert v. Chr.). In Europa erlebte man den kritischen Übergang von der Einheit der mittelalterlichen katholischen Kultur, die die gotische Kathedrale hervorgebracht hat, zur Aufspaltung in Nationalstaaten, die in ständigen Streit verwickelt waren. In dieser Zeit wurde auch die Musik durch das Eindringen des Volkstümlichen, durch die Entwicklung des Humanismus und die Leidenschaft für objektive und freie Forschung grundlegend verändert. In diesen Jahrhunderten wurde eine neue Musik geboren, und das besondere europäische System, das Tonalität genannt wird, setzte sich durch. Es entstand, weil es ein Bedürfnis des zunehmend pluralistischen Geistes der europäischen Kultur erfüllte, der schließlich zu den extremsten Formen des Individualismus und zur Demokratie führte.

Die Tonalität ist ein europäisches System. Es hat sich wie die westliche Zivilisation mit ihrer materialistischen Technologie über die ganze Welt verbreitet. Es ist das logische Produkt der Verräumlichung der Musik, die durch genaue und visuell festgelegte Notationssysteme und durch die Polyphonie entstanden ist. Polyphonie ist der Triumph der Vielen über das Eine. Die Tatsache, daß alles pluralistischer und komplexer wurde, ließ die Instrumentalmusik und die instrumentale Verwendung der menschlichen Stimme zunehmend wichtiger werden. Sie führte auch zur Entwicklung der Akkorde und senkrechten Beziehungen – eine Entwicklung, die die wahre Bedeutung und die Absicht des Wortes *Tonalität* verständlich macht.

9. DER ABENDLÄNDISCHE GEIST IN DER MUSIK

Eine Kultur ist ein gegliedertes System von Tätigkeiten, die eine besondere Art kollektiven Bewußtseins beinhalten. Sie ist auf der Grundlage eines Systems der Kommunikation wirksam, das auf Sprache und Gesten beruht. Die Sprache nimmt schon bald zwei Formen an: Rede und Musik. Wörter haben konkrete, praktische Bedeutungen, die sich vor allem auf die physische und gesellschaftliche Aktivität des Alltagslebens anwenden lassen. Allerdings haben sie auch die Kraft, Energie wie auch Vertrauen und Inspiration zu geben. Wörter sind Töne der Stimme, die durch die Qualität, Höhe und Intensität zu magischen und übertragbaren psychischen und emotionellen Ergebnissen führen können. Wenn die Bewegungen von Ton zu Ton festgelegt und innerhalb eines symbolischen Bezugssystems bewußt verwendet werden, entwickelt sich die Sprache der Musik.

Die Musik ist als kultureller Faktor ein Mittel, die grundsätzliche Einheit des kollektiven Psychismus eines Volkes (vor allem in primitiven Gesellschaften oder in besonderen Gruppen innerhalb einer fortgeschritteneren Kultur) zu stärken, zu erhalten und von Zeit zu Zeit neu zu beleben. In dieser Funktion ist die Musik gewöhnlich mit Riten und kollektiv ausgeführten Gesten verknüpft (wozu auch Geschrei und Beifall gehören). In alten Gesellschaften hatten diese Riten sakromagischen und später religiösen Charakter. In modernen Gesellschaften haben die Rituale eine profane, gesellschaftliche oder wirtschaftliche Form angenommen. Und doch sind die rhythmisch wiederkehrenden täglichen Verrichtungen, das Hin- und Herfahren zwischen Wohnung und Büro, die Opern- oder Sportsaison und selbst das Ansehen bestimmter Fernsehsendungen so sehr Rituale wie die

Riten der alten Gesellschaften. Das erste Woodstock-Festival von 1969, das Tausende von Menschen in einem Gruppengefühl seelisch vereinte, ist ein Beispiel für die Kraft der Musik, einen besonderen Zustand des Bewußtseins zu formen und zu erhalten.

Die Tonalität ist im strengen Sinne des Begriffes das Werk des abendländischen Kulturkreises. Geburt, Entwicklung und der teilweise Zusammenbruch der Tonalität sind mit gleichzeitigen Wandlungen des kollektiven Psychismus der europäischen Kultur (und ihrer Ableger auf anderen Kontinenten) verknüpft. Zu gewissen Zeiten haben Einflüsse von außen auf dieses tonale System eingewirkt, doch die Vorstellung der Tonalität ist noch immer die Grundlage der Musikerziehung. Das Gefühl für Tonalität ist noch mächtig im kollektiven Psychismus jener Menschen verwurzelt, deren religiöse Symbole, gesellschaftlich-politische Mythen und deren Alltagsleben direkt auf die Anschauungen und Einrichtungen der abendländischen Kultur zurückzuführen sind, wobei Unterschiede der Nationen und Klassen keine Rolle spielen. In der Musik erscheint der europäische Geist als Tonalität – sogar in den Negro Spirituals und im Jazz, da Sklaverei und das Leben in den modernen Städten Nebenprodukte des ruhelosen abendländischen Dranges nach Ausdehnung, Eroberung und christlicher Erlösung sind.

Dieser europäische Geist und seine nordamerikanische Variante sehnen sich nach universaler Verbreitung, da sie sich weder durch besondere Umstände noch durch Ort oder Rasse binden lassen wollen. Sie versuchen, alle Grenzen zu übersteigen, selbst biologische und kulturelle. Dennoch ist das Massenbewußtsein der von der abendländischen Kultur geprägten Völker noch sehr stark in biologischen und kulturellen Gegebenheiten verwurzelt, und das erzeugt einen Zustand unaufhörlicher Spannung und andauernden Gegensatzes. Der Gegensatz besteht zwischen Zivilisation (dem Drang nach universaler Verbreitung und quasi absoluter Überlegenheit) und Kultur.[29] Die Zivilisation erfordert eine pluralistische Philosophie und Lebensart, während die Kultur im Kern monistisch ist.

Eine Kultur ist in ihrer alten und uranfänglichen Gestalt ein geeintes und organisches Ganzes, das von einem homogenen

Psychismus getragen wird. Eine wahre Kulturgemeinschaft handelt in allen grundlegenden Entscheidungen und allen wesentlichen Lebensformen als Einheit. Sie singt einstimmig. Ihre Musik ist monodisch, und die Sänger fühlen instinktiv die Verhältnisse zwischen den Tönen der einen Linie. Diese Verhältnisse haben einen sakromagischen Charakter, der nicht in einem auf Dualismus beruhenden Intellekt wurzelt, sondern in der Lebenskraft, die in allen lebenden Organismen wirkt und eine Spiegelung der Einheit ist.

Die Zivilisation beruht andererseits auf Vielfalt und Vielheit. Sie zielt auf einen zukünftigen Zustand der Einheit ab. Die Musik der Zivilisation ist heterophon; von vielen Stimmen aufgeführt, wird sie polyphon. Die Menschen singen nicht mehr einstimmig. Jede ihrer vielen Stimmen hat theoretisch das «Recht», sie selbst zu sein und zur beherrschenden Stimme zu werden. Das bedeutet Spannung, die aus einer unaufhörlichen, zentrifugalen Entwicklung entsteht. Es muß einen Faktor geben, der als zentripedale, Einheit schaffende Kraft wirkt – die Tonalität.

Tonalität kann als autokratische Herrschaft des Königs (die Tonika) und seines Premierministers (die Dominante, das Intervall der Quinte über der Tonika) gesehen werden. Sie ist aber auch die Macht einer Bürokratie, die die genauen Abstände zwischen allen Faktoren des Ganzen mißt und durchsetzt. Die Tonalität ist ein System, mit dessen Hilfe der einer Gesellschaft innewohnende Pluralismus in die Grenzen einer bestimmten funktionsfähigen Struktur verwiesen wird. Sie manifestiert sich nicht so sehr in einer melodischen Folge als in einer Harmonie von Akkorden. Bestimmte Folgen von Akkorden, die unter der melodischen Tonfolge liegen und sich (aufgrund ihrer Obertöne) um sie herumbewegen, festigen das Gefühl der Einheit. Jeder Ton der Melodie trägt ein bezeichnendes Merkmal, das deutlich angibt, wohin er gehört – weniger in bezug auf die Tonika als im Hinblick auf Stellung und Funktion innerhalb der tonalen Bürokratie.

Das ist der Preis, der für das Ideal des Universalismus gezahlt werden muß. In einem Stamm oder einer Gemeinschaft, die klein und homogen ist, ist jeder mit jedem über die Vorfahren verbunden und sich dessen bewußt. Wo die Zivilisation die Kultur überrannt hat, gibt es eine latente Einheit, die jedoch weniger umfassend und ausschließlich ist. Vielfalt und Verschiedenheit sind deutlich als Realität zu sehen. Das Prinzip, das eine Harmonisierung dieser Unterschiede ermöglicht, muß in der gesamten Gesellschaft vom oberen bis zum unteren Ende der Leiter wirksam sein. Es muß an jede Stelle zu «transponieren» sein, um jeder Lage gerecht werden zu können. Es ist universal, muß aber den vielen Grundeinheiten auferlegt werden. Um diesen Zweck zu erreichen, bedarf es der komplexen Kraft der Akkorde.

In unserer pluralistischen europäischen Musik mußte mit anderen Worten die instinktive psychische Kraft der Integration, die einst den Tonfolgen innewohnte, durch die harmonisierende Einwirkung der Akkorde ersetzt werden, die deutlich die Tonart angeben, der die Noten der Melodie angehören. Kadenzen von Akkorden lassen den Hörer eine bestimmte Entwicklung der Melodie erwarten, wobei gewisse Überraschungen, Verzögerungen und Vorwegnahmen dennoch möglich sind. Westliche Hörer nehmen die europäische Musik vom Ästhetischen her auf. Das Wesen der ästhetischen Reaktion und des «Vergnügens», das wir an aller Kunst und im besonderen an der Musik finden, ist schwer zu verstehen. Man kann dieses Problem auf verschiedene Weisen angehen. Im folgenden wird eine dieser Möglichkeiten erörtert, im nächsten Kapitel eine zweite.

Archaische Menschen nahmen die Musik nicht vom Ästhetischen her auf. Ein Gefühl für das, was wir eine Melodie nennen, gab es im alten, vorklassischen Griechenland vermutlich ebenso wenig wie um 3000 v. Chr. in Ägypten oder Chaldäa. Das musikalische Element in den sakromagischen Tönen der Stimme diente hauptsächlich dazu, die psychische Intensität der Wörter zu verstärken, die entweder in Mantras und theurgischen Anrufungen oder in Rezitationen heiliger Texte und Gedichte, welche von den Taten der Götter oder Helden berichteten, verwendet wurden. Eigentümliche Modulationen und Intonationsarten der Stimme sind im traditionell europäischen Sinne keine Melodien, auch die Gesänge bei den Maistänzen, Heilungsritualen oder anderen heiligen Zeremonien der amerikanischen Indianer nicht.

Wenn diese Gesänge in abendländischer Notation niedergeschrieben werden, geht die Kraft des Psychismus, dem sie entstammen, völlig verloren. Sie werden zu Röntgenaufnahmen, denen das lebende Fleisch fehlt. Auch wenn man die Gesänge direkt auf Band aufnimmt, sind sie nicht mehr psychisch wirksam, da nichts, was strenggenommen nur dem Leben eines Kulturganzen angehört, seine psychische Kraft bewahren kann, wenn es vom Ort und aus den Gegebenheiten entfernt wird, in deren Rahmen es eine organische Funktion erfüllte. Das gilt auch für die Schlaf-, Arbeits- und Liebeslieder, die wesentliche Teile des ritualisierten Lebens einer Kultur sind. Auch wenn es offenbar Ähnlichkeiten in den «Röntgenbildern» diatonisch notierter Stammesgesänge und heiliger Rituale aus aller Welt gibt, sind diese doch darauf zurückzuführen, daß alle Völker der gleichen biologischen Gattung angehören, die sich in der Biosphäre des gleichen Planeten entwickelt hat.

Archaische Musik wirkt auf einer Ebene des Psychismus und wird von biologischen Kräften und Instinkten beherrscht. Doch biologische Triebe haben mit Ästhetik nichts zu tun. Wenn Balztänze und Gefieder der Vögel, wenn Tiere uns «ästhetisch» etwas bedeuten, dann deshalb, weil sich der Schwerpunkt unseres Bewußtseins auf eine mehr abstrakte Ebene des Psychismus verlagert hat, auf der ästhetische Werte in Gestalt idealisierter Farbverhältnisse, Proportionen und Formen wirksam sind. Unser Verstand reduziert Vorgänge des Lebens auf Zahlen, und ob wir uns dessen bewußt sind oder nicht, dieses Reduzieren ist ein Faktor, der unsere ästhetischen Gefühlsreaktionen entscheidend beeinflußt.

Die Griechen der Antike verehrten das Schöne in idealen Formen der Proportion und in der Musik in den Zahlenverhältnissen der Töne. Vom Guten sprachen sie in Begriffen wie «Mäßigung» und «Freundschaft» – Begriffe, die nicht zu einer Ächtung der Sklaverei führten –, und als das Wahre priesen sie die neue Art, das Dasein vom Standpunkt präziser, konkreter Fakten aus zu betrachten, statt es symbolisch oder mythisch zu sehen. (Symbole haben jedoch viele Bedeutungen, während man Fakten vor allem katalogisieren, klassifizieren und sich einprägen kann, worauf sie zu Theorien und Systemen verallgemeinert werden können.) Eine Melodie ist für uns «schön», wenn die wohlproportionierten Schritte, in denen sie sich vollzieht, unseren ästhetischen Sinn befriedigen und uns Vergnügen bereiten und wenn sie uns ein Gefühl des Zusammenhangs und der Ordnung im Sinne dessen vermitteln, was unsere Kultur als «gut» oder harmonisch ansieht (also im Sinne der Regeln der Tonalität, der Modulation und der Intonation). Die Töne der Melodie «stimmen», wenn sie gemäß einer festgesetzten Tonhöhe (Kammerton) und den Proportionsregeln, die durch die Dur- oder Molltonleiter der europäischen Kultur vorgegeben sind, in exakten Verhältnissen zu den vorangegangenen und folgenden Tönen stehen. Damit wir dieses Gefühl des Zusammenhangs und der Einheit nicht verlieren, fassen die Akkorde all die relativ unterschiedlichen Klänge komplexer Symphonie in einer psychischen Atmosphäre der Tonalität zusammen. Veränderungen der Tonarten (Modulationen) werden durch zahlreiche Wiederholungen, durch erkennbare Variationen in neuformulierten Themen und standardisierte Modelle von Durchführungen innerhalb der Struktur vertrauter musikalischer Formen (Fuge, Rondo, Sonatenform und so weiter) abgesichert und vorhersehbar gemacht. Diese Werke enden in einem wiederholten «reinen Akkord», der uns versichert, daß wir in Frieden gehen und darauf vertrauen können, daß die Welt geordnet und sinnvoll ist.

Das menschliche Bewußtsein hat ein grundlegendes Bedürfnis nach Ordnung. Doch die *Art* der Ordnung, die das menschliche Bewußtsein fordert und erwartet, ist auf jeder Stufe seiner Entwicklung eine andere. Unsere Deutung enthält einen entscheidenden Irrtum, wenn wir annehmen, der antike Sinn für Ordnung (oder auch der der meisten Nichteuropäer) stimme mit dem überein, der im Westen seit der Renaissance vorherrscht. Seit einigen Jahrhunderten brauchten die Menschen im Abendland ein Modell musikalischer Ordnung, das sehr deutlich, ja eindeutig zeigte, daß die vielen Noten unserer klassischen und romantischen Musikwerke ein in sich zusammenhängendes Ganzes mit einer durchgängigen tonalen Struktur darstellen.

Der Cellist Pablo Casals spielte jeden Morgen als erstes ein bestimmtes Werk von Bach, wie Norman Cousins in seinem Buch *The Anatomy of an Illness* schreibt.[30] Ein indischer Brahmane hätte meditiert und das heilige Gayatri-Mantra angestimmt, doch das Gayatri-Mantra und eine Komposition von

Bach unterscheiden sich völlig in ihrer psychischen Bedeutung. Cousins berichtet auch, daß Albert Schweitzer nach einem aufreibenden Tag in seinem Dschungelkrankenhaus feststellte, daß ihm neue Kraft und Frieden zuteil wurden, wenn er Bach spielte, auch wenn das Klavier in seinem Zimmer in einem schrecklichen Zustand war. Nach dem Zweiten Weltkrieg drängte sich die Jugend von Paris, die unter der deutschen Besetzung so sehr gelitten hatte, dennoch in dunklen Diskotheken, um sich Schallplatten eines deutschen Komponisten anzuhören – Aufnahmen der Werke Bachs.

Weshalb Bach? Weil er vielleicht mehr als jeder andere europäische Komponist zum Symbol eines hochintellektualisierten Sinnes für formale Ordnung geworden ist. Mit Bach erreichte die Musik der klassischen Epoche (die jetzt ziemlich unsinnig Barock genannt wird) vermutlich ihr charakteristischstes Stadium. In diesem Stadium verbleibt ihr ganz gewiß eine außergewöhnliche psychische Kraft, und doch wirkt diese Kraft auf einer Ebene des Psychismus, die vom Intellekt und seinen unpersönlichen, rationalistischen Prozessen beherrscht wird. Menschen, die in chaotische Situationen gerieten und von heftigen Gemütserregungen heimgesucht wurden, haben deshalb ein Verlangen, in einer Musik wie der Bachs das zu erleben, was der Psychologe C. G. Jung ein «Symbol der Erlösung» nannte. Die Botschaft eines solchen Symbols besteht darin, daß es im Urgrund allen Daseins Ordnung, Vernunft und vollkommene Form gibt – auf die eigentlichen Töne kommt es dabei nicht an. Das einzige, das zu erleben sich lohnt, ist der höchste Zusammenhang von allem, was da ist.

Wo der Pluralismus gegensätzlicher Persönlichkeiten eine Gesellschaft beherrscht, in der die Kraft kulturellen Zusammenhalts und eines religiösen Glaubens an den einen Gott doch ein stark kollektivierender Faktor geblieben ist, muß eine Musik, die ein mächtiges Symbol dieses kollektiven Psychismus ist, über ein einheitstiftendes Prinzip wie die europäische Tonalität verfügen. Es muß sich um eine komplexe Vereinheitlichung handeln, die eine Vielfalt von Beziehungen zuläßt. Die europäische diatonische Skala vom Typ der C-Dur-Tonleiter ist eine Anordnung von Intervallen, die sozusagen einen Entwurf liefert, wie sich

Energien integrieren lassen. (So wurde sie jedenfalls von einigen mystischen Philosophen Europas beschrieben, die sie mit der bioenergetischen Struktur des menschlichen Körpers in Verbindung brachten.) Sie ist zudem ein Symbol für die latente Fähigkeit des Menschen, die Spannungen zu lösen, die durch die Beziehungen zwischen individualisierten Elementen entstehen, so daß sich trotz ausgesprochener oder unausgesprochener Gegensätze am Ende die Einheit durchsetzen kann.

Unter dem Stichwort *atonality* definiert das *Harvard Dictionary of Music* Tonalität wie folgt[31]:

> Tonalität ist ein Spezialfall des allgemeinen Prinzips der Lösung einer Spannung, wobei Spannung ein spezieller Zustand ist, der seine «Auflösung» in sich trägt, das heißt die Rückkehr zur Entspannung, in einen stabilen Zustand. Harmonisch gesehen ist der grundlegende Ausdruck der Tonalität die Beziehung Dominante – Tonika. Wenn man sich die harmonischen Beziehungen einer Komposition – mittelbar oder unmittelbar, für eine längere oder kürzere Zeitdauer – von dieser grundlegenden Beziehung abgeleitet denken kann, spricht man von tonaler Musik.

Der Schlüsselbegriff ist hier die Eigenschaft, die dem Intervall der Quinte, dem Verhältnis 3 : 2, zugeschrieben wird und die wir schon erörtert haben. Die Struktur der ganzen Skala der Tonalität basiert auf fünf Intervallen oder Arten der Beziehung: auf der Oktave, die die Ganzheit des Ganzen festlegt; auf der Quinte, dem organischen Faktor zentrifugaler Ausdehnung, der allen lebendigen Ganzen innewohnt; auf der Quarte, die die zentrifugalen Elemente innerhalb des organischen Ganzen erneut integrieren will; auf dem Ganzton, dem Baustein des Organismus; und auf dem Halbton, der auf den Kreislauf der Klangenergie verweist, auf die Veränderlichkeit des Lebens wie auch der Gefühle der Psyche (des Strebens, der Sehnsucht, des Leidens und der Traumas des individualisierten Bewußtseins).

Diese fünf Arten von Beziehungen können auf grundsätzlich verschiedene Weisen näher bestimmt und verwendet werden: *monodisch, heterophon, melodisch, polyphon* (im strengen Sinne des Begriffes) und *harmonisch-melodisch* (letzteres verweist auf das klassische europäische Modell der Tonalität). Jede Art steht für eine bestimmte Auffassung des Problems der psychomusikalischen Vereinheitlichung, und ihre Haupteigenschaften sollen hier in wenigen Worten mehr umrissen als definiert werden. Immerhin kann aus dem Durcheinander der Systeme, die seit 1900 stark zugenommen haben, eine neue Art musikalischer Ordnung entstehen und aus ihm herausführen. Die Kapitel 10, 11 und 12 werden die Möglichkeiten dieser Ordnung und das Wesen des Bedürfnisses der Menschen erörtern, das sie befriedigen will.

Das Grundprinzip monodischer Vereinheitlichung ist die zunächst instinktive und später magische Verwendung der Stimme zum Zweck einer intensiven, psychoaktiven Kommunikation. Am Beginn der Monodie steht das, was wir jetzt allgemein unter Mantra verstehen. Sie entwickelt sich in Verbindung mit dem Vortrag heiliger Texte, epischer Dichtungen und Berichte, die Kraft freisetzen und begeistern. Die Töne der Stimme werden nach mehr oder weniger festgelegten psychischen, gefühlsbetonten und spannungsreichen Mustern angehoben oder gesenkt. In dieser Epoche musikalischer Entwicklung gibt es vermutlich keine absolute Tonhöhe, wenigstens nicht im Sinne genauer Messungen, doch muß es eine Art kollektiver, grundlegender Frequenz geben, die vielleicht der Jahres- oder Tageszeit und bestimmten rituellen Zwecken entsprechend verändert werden kann.

Die Gesänge werden unisono angestimmt (und im Abstand einer Oktave, wenn Männer und Frauen gemeinsam singen), und oft werden Instrumente, vor allem Perkussionsinstrumente, dazugenommen, um die rhythmischen Grundmuster der Stimme zu unterstreichen und Töne der Natur, der Elemente hervorzubringen. Die Klänge der Instrumente halten sich dabei streng an die monodische Stimmführung. Wenn die Instrumente eine gewisse Unabhängigkeit erlangen, haben wir es mit heterophoner Musik zu tun, in der sich keimhaft Melodien bilden.

Monodische Linien sind strenggenommen keine Melodien. Brahmanen, die die Veden psalmodieren, ein Priester, der die katholische Messe anstimmt, oder Mönche, die die im Ritus vorgeschriebenen Hymnen oder Gebete singen, verwenden Melodien, die nicht mit jenen einer Arie des siebzehnten Jahrhunderts, mit einer «reinen» Melodie Mozarts oder einer aufrüttelnden Weise Tschaikowskis zu vergleichen sind.

In der indischen Musik müssen wir ebenfalls zwischen alten Gesängen mit sakromagischem Charakter und Intervallen, die vermutlich wie jene des alten Grama genormt wurden, und der Vielfalt von Ragas unterscheiden, die erst in den Jahrhunderten nach der christlichen Zeitwende auftraten, als der Buddhismus an Boden verlor und die intensive Frömmigkeit der Bhakti-Bewegung aufkam, in deren Mittelpunkt gewöhnlich die Liebe Radhas und Krishnas stand.

Der Übergang von monodischen Linien, die grundsätzlich mit der menschlichen Stimme in Beziehung stehen und eine sakromagische Funktion erfüllen, zu weltlichen und volkstümlichen Melodien wird in den einzelnen Kulturen unterschiedliche Formen angenommen haben. Heterophonie ist ein Begriff, den Plato in den *Gesetzen* verwendet,

> um eine Art improvisierender Polyphonie zu beschreiben, nämlich die gleichzeitige Verwendung von nur wenig oder kunstvoll veränderten Fassungen der gleichen Melodie durch zwei (oder mehrere) Spieler, zum Beispiel einen Sänger und einen Instrumentalisten, der der Melodie des Sängers ein paar zusätzliche Noten oder Verzierungen anfügt. Zusammen mit anderen Formen der Polyphonie spielt die heterophone Behandlung eine wichtige Rolle in vielen Gattungen primitiver und volkstümlicher Musik wie auch außereuropäischer Kunstmusik (in China, Japan und auf Java und so weiter).[32]

Im fünften vorchristlichen Jahrhundert war in Griechenland die traditionell enge Verknüpfung von Dichtung und musikalischem Sprechgesang schon durchbrochen worden, wenn wir Plato glauben dürfen, der diesen Brauch mißbilligt. Eine ähnliche Situation entwickelte sich im christlichen Europa des zwölften bis vierzehnten Jahrhunderts (an einigen Orten vielleicht auch schon etwas früher), als ausgefallene Verbindungen von Volksliedern und überliefertem Kirchengesang den Zorn der Päpste erregten.

In Indien führte die Entwicklung der Ragas als Melodien, die noch einen magischen, wenn nicht gar heiligen Charakter haben, nicht zur Verwendung dessen, was wir Tonalität nennen. Wie wir schon sahen, sind Ragas Modi, in denen die Stimme oder die Instrumente, welche die Ausdruckskraft der Stimme nachahmen (hauptsächlich Vina und Sarangi, aber auch die Bambusflöte wie in Japan), das modale Material entfalten. Dieses ist immer auf einen Grundton bezogen, der unablässig auf einer Tambura erklingt. Die Ragas enthalten keine polyphonischen Gefüge, können jedoch heterophon werden, wenn sich Instrumente dem unaufhörlich fließenden melodischen Strom zugesellen, der häufig von den komplexen Rhythmen der Trommler skandiert wird.

Europa entwickelte das tonale System, weil das der Pluralismus einer entschieden geformten polyphonen Struktur verlangt. Und da die neue Polyphonie das Volkstümliche mit dem Religiösen verbinden wollte (nordische oder keltische Volksmelodien oder arabische Sufiweisen, die von den Kreuzzügen mitgebracht wurden, verbunden mit dem gregorianischen Gesang der Kirche, den man ganz und gar vereinfacht und diatonisch gemacht hatte), trat eine neue Art von Tonleiter auf, die sich allmählich verbreitete. Sie etablierte sich als System der Tonalität spätestens, als die Barockmusik zunehmend komplexer wurde und mehr und mehr nach Akkorden verlangte, nach einem System tonaler Harmonie, das ein gleichbleibendes Gefühl der Einheit sicherstellen sollte. Dieses tonale System von Harmonien entwickelte sich gleichzeitig mit der Zentralgewalt nationaler Könige, die den totalitären Besitz ihres Königreiches und all dessen, was es enthielt, mit dem Prinzip des Gottesgnadentums rechtfertigten. In der Musik erlebte man diese gesellschaftliche und kulturelle Haltung als das «Gottesgnadentum» der Tonika, welcher ein Premierminister und ein Finanzminister beistehen, nämlich Dominante und Subdominante (Quinte und Quarte über der königlichen Tonika).

Die drei Bestandteile der diatonischen Skala – Tonika, Dominante und Subdominante – sind die Grundlagen des harmonisch-melodischen Systems der Tonalität. Sie waren auch das Fundament der pythagoreischen Skala, die allerdings, zumindest ursprünglich, eher monodisch als melodisch eingesetzt wurde. Die

Melodie kommt vermutlich mit dem Element des Volkstümlichen in die Musik. Die starke Anziehungskraft dieses Elements lag in der natürlichen Intonation des Terzintervalls – des Verhältnisses zwischen viertem und fünftem Oberton der harmonikalen Reihe. Andererseits wurde die pythagoreische Terz (C–E) offenbar aus der fünften Note einer Folge reiner Quinten (C, G, D, A, E) abgeleitet, die in den musikalischen Raum einer Oktave zurückgebracht wurde. Den Unterschied zwischen einer pythagoreischen und einer «natürlichen» Terz (das Verhältnis 5 : 4) könnte man mit der theoretisch unpersönlichen Beziehung zwischen Mönch und Nonne oder zwischen zwei Angehörigen eines Aschrams und der persönlichen Liebe eines Mannes und einer Frau vergleichen.

Pythagoras baute seine Skala nur mit dem Intervall der Quinte (3 : 2) auf. Er nahm die allererste Form, die sich aus der Einheit oder völligen Gleichheit (das Symbol der Oktave) differenziert und im Bereich der zweiten Oktave der Obertonreihe erscheint, der noch präkosmisch ist. Alles weitere mußte aus der Quinte und einer Folge von Quinten abgeleitet werden. Diese unpersönliche Ableitung war das Richtige für den offenkundigen Versuch des Pythagoras, einen kosmischen Kanon der Proportionen aufzustellen, der, wie wir nicht vergessen dürfen, nur auf monodische Musik angewendet wurde. Dieser Kanon der Proportionen war jedoch veraltet, als in der sich entfaltenden europäischen Kultur menschliche Gefühle und das spannungsreiche Schauspiel persönlicher Beziehungen musikalisch ausgedrückt werden wollten. Der Bereich persönlicher Gefühle ist mit Verwirrung, Unruhe und Ungewißheit angefüllt – vor allem, wenn er vom geistigen Feuer der Unzufriedenheit und einer Leidenschaft aufgewühlt ist, die über die Gegebenheiten der Natur, ja selbst über die menschlichen Voraussetzungen hinausgehen will. Das ist die faustische Seele des abendländischen Menschen. Die Kultur muß deshalb stark einschränkende Vorbilder und eindämmende Strukturen errichten, die durch die Religion, die vereinheitlichende Kraft der kollektiven Psyche, die Weihe erhalten. So entwickelten sich im siebzehnten und achtzehnten Jahrhundert im politischen Bereich der streng zentralistische Staat und in der Musik das System der Tonalität.

Die Tonalität nahm, um größtmögliche Wirksamkeit zu erreichen, die Form eines Harmoniesystems an, das Ordnung und Orientierung mit sich brachte, dazu die Auflösung der Spannung im Durdreiklang (C, E, G). So spiegelt sich die göttliche Dreieinigkeit von Vater, Heiligem Geist und Sohn (in anderen Religionen entspricht dem Heiligen Geist die göttliche Mutter, Shakti oder Schechina) im Menschen. Das Verhältnis der «natürlichen Terz» erzeugt die Energie der Liebe, die, obwohl zunächst ganz menschlich in ihrem Ausdruck, in Agape oder göttliche Liebe umgewandelt werden kann.

Das Intervall der natürlichen Terz wurde während des Jahrhunderts der Kreuzzüge in die Musik aufgenommen. Diese Aufnahme geschah zu der Zeit, als sich in Südfrankreich eine außergewöhnliche Idealisierung der Frau und eine Vergeistigung der Liebe entwickelte. Eine nichtbiologische Äußerung der Liebe – die höfische Minne – wurde zu einem wichtigen Ziel des Rittertums. Die antike griechische Kultur kannte diese Liebe nicht, denn «platonische Liebe» hatte eine andere Bedeutung, nämlich die reiner Freundschaft. Das mittelalterliche Europa verklärte jedoch den Ritter, der seiner Dame ergeben war. Es kannte auch die tragischen Liebenden Abaelard und Héloise, Lancelot und Guinivere in der Sage von König Artus. Führt diese Liebe zur biologischen Vereinigung, so wendet sie sich gegen die Gesellschaft und wird letztlich tragisch wie bei Tristan und Isolde, wie in der Sünde des Amfortas in der Parzivalsage.

Die Tragödien von Liebe und Verzweiflung mußten auch im musikalischen Bereich Ausdruck finden. Sie werden der Molltonart zugeordnet, deren erste Terz klein ist (C–Es), wodurch ein Niedersteigen der Energie der Liebe auf die Ebene des Körperlichen beschworen wird, dazu das tiefe Gefühl, daß der Aufstieg der menschlichen Natur vergeblich und tragisch ist (zumindest auf unserer Stufe der Menschheitsentwicklung).

In der griechischen Musik war der absteigende Tetrachord das maßgebende Muster der Begrenzung. In der Musik des nachmittelalterlichen Europa, das vom pluralistischen Drang nach räumlicher Ausdehnung und religiöser, gefühlsbetonter Transzendenz – der in der gotischen Kathedrale mit ihren zum Himmel aufragenden Spitzbogen und Türmen sein Symbol fand – beherrscht wurde, ist das Grundmuster der Dreiklang, dessen aufsteigende Energie von der aufsteigenden Quinte verkörpert wird. Das «Vollständige System» des alten Griechenland umfaßte im wesentlichen vier absteigende Tetrachorde. In der europäischen Musik führte die vertikale Erweiterung des Dreiklanggebildes zu den Akkorden Debussys und Ravels, die Nonen, Undezimen, Tredezimen und so weiter umfassen. Sie führte ebenfalls zum Prinzip der Modulation von Tonart zu Tonart, das auf dem zentrifugalen Intervall der Quinte beruht. So wurde der Bereich verwendbarer Schallschwingungen zu dem Raum ausgeweitet, der von sieben aufeinanderfolgenden Oktaven festgelegt wird und der, wie wir schon sahen, einer Reihe von zwölf Quintintervallen (beinahe) entspricht. Abbildung 3 (s. S. 101) zeigt das deutlich.

Die Reihen von sieben Oktaven und zwölf Quinten sind (geometrische) Reihen gleicher Intervalle, doch enthält die Oktavreihe nur ganze Zahlen, während in der Quintreihe nur die beiden ersten Glieder ganzzahlig sind. (Diese zwölf Quinten bringen die zwölf Noten unserer chromatischen Skala hervor.) Wir müßten sehr große Zahlen aufsuchen, wollten wir eine Reihe von zwölf Quinten finden, deren Schallfrequenzen sich in ganzen Zahlen ausdrücken lassen und die so als Teile einer Obertonreihe angesehen werden könnten. In Abbildung 3 ist die Schwingung des zwölften Quintklanges His (259,48) höher als die des siebten Oktavklanges. Ihr Unterschied beträgt ein pythagoreisches Komma, etwa einen halben Viertelton.

Das ist ein kleines, aber doch noch hörbares Intervall. Es symbolisiert den zentrifugalen oder faustischen Charakter des Quintintervalles. Auf der Tastenreihe des Klaviers sind aber His und C die gleiche Note. Ein mit der Musik nicht vertrauter Mensch könnte die beiden wohl kaum auseinanderhalten, da wir seit zweihundertfünfzig Jahren ein System der Klavierstimmung verwenden, das gleichmäßige Temperierung heißt, und dessen bekanntester Befürworter Bach war. In diesem System wird jede Quinte aus der Reihe der zwölf um ein Zwölftel des Kommas verkleinert. Für sich genommen ist ein so kleines Intervall nicht wahrnehmbar, doch Menschen mit feinem Gehör spüren den

Unterschied zwischen einer natürlichen und einer temperierten Quinte.

Vom Vorgang der Temperierung werden alle Intervalle außer der Oktave betroffen. Man kann sich den Vorgang visuell klarmachen, wenn man annimmt, daß die geometrische Figur, die von einer Reihe von zwölf natürlichen Quinten hervorgebracht wird, eine Spirale ist. Die gleichmäßige Temperierung reduziert die Spirale zu einem Kreis. Sie legt den Bereich eines musikalischen Feldes fest, das nur aus Oktaven besteht, welche in jeweils zwölf gleiche Intervalle geteilt werden.

Dieses Feld unterscheidet sich, wenigstens von einem philosophischen Gesichtspunkt aus, wesentlich von dem Schwingungsbereich, den das Vollständige System des antiken Griechenland umfaßte. Er beruhte auf dem Umfang der menschlichen Stimme und bewegte sich aus der Höhe in die Tiefe. Das war natürlich eine Folge der engen Verbindung, ja der Gleichsetzung von Musik und Dichtung. Die Dichtung wurde hierbei als rhythmische, auf magische Art schöpferische Handlung angesehen, die gesungene Wörter verwendet, um heilige oder heroische Taten zu beschwören, welche von wesentlicher Bedeutung für Bildung und Erhaltung des Kulturganzen sind. Diese enge Verbindung von monodischer Musik mit Wörtern und Ritualen gab es auch im christlichen mittelalterlichen Europa; für sie war jedoch eher die Frömmigkeit charakteristisch und nicht Magisches und Theurgisches. Mit dem Auftreten der Polyphonie und der visuellen Notation erlangte die Musik langsam eine Unabhängigkeit, die mit der zunehmenden Verwendung künstlicher Instrumente eine völlig neue Bedeutung erhielt – bis sogar selbst die menschliche Stimme häufig den Charakter eines Melodieinstrumentes annahm.

Archaische monodische Linien haben absteigenden Charakter, da sie das grundsätzliche Bewußtsein spiegeln, daß die spirituelle Kraft (Wille und schöpferische Einbildungskraft) in die Materie herabsteigt. Da monodische Linien mit Wörtern und Namen eng verbunden sind, wird der Bereich möglicher Intonation von den Grenzen der menschlichen Stimme festgelegt – Grenzen, die von späteren Kulturepochen mit Hilfe einer besonderen Ausbildung ausgeweitet wurden. Im Unterschied dazu haben Volksweisen und später die klassischen Melodien Europas keinen magischen Charakter. Sie haben mit dem Ausdruck persönlicher Gefühle zu tun oder sind Bestandteil kollektiver, kultureller Feierlichkeiten, vor allem des Tanzes.

Persönlichkeit ist die Resonanz eines menschlichen Körpers (oder in einem kollektiven Sinn einer fest vereinten Gruppe von Menschen) auf unterschiedliche biologische und kulturelle Veränderungen und Zwänge. In einigen Kulturen, zum Beispiel in Indien, ist die Persönlichkeit in enger Übereinstimmung mit den Naturkräften und den Veränderungen der Jahres- und Tageszeiten wirksam. In Europa beherrscht die gesellschaftlich-kulturelle Bewußtseinsebene, die durch eine Religion der Transzendenz und des Jenseitsglaubens stark beeinflußt wurde, die natürliche, biologisch-psychische Ebene, auf der die Masse der Menschen dennoch immer agiert und reagiert. Da das zentralisierende, zur Ausschließlichkeit neigende Ideal des Kulturganzen vom ruhelosen und zentrifugalen Geist der Zivilisation (vom prometheischen oder faustischen Drang) durchtränkt wurde, mußte sich das Feld musikalischer Möglichkeiten ausweiten. Es weitete sich aus, als Handel, Geschäftsleben und Reisen den Provinzialismus und die Ausschließlichkeit der Völker teilweise aufhoben. Und doch mußte die Musik einer noch immer zusammenhängenden europäischen Kultur, die (trotz des aufkommenden analytischen, wissenschaftlichen Geistes) tief von der kirchlichen Überlieferung geprägt war, die verbindende Kraft der Tonalität betonen, um sich nicht im zentrifugalen Persönlichkeitskult der Renaissance zu verlieren.

Wenn die Tonalität der Form nach als ein System definiert wird, das durch eine Leiter mit Sprossen in starrem Abstand dargestellt wird, wobei die ganze Leiter nach oben oder unten verschoben werden kann, ohne ihre Struktur zu verlieren, entstehen technische Probleme der Bestimmung der Tonhöhe. Im Feld der Musik tritt eine neue Art der Bewegung auf, und die Musik ist damit unwiderruflich mit Instrumenten verknüpft. Es ist nicht mehr von allergrößter Wichtigkeit, wie sich die Bewegung von einem Ton zum nächsten vollzieht, was bei einer Melodie das Wesentliche ist. Im Brennpunkt steht statt dessen die Verschiebung der tonalen Leiter von einer «Tonart» (oder Lage der tonalen Leiter) zur anderen. Diese neue Art von Bewegung heißt Modulation. Sie mag in gewissem Umfang in außereuropäischen Musikkulturen bekannt gewesen sein, hatte jedoch nie die besondere, dynamische Eigenart, die sie in der europäischen Musik annahm. Die Auffassung Beethovens, daß ein musikalischer Gedanke oder ein Thema auf vielfältige Weise entwickelt werden muß, und Wagners Begriff des Leitmotivs haben die Möglichkeiten erweitert, ein Gefühl dynamischer Veränderung hervorzurufen, indem man ein festes Muster von Intervallen von einer Tonart zur nächsten bewegt.

Diese modulierende Bewegung – die Transponierung eines Musters aus einer Tonhöhe in eine andere – machte die Entwicklung des Systems der gleichmäßigen Temperierung unumgänglich, zieht man die zunehmende Vielschichtigkeit der melodischen und harmonischen Bestandteile eines «musikalischen Werkes» in Betracht, das jetzt zu einem objektiven Gebilde geworden war, dessen einzelne Zellen sich ständig innerhalb einer kulturell vorgegebenen «musikalischen Form» bewegen.

Bewegt man das feste Muster von Intervallen, die die grundlegende C-Dur-Skala bilden, hinauf und hinab, benötigt man an den Stellen, wo die Sprossen der Leiter jetzt im musikalischen Raum stehen, Noten, die nicht zur ursprünglichen diatonischen Reihe gehören. Eine Violine könnte diese neuen Noten hervorbringen, doch auf der festen Tastenreihe eines Instrumentes, dessen Oktaven nur sieben Noten enthalten, würde es diese neuen Noten nicht geben. Aus diesem Grund hat die Tastenreihe eines Klavieres schwarze und weiße Tasten.

Transponiert man eine Melodie von C nach G (das heißt, die diatonische Skala, die mit C begann, hat jetzt G als Anfangspunkt, als Tonika), muß eine schwarze Taste, Fis, zu den ursprünglichen sieben weißen Tasten hinzugefügt werden. Jede Modulation in die nächsthöhere Tonart (deren Tonika um das Intervall der Quinte höher liegt) führt zu einer weiteren erhöhten Note. Der symmetrische Prozeß der Modulation in eine tiefere Tonart erfordert technisch die Verwendung von erniedrigten statt erhöhten Noten, doch auf der Tastenreihe des Klaviers kann kein Unterschied zwischen erhöhten und erniedrigten Noten gemacht werden. Diese Unterscheidung ist theoretisch und wird nur auf die geschriebenen Noten angewendet, wenn sie auch auf Instrumenten ohne feste Tastenreihen von den Spielern berücksichtigt werden kann.

So wurde wegen der besonderen Art musikalischer Bewegung, die Modulation genannt wird, und wegen der zunehmenden Verwendung des Klaviers oder ähnlicher Instrumente mit festen Tastenreihen die chromatische Teilung der Oktave in zwölf gleiche Intervalle das grundlegende Charakteristikum der westlichen Musik. Die Reihen der sieben Oktaven und zwölf Quinten, die einander angeglichen wurden, schaffen einen musikalischen Raum, der in vierundachtzig gleiche Intervalle unterteilt ist. Zweieinhalb Jahrhunderte war das die *Prima materia* der abendländischen Musik. Diese Musik hat sich zusammen mit den Erzeugnissen der Technik und mit einer individualistischen Lebensweise über den ganzen Erdball verbreitet. Wie wir im elften Kapitel noch genauer sehen werden, läßt sich mit der Tastenreihe des Klaviers die gesamte Welt der heute gebräuchlichen musikalischen Klänge darstellen. Sie kann ebenso als Symbol eines gesellschaftlichen und politischen wie auch sittlichen Ordnungssystems von Individuen gesehen werden, welche theoretisch frei und gleich sind und zwischen denen man theoretisch weder nach Funktion, Herkunft, Religion, Besitz, Ideologie oder Eigenart einen Unterschied macht – ein Symbol des Ordnungssystems, das Demokratie genannt wird.

Wir sollten aber begreifen, daß es in der Natur keine Gleichheit gibt. Alle Einheiten (Moleküle, Zellen, Arten innerhalb einer Biosphäre) funktionieren auf der Grundlage einer Differenzierung der Funktionen. In autokratischen oder feudalen Gesellschaften, die von Kasten oder Klassen beherrscht wurden, gab es ebenfalls keine Gleichheit. Auch in der modernen Welt, sei sie nun demokratisch oder sozialistisch, ist die Gleichheit ein Ideal, keine Tatsache.

Was für eine Bedeutung hat der Begriff dann? Auf welche zukünftige Möglichkeit verweist er? Die Frage ist sowohl im musikalischen wie auch gesellschaftlich-politischen Sinn von tiefer Bedeutung, denn in komplexen modernen Symphonien, die große Orchester erfordern, ist die Note ein vorzügliches Symbol des Bürgers, der in noch komplexeren modernen Demokratien tätig ist. Note wie auch Bürger sind abstrakte Einheiten. Die Demokratie in den Städten Neuenglands vor der industriellen Revolution, den Eisenbahnen und dem amerikanischen Bürgerkrieg hatte noch einen alles verbindenden religiösen und moralischen Charakter – einen tonalen Charakter. Die modernen Riesenstädte jedoch gleichen atonalen Konstruktionen à la Schönberg, werden von der Polizei und einer Gefühlswelt voller ungelöster Spannungen zusammengehalten, die in die überholten Formen eines quasi-traditionellen Verhaltens gezwängt werden.

Wenn wir unter Tonalität die Treue zu einer Tonika verstehen oder sogar die Bevorzugung der Tonika als tonales Zentrum, auf das sich alle anderen beziehen, so kann der Begriff der Atonalität (das Fehlen der Tonalität) recht aufschlußreich sein. Der springende Punkt ist hier die *Qualität* der Beziehung (oder Treue) zu einer Tonika oder irgendeinem einzelnen Ton. Im klassischen Europa hat diese musikalische Beziehung ihre Parallele in der Beziehung des Volkes zu seinem König, dessen Herrschaft durch den bequemen Gedanken vom «Gottesgnadentum» die religiöse Weihe erhielt. Wenn Tonalität das Gottesgnadentum der Tonika bedeutet, so mußte sich der in der Epoche der Romantik aufkommende Individualismus in der Musik als allmählicher Zusammenbruch der Tonalität zeigen. Liszt und Wagner waren die treibenden Kräfte dieses Prozesses. Die Chromatik wurde von diesen Komponisten nicht im Sinn einer Verzierung wie in Bachs *Chromatischer Fantasie* verwendet. Sie sollte vielmehr dem typischen schwerfälligen, materialistischen und egozentrischen Bourgeois die gewöhnlich tragischen Folgen einer Liebe zeigen, die sich über die Gesellschaft hinwegsetzt, einer Sehnsucht nach Transzendenz, die eine Flucht aus biokulturellen Verhaltensmustern bedeutete.[33]

Schönberg machte den großen Fehler, sich an den Glauben zu klammern, daß es fester Regeln und Muster bedürfe, um die beiseitegeschobene Ordnung der Tonalität zu ersetzen. Das war, als setze man ein totalitäres Regime an die Stelle eines Königs von Gottes Gnaden. Es hieß, die Bindung eines Volkes an seinen König und an seine Religion durch eine absichtlich rechnerisch strukturierte Ordnung zu ersetzen, die allein der analytische, formelhafte Geist durchgesetzt hatte. Dieser Versuch bedeutete den Umschwung von einer kollektiven Ordnung der Kultur zur künstlichen Herrschaft eines übermäßig absichtsvollen und größtenteils modisch beeinflußten intellektuellen Systems. Der psychokulturelle Grund für Schönbergs Atonalität und ihre komplexen Vorfahren lag in der Auflösung des österreichisch-ungarischen Reiches. Schönbergs System kann mit dem psychologischen Reduktionismus Freuds in Verbindung gebracht werden, und die Psychologie Jungs steht in ihrer Praxis, wenn auch nicht ihrem tiefsten Geist nach, dem Neoklassizismus nicht fern. (Jung warb eigentlich für eine freiere und individuell bewußtere Rückkehr zur großen aristokratischen Tradition Europas, vor allem in ihren esoterischen Aspekten Gnostik und Alchemie, die den Schweizer Psychologen faszinierten.)

In der Wiener Schule der Musik von Mahler zu Schönberg, Alban Berg und Webern wird der Zusammenbruch des europäischen Geistes in seiner germanischen Erscheinung sichtbar, und in Weberns Musik ist die Auflösung fast total. Doch der Geist dieser Komponisten war noch immer zutiefst europäisch, und ihre Musik sollte in diesem Geist aufgefaßt und aufgeführt werden. Das gilt auch für Strawinski und allgemein für alle neoklassische und formalistische Musik. In der Musik der Avantgarde neueren Datums ist jedoch ein grundsätzlich anderes Bestreben wirksam. Es beeinflußt nicht nur die äußere Form der Musik und die Beziehungen der Noten untereinander, sondern auch das *Bewußtsein*, das sich in der musikalischen Ordnung auszudrücken und mitzuteilen sucht. Es handelt sich um das revolutionäre Unterfangen, eine neue Antwort auf die Frage zu finden, *wozu* es Musik gibt.

In der Vergangenheit gab die europäische Musik drei aufeinanderfolgende Antworten auf diese Frage; die religiöse Antwort des Mittelalters, die des Barock und der Klassik, und die der Romantik und des späteren Expressionismus. Die Antwort, die heute von Musikern der Avantgarde gegeben wird, die zutiefst aufrichtig und innerlich bewegt sind, ist ihrem Wesen nach eigentlich uneuropäisch, und das gleiche gilt auch für einige Erscheinungen der neueren volkstümlichen Musik. Es ist die Musik einer Jugend, die eifrig und gefühlsbetont, aber auch zögernd und verwirrt einen Prozeß der Entkonditionierung zu durchlaufen sucht. Zu den Katalysatoren, die diesen Prozeß einleiten, gehören die Philosophie und die meditativen Praktiken des Fernen Ostens wie auch die Wirkungen psychedelischer Drogen, die die Strukturen des Bewußtseins auflösen.

Entkonditionierung und Auflösung von Strukturen sind aber Zeichen eines radikalen Umwandlungsprozesses. Was heute in der Musik geschieht, ist entscheidender als der Prozeß, der den gregorianischen Gesang der Kirche in die Musik des fünfzehnten Jahrhunderts und der klassischen Epoche umwandelte. Was vor etwa sechs Jahrhunderten geschah, war ein wesentlicher Teil der Entwicklung der europäischen Kultur. Heute häufen sich die Anzeichen, daß diese Kultur und ihre Ableger auf den amerikanischen Kontinenten und anderswo zerfallen, vielleicht auf sehr ähnliche Art, wie das römische Reich vor 1500 Jahren zusammenbrach. Überdies zerfällt gegenwärtig jede andere Kultur auf dieser Welt ebenso. Vielleicht findet auf dem gesamten Planeten ein neues Herabsteigen des schöpferischen Geistes statt, eine Freisetzung von «Saatgedanken», die früher oder später eine radikal neue musikalische wie auch gesellschaftliche Ordnung beseelen mögen.

Hinter diesem Buch steht die Absicht, die Möglichkeiten dieser neuen Art der Ordnung in der Musik aufzuzeigen. Wollen wir uns eine mögliche Zukunft vorstellen, müssen wir jedoch zuerst verstehen, was die Vergangenheit war, wie sie sich zur Gegenwart entfaltete und wohin die dynamische Kraft der gesellschaftlich-politischen Prozesse führt. Verstehen wir den Beginn der Musik nicht, so findet sich in unserem Geist kein Platz für die Wiedergeburt eines wahren Musikbewußtseins. Doch Verstehen des Vergangenen muß nicht Rückkehr und Nachahmung bedeuten.

Ein Zyklus beginnt als Einheit, endet jedoch in einem Zustand der Multi-Einheit. In der Musik mag diese zyklische Erfüllung eine komplexe Form annehmen, von der uns die heutigen großen Orchester nur einen Vorgeschmack geben. Vielleicht wird die Musik aber auch zu einer neuen Einfachheit finden. Das muß nicht heißen, daß sie auf eine sich nur wenig entfaltende Eintönigkeit reduziert wird; sie könnte diese Einfachheit auch über die reichhaltige Mannigfaltigkeit von orchestralen Tönen erreichen, welche zu dem verdichtet werden, was ich «Pleromas des Klanges» nenne. Das erfordert vermutlich eine neue Art von Instrument. Das Klavier und die immer noch primitiven elektronischen Instrumente von heute sind vielleicht Vorläufer dieses panharmonischen Instrumentes, in dessen Tönen das Ganze des musikalischen Raumes zumindest andeutungsweise vorhanden ist und letztlich zu einer allumfassenden Fülle von Klangschwingungen gebündelt wird.

Bevor wir den Versuch unternehmen können, eine Philosophie der Musik zu formulieren, die den Weg zu diesen panharmonischen Unternehmungen aufzeigt, ist es nötig, so objektiv wie möglich zu untersuchen, was die verschiedenen Erscheinungsformen der musikalischen Avantgarde seit dem Beginn des Zweiten Weltkrieges waren und worin ihre Bedeutung lag.

10. DIE MUSIK IM WANDEL: DIE AVANTGARDE UND DER PROZESS DER ENTKONDITIONIERUNG

Jede Kultur erleidet einen Auflösungsprozeß, wenn sie den Zyklus ihres Daseins als geordnetes Ganzes durchlaufen hat. Dieser Prozeß nimmt in verschiedenen Kulturganzen unterschiedliche Formen an. In der abendländischen Kultur nimmt er eine besonders komplexe Form an, da der europäische Geist in seiner dynamischen und pluralistischen, trennenden und umwandelnden Eigenart ständig den Drang verspürt, sich und seine Umwelt umzugestalten. Die beispiellosen wissenschaftlichen und technologischen Errungenschaften der westlichen Welt haben die gesellschaftlich-kulturellen Strukturen, die in Europa entwickelt und in den Vereinigten Staaten in extremer Gestalt verwirklicht wurden, radikal verändert. Diese Veränderungen kann man entweder als Ursachen eines beschleunigten Prozesses gesellschaftlich-kultureller Auflösung oder als notwendiges Vorspiel zu einer weltweiten Ordnung ansehen, die alle Menschen vereinigt.

In der Musik der zweiten Hälfte des zwanzigsten Jahrhunderts ist ebenfalls ein Auflösungsprozeß wirksam, und auch er mag eine notwendige Phase der Entkonditionierung sein, ein Lernprozeß, der dazu führt, daß man sich der Musik radikal anders nähern und die Klänge auf eine ganz andere Art hören kann. Dieser Prozeß erfordert vielleicht die zutiefst aufschlußreiche Berührung verschiedener Kulturen sowie die Fähigkeit, die Wirklichkeit auf neue Weise zu erleben – möglicherweise durch die Verwendung psychedelischer Drogen oder außereuropäischer Methoden der Selbstumwandlung.

Was man auch als Ursache oder Sinn dieses Prozesses ansehen mag, Tatsache ist, daß die Musikkultur, die zur Zeit der Kreuzzüge und danach durch die Entwicklung der Polyphonie und der genauen visuellen Notation ausgebildet wurde und die vom achtzehnten bis ins späte neunzehnte Jahrhundert ihre Blüte erlebte, in den Grundfesten erschüttert wurde. Ihre Grundstruktur – das System der Tonalität mit allen seinen Nebenerscheinungen – wurde aus dem Zusammenhang gerissen, in Bruchstücke zerlegt und ihrer wesentlichen Eigenart beraubt. Der kollektive Psychismus, der die komplexen Formen beseelte, welche die Musik in Europa und Amerika annahm, hat seine Lebenskraft, Folgerichtigkeit und einen großen Teil seiner geistigen Bedeutung eingebüßt. Was einst eine kulturell bedeutsame Musik war, ist durch Schallplattenaufnahmen und Radio- wie Fernsehsendungen von Konzerten popularisiert worden, und der Popularisierung folgt die Vulgarisierung. Die Allgegenwart einer musikalischen Atmosphäre in Kaufhäusern und Arztpraxen, in Fabriken und auf Flugplätzen sowie zu Hause, wenn die Leute zu einer Party zusammenkommen oder Jugendliche ihre Hausaufgaben machen, läßt Melodien schal und sentimental werden, die einst tief bewegten. Es ist dies die musikalische Entsprechung einer überall festzustellenden unterschiedslosen Betäubung des kollektiven Bewußtseins. Das ereignet sich nicht nur in unseren chaotischen und gewalttätigen Städten, sondern auch in den Häusern der Landbevölkerung, die einst einfach und im Einklang mit den Rhythmen der Natur und der Jahreszeiten lebte – bei Menschen, für die einst die Stille die Grundlage ihrer inneren Entwicklung war.

Um zu verstehen und objektiv aussagen zu können, was die gegenwärtige Unordnung und Auflösung *aller* Kulturen der Welt bedeutet, muß man begreifen, daß Kultur im wesentlichen ein aristokratischer Prozeß ist. In jeder Phase ihrer Entwicklung vertritt eine bestimmte Klasse oder ein Menschentyp das, was den Erfordernissen dieser Phase am «besten» *(aristos)* entspricht. Der wahre Aristokrat ist kein Individuum, sondern ein Repräsentant, eine wirkende Kraft der Kultur. Als «das Beste» mag in einer Zeit Körperstärke, Ausdauer und eine harmonische Mischung aus Kraft und einem duldsamen Geist gelten; zu einer anderen Zeit kann es die Fähigkeit des Intellekts und Organisationstalents sein, religiöse und gesellschaftlich-kulturelle Einrichtungen zu schaffen, die einen stabilisierenden Einfluß haben.

Wieder zu anderen Zeiten zeichnet überlegener Handelsgeist gepaart mit Verlangen nach materiellem Besitz und gesellschaftlich-politischer Macht die «Besten» der Gesellschaft aus, den wohlhabenden Bürger und den Kapitalisten.

Die Funktion des schöpferischen Künstlers – des Komponisten in der Musik – besteht darin, die Gesellschaftsklasse zu verherrlichen und sich ihr anzuschließen, die zu seiner Zeit die beste, also die «Aristokratie» darstellt. Jedoch kommt eine Zeit, in der die Tätigkeit der Aristokratie als Gruppe der Repräsentanten oder wirkenden Kräfte der Kultur nicht mehr von Bedeutung ist. Die verbindende Kraft der Symbole, Mythen und Einrichtungen, welche der Gesellschaft die kulturelle Struktur verliehen, erfüllt nicht mehr ihre Funktion. Der einheitliche kollektive Psychismus der Kultur wird zersplittert – ein Prozeß der Individualisierung hat begonnen. Zunächst wirkt er auf die Aristokratie ein, ohne der Person, die zu einem Individuum wird, die Funktion einer organischen Einheit der gesellschaftlichen Gruppe zu nehmen. Früher oder später befreien sich Individuen jedoch nicht nur von der einengenden Bindung an die Tradition der Gruppe, sondern auch von dem Gefühl, Repräsentanten der Kultur und Kräfte zu sein, die für deren Weiterbestehen, selbst in einer abgewandelten, modernisierten Form, wirken könnten.

Das ist der Prozeß der Lösung von der Kultur und im Fall der Individuen der abendländischen Welt, der Prozeß der Lösung von Europa, vom Westen. Schließlich erreicht er eine Stufe, auf der die Individuen die Notwendigkeit verspüren, nicht nur frei von der kulturellen Grundlage und dem kollektiven Psychismus der Gesellschaft oder Klasse zu sein und zu handeln, sondern *gegen* sie zu sein und *gegen* sie zu handeln. Marxistische Proletarier oder Intellektuelle der amerikanischen Neuen Linken stellen sich dann bewußt «gegen die Kunst» und sprechen dem jeden Wert ab, was sie als Erscheinung oder Verherrlichung des Geistes des Bürgertums ansehen. Andere Künstler – Maler, Romanschriftsteller, Dramatiker, Komponisten – setzen die Kunst andererseits dafür ein, den Hoffnungen, den Leiden und den Bedürfnissen des «Volkes» eine Stimme zu leihen und dienen den Massen, wie früher Künstler der Kirche, dem Adel oder dem wohlhabenden Bürger und Kapitalisten dienten. So widmen mindestens einige der akademisch gebildeten Komponisten Energie und Talent der Komposition «proletarischer» Musik, einer Musik, die das Volk zu politischen Taten aufrütteln oder wenigstens einen neuen kollektiven Psychismus in ihnen entwickeln soll – das Gefühl, einer weltweiten Gemeinschaft der Arbeiter anzugehören.

Die Künstler jedoch, die individualistischer sind – oder zum Spirituellen neigen –, rechnen sich für gewöhnlich keiner gesellschaftlichen Klasse zu, haben im wesentlichen keine Beziehung zu kollektiven Vorbildern. Diese Künstler versuchen heute gewöhnlich, ihre eigenen psychischen Erfahrungen oder Zustände auszudrücken. Die Grundmotive, warum man sich durch Musik ausdrückt, sind dennoch je nach Temperament, Herkunft und frühen Erfahrungen der zukünftigen Komponisten verschieden. Sie hängen von den Lehranstalten ab, die sie besuchen konnten oder wollten, und auch von ihren Möglichkeiten, an Gruppenerfahrungen teilzuhaben, nach Asien zu reisen, ihre Musikstücke in Aufführungen zu hören, um die Ergebnisse ihrer Eingebungen oder intellektuellen Theorien in der Wirklichkeit zu überprüfen.

Man kann drei Kategorien der Musik aus der großen Vielzahl von Richtungen der gegenwärtigen Musik herausheben. Am meisten verbreitet ist die volkstümliche Musik, und sie wird auch am häufigsten gespielt. Sie läßt sich in die eigentliche Volksmusik – eine Musik, die zum Leben in kleinen, vielleicht abgelegenen Gemeinschaften gehört, die dem Land eng verbunden sind – und in ein weites Spektrum der «Stadtmusik» unterteilen, deren bekannteste und typischste Formen Jazz, Rock und Protestlieder sind. Letztere waren in den siebziger Jahren außerordentlich wirkungsvoll und rüttelten die rebellische Jugend vieler Länder auf, gaben ihr ein Gefühl kollektiver Einheit und Teilhabe an einem weltweiten Prozeß gesellschaftlicher und psychischer Umwandlung. In der Vergangenheit hat die volkstümliche Musik gewisse Erscheinungsformen der zweiten Kategorie der Musik beeinflußt.

Diese zweite Kategorie ist die sogenannte «klassische Musik» der westlichen Welt, die Musik der Konzertsäle – auch wenn die Konzerte vor einem Publikum durch Aufführungen in Aufnahmestudios ersetzt werden können, um ein weit gestreutes, weniger klassen- und modebewußtes, weniger wohlhabendes Publikum als das zu erreichen, das in teure Konzerte geht. Diese Musik legt besonderes Gewicht auf das «Repertoire» – die Werke großer Meister ferner oder näherer Vergangenheit. Doch auch sie wird von Komponisten zutiefst umgewandelt, die auf den Druck gesellschaftlich-kultureller und psychischer Veränderungen reagieren, wobei sie entweder von ihrem persönlichen Verlangen, Originalität oder technisches Können zu zeigen, oder von überpersönlichen Kräften geleitet werden, die auf kollektive Erneuerung zielen.

Die dritte Kategorie ist die Musik der Avantgarde – ein Begriff, der eine Vielzahl von Richtungen umfaßt. Es ist hier unmöglich, all die unterschiedlichen Erscheinungen der Musik der Avantgarde zu untersuchen, und es mag noch zu früh sein, um sehen zu können, was sich aus ihnen entwickeln wird. Trotzdem gibt es einige charakteristische Züge, die im folgenden zusammen mit ihren Konsequenzen erörtert werden. Danach werde ich aufzeigen, welche Beiträge der klassischen Komponisten für eine mögliche «Musik der Zukunft» meiner Meinung nach besonders wichtig sind.

Charakteristische Elemente der Musik der Avantgarde

Der bedeutsamste Antrieb der Musiker der Avantgarde liegt in dem tiefen Drang, sich von den Glaubenssätzen und Lebensformen ihrer Familien und ihrer gesellschaftlichen Umwelt loszusagen und so zu versuchen, unter radikal anderen Bedingungen zu leben, Erfahrungen zu sammeln und sich auf neue Weise auszudrücken. Ein nicht so konstruktiver Grund mag in dem Bestreben liegen, neuen musikalischen Moden in der Hoffnung zu folgen, mit ihrer Hilfe jenes Maß an Originalität zu entwickeln, das einem Musiker Zugang zum gelobten Land der Zuschüsse, Aufträge, Aufführungen und Studienaufenthalte im Ausland verschafft.

Die Lösung von überkommenen Weisen des Verhaltens, Fühlens und Denkens beginnt mit Handlungen, die Familie und

Gesellschaft ablehnen, weil man sie für ungesund, gefährlich oder unmoralisch hält. Der Rebell glaubt, daß diese Handlungen zu anderen Erfahrungen als jenen führen, die Familie, Religion und ehrbare Gesellschaft gelten lassen – Erfahrungen, von denen die Rebellen meinen, sie würden ihnen helfen, «sich selbst zu finden». So wurden zum Beispiel sexuelle Betätigungen, die man für unzuträglich oder (vor allem im Fall junger Frauen) vorzeitig und gefährlich ansah, immer von Jugendlichen gesucht, die sich selbst «befreien» wollten. Die Verwendung von Rauschmitteln und Drogen ist ebenfalls, zumindest seit der Zeit der Romantik, ein «Ausweg» gewesen – ein Weg zu Erfahrungen, die nicht nur neu, faszinierend, aufregend gesellschaftsfeindlich sowie persönlich sind, sondern auch den überkommenen Bezugsrahmen der Gefühle und Erfahrungen unwichtig erscheinen lassen und seine erstickende Enge und rationalistische Ausschließlichkeit offenbaren. In den sechziger Jahren wurden Meskalin, Peyote, LSD und andere psychedelische Substanzen von der rebellierenden Jugend eingenommen, die aus den «toleranten» und spirituell leeren Familien der Vorstädte kam. Sie wurden auch von unzufriedenen, ruhelosen und neurotischen Intellektuellen konsumiert, die gegen die Zwänge einer industriellen und elektronischen Stadtgesellschaft angingen.

Die psychedelische Bewegung verbreitete sich rasch über die Welt. Sie brachte das bemerkenswerte, schöne und doch naive Phänomen der «Blumenkinder» und die Gegenkultur der Hippies hervor, und sie wurde auch ein wichtiger Faktor der Entwicklung der Musik der Avantgarde. Anscheinend machten die meisten Musiker der Avantgarde von heute mindestens einige Erfahrungen mit psychedelischen Drogen. Diese Erfahrungen hatten eine entkonditionierende Wirkung. Sie versetzten das Bewußtsein des Musikers in die Lage, Klang – und Farben – auf eine faszinierend neue Weise zu erleben. Ihr musikalisches Gefühl wurde vom europäischen Hintergrund gelöst und in einem gewissen Maß von der Kultur befreit – das heißt frei von den Begrenzungen, die jede Kultur der Erfahrung der Wirklichkeit auferlegt.

Diese Freiheit ist verwirrend, ja bestürzend. Als Folge davon suchen Geist und Psyche neue Begrenzungen, die sich radikal von denen der Kultur und des gesellschaftlich-religiösen Hintergrunds unterscheiden, in die man hineingeboren wurde. Diese Suche wurde durch die persönlichen Berührungen mit orientalischen Kulturen fündig, die der Zweite Weltkrieg möglich gemacht hatte, sowie durch die Ausbreitung von Bewegungen und Sekten, die auf Yoga und dem Hinduismus, auf Sufitum und Zen beruhten. Der Einfluß asiatischer Gedanken und Praktiken wurde – nicht nur im Hinblick auf die Kunstauffassung, sondern auch in bezug auf die Grundgedanken, die sich junge Musiker aneigneten, und auf die persönlichen Erfahrungen, die sie sich erhofften – zum zweitwichtigsten Einfluß, der auf die Musik der Avantgarde einwirkte. Die meisten Komponisten der Avantgarde nahmen mindestens einmal Verbindung mit asiatischen Gurus oder Lehrern auf – oder waren ihre Schüler.

So wie es viele Arten von Drogen gibt – von denen einige nur den Körper stimulieren, ohne durch eine Schwächung des Ego und der Schutzmechanismen, die die Kultur errichtet hat, die Qualität des Bewußtseins zu verändern –, gibt es viele Arten von Gurus und selbsternannten spirituellen Lehrern. Vielen westlichen Jugendlichen, die von der offenbar allumfassenden Weite asiatischer Philosophien mit ihren vielen Bewußtseins- und Realitätsebenen angezogen werden, oder die von Berichten über die Kraft eines bekannten Guru fasziniert sind oder diese selbst erlebt haben, fehlt die Fähigkeit, das, was man ihnen vorführt, beurteilen und objektiv und historisch verstehen zu können. Sie begreifen nicht, daß die Lehren des Guru, selbst wenn sie für den westlichen Gebrauch teilweise abgeändert wurden, ebenso das Ergebnis der Geisteshaltung und des Psychismus einer bestimmten Kultur – und sogar des körperlichen Temperaments eines Volkes – sind wie die Lehren einer katholischen Schule, eines streng bibelgläubigen protestantischen Colleges oder einer jüdischen oder islamischen Universität. Unterschiede in Begriffen, Symbolen, Wörtern, Praktiken und Ausbildung stehen für Unterschiede der Kultur und des Familienmilieus, der Erziehung und der gesellschaftlichen Bedingungen wie auch der biologischen und psychischen Reaktionen.

Wenn ein brahmanischer Jugendlicher einer Familie, die sich an die Tradition hält, intensiv Yoga oder Meditation zu üben beginnt, steht er (und sehr viel seltener sie) unter direkter Aufsicht. Außerdem ist die Kindheit, die den Jugendlichen auf diese Übungen vorbereitete, gänzlich von der eines Jungen oder Mädchens verschieden, die aus einer begüterten amerikanischen oder westeuropäischen Familie des Mittelstandes stammen, in der die Religion kaum eine Rolle spielt, sehr viel erlaubt ist und ständig Druck auf die zwischenmenschlichen Beziehungen ausgeübt wird, weil man täglich den Sentimentalitäten und Gewalttätigkeiten im Fernsehen und im Kino ausgesetzt ist. Das gleiche gilt für das Studium der Musik – der religiöse, kulturelle und klangliche Hintergrund eines jungen Inders unterscheidet sich stark von dem eines jungen Amerikaners oder Westeuropäers, der inmitten des unaufhörlichen Lärms, der Spannung und des raschen Wechsels von Stimmungen und Erlebnissen einer großen Stadt aufwächst.

Westliche Menschen mögen von Umweltreizen übersättigt sein und sich verständlicherweise bemühen, ihnen zu entfliehen. Doch ein Bewußtsein, das sich gegen die besonderen Lebensbedingungen auflehnt, denen es jahrelang ausgesetzt war, oder ihnen entflieht, muß sich radikal von einem Bewußtsein unterscheiden, das diese Bedingungen widerspruchslos hinnimmt. Das Bewußtsein, das die Lebensbedingungen einer Kultur annimmt, von der es geformt wurde, nimmt auch die für die Kultur typische musikalische Sprache an, die eng mit den besonderen Umständen verknüpft ist, unter denen die Kultur reifte, ja aus denen sie hervorging. In der Musik ist es mehr als in den anderen Erscheinungsformen der Kunst einer Kultur die Eigenart des kollektiven Psychismus, die eine Kommunikation ermöglicht. Die Technik und die Mittel, Klänge zu erzeugen und zu ordnen, sind nur in zweiter Linie wichtig. Der kollektive Psychismus ist das einzige Medium, durch das die Musik sprechen kann, und musikalische Kommunikation unterscheidet sich sehr vom Hörvergnügen, das ungewohnte Klänge bereiten. Neue Klänge können interessant oder vergnüglich sein, sie kitzeln vielleicht die Ohren, das Hörzentrum des Gehirns und so den Geist, doch sollte man die Faszination durch das Exotische nicht mit der Fähigkeit verwechseln, psychisch für eine Tonsprache empfänglich zu sein, die eine Botschaft – ein «Saatkorn» – der Umwandlung vermittelt.

Die erste Phase eines Umwandlungsprozesses besteht in einer

Entkonditionierung. Psychedelische Drogen entkonditionieren; mit den Mythen, Symbolen und dem Vokabular einer Kultur in Resonanz zu treten, die von der Kultur verschieden ist, die einen Menschen geistig formte, entkonditioniert ebenfalls. Doch können beide Formen der Entkonditionierung auch gefährlich sein. Psychedelische Drogen können die geistige Gesundheit zerstören, indem sie ein unvorbereitetes und ungeschütztes Bewußtsein einem Eindringen von Dingen öffnen, die in ihrer Schrecklichkeit nicht assimiliert werden können. Und nicht wenige «Morgenlandfahrten», auf denen Berührungen mit heiligen Männern zu Verwirrungen führten oder dazu, daß in einer schon teilweise entwurzelten Seele Strudel psychischer Energie aufgewühlt wurden, haben heftige Gegenreaktionen ausgelöst: Sie führten nicht selten zu einer zwanghaften Rückkehr in die engsten Formen unseres kollektiven und traditionell christlichen Psychismus.

Psychismus ist nicht Spiritualität. Spiritualität ist jenseits der Kultur, wird aber auch über die Kultur vermittelt. Um der Vorläufer einer neuen Kultur zu sein, muß man *jede* Kultur, die des Ostens wie die des Westens, hinter sich gelassen haben. Das Ziel ist nicht, Osten und Westen zu vereinen, sondern über den Psychismus der Kulturen des Ostens und Westens, des Nordens und Südens hinweg dahin zu gelangen, daß eine neue und umfassendere Erscheinung des Archetyps Mensch allmählich freigesetzt wird. In dieser Freisetzung brechen alle alten Strukturen nieder, da sich ihr beseelender Psychismus verflüchtigt hat.

Das heißt *nicht*, die orientalische Musik hätte keinen Wert, keine Bedeutung für westliche Musiker. Eine geistige wie auch psychische Entkonditionierung muß stattfinden. Der Geist muß unaufhörlich den Wert dessen in Frage stellen, was ihn seine Kultur als selbstverständlich ansehen läßt – seien es historische Fakten oder Forschungsmethoden, Interpretationen oder Kompositionen. Er muß sich außerdem auf die allumfassenden Ordnungsprinzipien einstimmen, deren Energien Geist und Materie vielleicht in die Lage versetzen, einen Zustand polarer Harmonie zu erreichen.

Diese Haltung einer positiven geistigen Einstimmung wird im nächsten Kapitel erörtert. Ich erwähne sie hier kurz, denn die

Grundfrage, die sich ein entkonditioniertes (oder ein sich entkonditionierendes) Bewußtsein schließlich stellen muß, lautet: Auf welche allumfassenden Prinzipien gilt es sich einzustimmen? Viele Musiker der Avantgarde versuchen diese Frage dadurch zu beantworten, daß sie zu etwas zurückkehren, was sie für die natürliche Beschaffenheit des Klanges halten, zu Klängen, die von Akustikern und Philosophen mit den harmonikalen Strukturen von biologischen Organismen und Bauformen der Materie in Verbindung gebracht werden. Die Begriffe «Natur», «Harmonie» und «harmonisch» beziehungsweise «harmonikal» können jedoch verschieden definiert werden. Ist die Harmonie auf der Ebene von Geist und Mensch – im archetypischen Sinn dieser Begriffe – dasselbe wie die Harmonie der Natur auf der Ebene des Lebens?

Die Generation, die in den vielen Experimenten der Musik der Avantgarde ihren Ausdruck gesucht hat, hat auch ihrer Sehnsucht nach einer Rückkehr zur Natur und zur Einfachheit Ausdruck gegeben. Einfachheit kann jedoch einerseits ein Destillat einer früheren Vielschichtigkeit sein, andererseits aber auch eine Flucht aus der Vielschichtigkeit in die Naivität des kindlichen Spiels, oder auch die Müdigkeit eines Geistes, der der eigenen Ruhelosigkeit überdrüssig ist. Die Natur, zu der man *zurück*kehren kann, ist bloß die Natur der Biosphäre der Erde – die triebhafte, biopsychische Natur, die bestenfalls flüchtige Bilder eines Urzustandes der Einheit vor der Teilung widerspiegeln kann. Religiöse Philosophien postulieren jedoch eine höhere, allumfassende, göttliche Natur, die in metaphysischer Hinsicht reine, unbedingte Bewegung ist. Das einzige Charakteristikum dieser allgegenwärtigen und endlosen Bewegung ist ihre unaufhörliche, zyklische, aus sich selbst entstehende und unparteiische Reaktion auf Disharmonie – auf jedes *Bedürfnis*.

In der Musik hat der Wunsch nach Einfachheit und die Sehnsucht, zu einem Leben zurückzukehren, das von der Erfahrung ursprünglicher Naturenergien getragen und inspiriert wird, die Form der *Minimal music* angenommen. Typisch für diese Musik ist die ständige Wiederholung einfacher Klangfolgen, die in harmonischen Verhältnissen stehen. Der deutsche Komponist Peter Michael Hamel, der ebenfalls durch Berührungen mit indischen

Gurus und Musikern tief bewegt wurde, spricht in seinem ausgezeichneten Buch *Durch Musik zum Selbst* wie folgt von der *Minimal music*:[34]

> Das Hauptcharakteristikum einer *Minimal music* ist die Wiederholung kurzer Motive, die sich fast unmerklich verändern und nur geringfügig variiert werden. Musik wird in einen Zustand ständiger Regeneration versetzt, so daß ein «andauernder und irrisierender Klang entsteht, der sich allmählich ändert, ohne daß sich seine Substanz wandelt» (Dieter Schnebel). Durch Überlagerung kleinster Figuren oder durch nichts weiter als das Aushalten eines Tones und die Hervorbringung seiner Obertöne löst sich der Unterschied von Bewegung und Statik auf, existiert in einer Art Gleichzeitigkeit. Alles geht so vor sich, als hätte das Prinzip der Wiederholungen kein anderes Ziel, als den Zuhörer zu hypnotisieren. Beim erstmaligen Hören klingt solche Musik «primitiv» und monoton, wenn man allerdings in sie hineinfallen kann, hat man die Möglichkeit zu tiefer Selbsterfahrung.
>
> Vorbilder zu diesen unendlichen Repetitionen, periodischen Formeln und ausgehaltenen Klängen sind nicht zuletzt die indische Musik, afrikanische Rhythmusfiguren und die Gamelan-Musik. Die Väter dieser neuen Musik waren Anfang der sechziger Jahre die Amerikaner Terry Riley, La Monte Young und Steve Reich, die auch heute die wichtigsten Vertreter dieser Richtung sind neben Phil Glass, Robert Moran und Frederik Rzewski. Am bekanntesten und befruchtendsten ist ohne Zweifel Terry Riley, der Musiker aller Richtungen beeinflußt hat (S. 168).

Hamel erörtert dann Werke und Ideen von La Monte Young und schreibt:

> Die Stücke von La Monte Young bestehen immer aus lang ausgehaltenen Intervall- und Akkordklängen. Die einzelnen Töne entstammen dem natürlichen Obertonspektrum, und La Monte bezeichnet sie als das «Integralvielfache» eines gemeinsamen Grundtons. Die einzelnen Mitspieler und Sänger legen

vorher fest, welche der ausgewählten Tonhöhen verwendet werden und welche Kombinationen möglich sind. «Durch Verstärkung der integralen Frequenzverhältnisse erhält man ein reiches Gefüge aus Obertönen, Bordunklängen, Differenzen und anderen kombinierten Tönen, was dem Vorführenden die Möglichkeit gibt, eine äußerst genaue Intonation zu erzielen.» (S. 174)

Die metaphysische oder mystische Absicht der *Minimal music* tritt in den beiden folgenden Zitaten noch deutlicher zutage, wobei sich das erste auf die Vorstellungen von La Monte Young bezieht, wie seine Musik aufgeführt werden sollte, das zweite auf das Ziel, das Phil Glass beim Komponieren verfolgt:

Das Stück *The Tortoise, His Dreams and Journeys* (Die Schildkröte, ihre Träume und Reisen), mit dem Young und seine Gruppe «Theatre of Eternal Music» 1964 begannen, findet im eigens dafür konzipierten «Dream House» statt. Bei anderen Stücken entfachte La Monte ein offenes Feuer, ließ Schmetterlinge in den Zuhörerraum flattern oder verteilte kleine Briefchen, in denen nur eine Quinte mit Fermate notiert war oder zu lesen stand: «Ziehe eine gerade Linie und folge ihr.»
Der erste Klang, der bei Young einen tiefen Eindruck hinterließ, war das anhaltende, leicht variierende Säuseln des Windes, das Summen von Insekten, der Widerhall aus Tälern, Seen und Ebenen. In einer Einführung schreibt er: «... und im Leben der ‹Schildkröte› ist Dröhnen der erste Klang. Das Dröhnen dauert immer an, ohne begonnen zu haben, aber es wird von Zeit zu Zeit aufgenommen, bis es als kontinuierlicher Klang im ‹Dream House› klingt, wo viele Musiker und Studenten leben und das musikalische Werk fortsetzen. Diese Häuser werden uns eine Musik ermöglichen, die nach einem Jahr, zehn Jahren, hundert oder mehr Jahren ununterbrochenen Klingens nicht nur ein lebendiger Organismus mit eigener Existenz und Tradition sein würde, sondern sogar die Fähigkeit besäße, durch eigene Kraft vorwärtszutreiben. Diese Musik könnte Tausende Jahre ohne Unterbrechung spielen...»
(S. 173, 174)

Neben Steve Reich ist es vor allem Phil Glass, der innerhalb dieser Richtung die Technik der permanenten Wiederholung mit den Tasteninstrumenten in eigener Form weiterentwickelt hat. Die vollständige Aufführung seines Zyklus *Music in 12 Parts* würde normalerweise drei Abende andauern. Einzelne Teile des Zyklus stellen jeweils einen oder mehrere Aspekte eines an sich üblichen musikalischen Ablaufs in den Vordergrund, jedoch geht die Entwicklung ungewöhnliche Wege: Sie vollzieht sich sozusagen in Zeitlupe. Eine kurze melodisch-motivische Wendung kehrt permanent wieder und produziert durch Überlappung mit ähnlichen Melodiefiguren neue daraus resultierende Muster. Glass schrieb anläßlich seiner Aufführung in West-Berlin: «Wenn feststeht, daß nichts im üblichen Sinn ‹passiert› und daß statt dessen die graduelle ‹Vermessung› musikalischen Materials die Aufmerksamkeit des Hörers herausfordern kann, mag er vielleicht eine neue Art Aufmerksamkeit entdecken, eine, in der weder Gedächtnis noch Vorwegnahme (die psychologischen Maximen der barocken, klassischen, romantischen und modernen Musik) eine Rolle in der Qualität musikalischer Wahrnehmung spielen. Es wäre zu hoffen, daß dann Musik frei von dramatischen Strukturen, als ein pures Klangmedium, als ‹Gegenwart› wahrgenommen wird.» (S. 178)

Der Drang, die Musik im «Jetzt» zu erleben, äußerte sich in der Musik der Avantgarde in einer starken Betonung der Improvisation und des Zufallsereignisses, das die aleatorische Musik preist. Die Betonung der Improvisation wirkt der autoritären Macht der Partitur entgegen, ist ein Protest gegen die Ansicht, daß die Noten die Musik *sind*, daß es Musik nur im Sinne starrer Verhältnisse zwischen den Noten und präzis angegebener Spielweisen geben könne, die von einem Komponisten ein für allemal festgelegt wurden.

Improvisation kann jedoch viele Formen annehmen. Wenn die Komponisten barocker oder romantischer Musik an der Orgel oder am Klavier improvisierten, taten sie das vermutlich innerhalb einer festgelegten, kulturell vorgegebenen Form oder in Übereinstimmung mit überlieferten Entwicklungsschemata. Die

Jazzimprovisation ist ebenfalls von starren Regeln geprägt, die die Länge der Melodiebögen, Tonart und Rhythmus vorschreiben. Neue Stile sind lediglich Veränderungen innerhalb dieser Regeln. Dennoch begann, wenigstens in der westlichen Musik, die Gruppenimprovisation mit dem Jazz.

Die Musiker der Avantgarde, deren Geist der Hauptströmung der «ernsten» Musik der Konzertsäle wie auch ihrer vor allem bürgerlichen und mittelständischen Kultur entfremdet ist, suchen häufig innere Sicherheit und Anregung in einer Gruppe ähnlich ausgerichteter Musiker. Gruppen und die Idee der Teilnahme an Gruppen beherrschen tatsächlich die New-Age-Bewegung, der viele Musiker der Avantgarde verbunden sind. Das mag trotzdem eine Äußerung der Furcht sein, als Individuum Verantwortung übernehmen zu müssen, eine Äußerung der Abgeneigtheit oder Unfähigkeit, der Quelle innerer Kraft zu vertrauen. Die Improvisation gestattet vielleicht dieser innersten Mitte, sich frei und spontan zu äußern, entweder aus reiner Freude oder auf ein starkes, vielleicht brennendes Bedürfnis in sich selbst oder in anderen hin. Diese Freiheit ist jedoch selten. Sie läßt sich vielleicht im Prozeß der Meditation finden.

Meditation wird von der Gegenkultur der sechziger und frühen siebziger Jahre gewöhnlich mit einem Nachinnenwenden eines Bewußtseins gleichgesetzt, das dem vorherrschenden, nach außen gerichteten Interesse der westlichen Zivilisation entgegenwirken will. Doch gibt es viele Arten der Meditation. Der Begriff ist mehrdeutig, und Meditation zu üben, kann verschiedene versteckte Beweggründe haben. Ein Mensch, der sich von Familie und Gesellschaft abgelehnt sieht, findet vielleicht im Gang nach innen Trost und Frieden. So mag man ernsten äußeren Schwierigkeiten entgehen, und sich für einige Zeit zurückzuziehen, kann tatsächlich eine Wohltat sein. Doch zwischen einer vorübergehenden Phase und einer fortwährenden Politik des Rückzuges besteht ein großer Unterschied. Nämlich der Unterschied zwischen:

a) einem Zeitraum der Entkonditionierung, welche ein leeres und reines geistiges Gefäß für das Niederströmen von spirituellen Kräften und «Saat-Ideen» bereitstellen soll. Es geht dabei um Samen, die, nachdem sie eine evolutionäre Mutation erlebt haben, in ihrer Bereitschaft, sich zu entwickeln, in die Zukunft gerichtet sind.

b) einer lang andauernden oder sogar ständigen *frommen* Beschäftigung mit der überlieferten Anschauungsweise einer im wesentlichen fremden Kultur.

Meditation ist besonders wertvoll, wenn zwei Ergebnisse angestrebt und zumindest teilweise erreicht werden. Die erste Absicht des Rückzugs auf sich selbst sollte darin bestehen, die eigene Lebensrichtung (wenn nicht sogar ein fest umrissenes Ziel) und die eigene Stärke und Spannkraft als Individuum besser kennenzulernen. Die zweite – die ebenso wichtig, ja oft noch wichtiger ist – besteht darin, einen Überblick, ein objektives, historisches Verständnis des Wesens und der Möglichkeiten der eigenen Lebenssituation zu erhalten. So entsteht vielleicht das Bedürfnis, eine bedeutsame Entscheidung zu treffen: sich zwischen dem Rückzug auf eine relativ isolierte individuelle Mitte und der Bereitschaft zu entscheiden, ein Mittler zu werden, *durch* den sich eine schöpferische Kraft manifestieren kann: ein Mittler vielleicht unter vielen, ein demütiger, unvollkommener Mittler, der sich dennoch über alle vergangenen oder gegenwärtigen kulturellen Ausschließlichkeiten und Formen des Stolzes hinweg dem Dienst an der Menschheit zuwendet.

Die *Minimal music* ist (wenigstens in ihrem mehr populären Aspekt) Meditationsmusik. Sie kann Menschen stark anziehen, die wegen ihrer psychischen Komplexe verspannt sind oder von den ständigen Erschütterungen durch eine Gesellschaft mitgenommen sind, die heuchlerisch den kollektiven Idealen des Konkurrenzkampfes huldigt sowie einem auf den Kopf gestellten Rechtssystem und den verpflichtenden Vorbildern rasend schnell wechselnder Moden des Denkens, Fühlens und Verhaltens. Die sich wiederholenden Muster der Meditationsmusik können gespannte Nerven beruhigen und zu quasi hypnotischen Zuständen führen, in denen der Geist still wird wie ein See, in dem sich der Himmel spiegelt.

Die archaische Magie verwendete die Wiederholung und spiegelte so den Entstehungsprozeß des Kosmos wider. Allen materiellen Strukturen wohnt eine starke Trägheit inne, und am Anfang des Universums muß die undifferenzierte Materie des

Chaos über lange Zeiträume hinweg durch das wiederholte Einwirken von Kräften, deren einheitlicher Aspekt der des schöpferischen Geistes ist, in spiralige kosmische Bewegung versetzt werden. Das Wirken des Geistes besteht in ungeheuer vielen Wiederholungen (weshalb der Geist auch durch den Hammer Thors, die wirbelnde Swastika symbolisiert wurde). Der Geist kann aber zerstörerische wie auch aufbauende Zwecke verfolgen. Die Art des Zweckes wird vom Wesen des (geistigen, psychischen, physischen) Materials bestimmt, auf das der Geist einwirkt. Je gröber das Material, je mehr es sich einer Veränderung widersetzt, desto primitiver und langdauernder der Prozeß der Wiederholung. Man muß viel hämmern, will man einen Metallgong von höchster Resonanz hervorbringen, eine Angewohnheit des Verstandes oder des Gefühls ändern, an der man lange festhielt, oder den psychischen Einfluß eines Ego brechen, das sich auf Unsicherheit, Enttäuschung und Furcht gründet.

Will man also die Werke der musikalischen Avantgarde von heute objektiv und sachlich beurteilen, muß man ebenso objektiv und sachlich die allgemeine gesellschaftliche, kulturelle und psychische Lage betrachten, die zu dieser Musik führte. Musiker, die der Tradition gemäß ausgebildet wurden, und Musikliebhaber, die sich gewohnheitsmäßig das Repertoire der Musik der Konzertsäle anhören, geben vielleicht ein vom Gefühl diktiertes, gänzlich negatives Urteil über diese vereinfachende, grundsätzlich konsonante und friedliche Musik ab – wie sie auch die Gamelan-Musik Balis und Javas mit ihrem breiten Fluß rieselnder Klänge ähnlich beurteilen würden. Man sollte sich jedoch fragen, welches tiefe kollektive Bedürfnis die *Minimal music* oder die Meditationsmusik befriedigt.

Junge europäische oder amerikanische Komponisten wollen das Bedürfnis ihrer verkrampften Kultur nach psychischer Entspannung und innerer Ruhe (wirklicher Frieden ist schwerer herbeizurufen!) befriedigen. Um einen Ausgleich für das öde, gewöhnlich spirituell leere alltägliche Leben im Beruf wie zu Hause zu finden, haben sie sich dem Exotischen, Faszinierenden zugewandt. Sie versuchen, eine Musik nach innen zu wenden, die zu sehr nach außen ging, die zu komplex und mit der Schule Schönbergs zu intellektuell und formalistisch geworden war.

Zweifellos eine Absicht, die der Mühe wert ist, und so läßt sich auch positiv über diese Art von Musik urteilen. Ist aber diese musikalische Antwort auf Bedürfnisse der Gegenwart eine feste Grundlage für eine Musik der Zukunft? Ist sie nicht bloß ein weiterer Aspekt des Prozesses der Entkonditionierung? Muß man nicht einen Schritt weiter gehen? Und können wir die Grundlage für diesen zukünftigen Schritt nicht heute legen?

Eine weitere Frage, die zur Musik der Avantgarde gestellt werden muß, betrifft die Klänge, die sie tatsächlich verwendet (wobei man aber berücksichtigen muß, welche Mittel zur Hervorbringung von Klängen den jungen Komponisten praktisch erreichbar sind).

Diese Klänge sind gewöhnlich zu banal und kraftlos, um eine reiche, bewegende Erfahrung sinnerfüllten und intensiven Lebens vermitteln zu können. Sie scheinen psychisch leer, vor allem, wenn sie von elektrischen Stromkreisen – Erzeugnissen intellektueller und technischer Geschicklichkeit – erzeugt, verstärkt, gemischt und verzerrt wurden. Die komplexen Resonanzen von Instrumenten, die oft aus Substanzen gefertigt sind, die einmal gelebt haben, unterscheiden sich stark von mathematisch gemessenen, synthetisierten Klängen. Die Theorie von den Obertönen als den Bestandteilen der Klänge der Instrumente und Stimmen, auf die sich das Synthetisieren von Klängen gründet, ist das Ergebnis der analytischen Kraft des Intellekts. Komponisten der Avantgarde, die oft von orientalischen Traditionen fasziniert sind, welche auf einer mythischen, nicht wissenschaftlichen Geisteshaltung beruhen, halten andererseits die Verwendung der Erzeugnisse einer wissenschaftlichen Technologie für nützlich und bemerken den Widerspruch nicht. Bei ihren Versuchen, ursprüngliche Klänge und Klangkombinationen zu entdecken – und dem zunehmend unlösbaren Problem auszuweichen, ihre Werke von ausgebildeten, gewerkschaftlich organisierten Musikern aufführen zu lassen – setzen andere Komponisten, die um jeden Preis Neuerer sein wollen, nicht zueinander passende und alltägliche Mittel der Schallerzeugung ein, zum Beispiel Weingläser. Die Spieler schlagen diese an, trinken aus ihnen, um die Tonhöhen zu verändern, schlagen sie dann wieder an.

Es gibt natürlich, oberflächlich betrachtet, keinen logischen

Grund, warum Töpfe und Pfannen, Metallrohre und andere klingende Objekte nicht zur Schallerzeugung verwendet werden sollten. Doch die Energien einer wahren Transformation können nicht durch Vorgänge freigesetzt werden, welche sakromagische Rituale nachahmen, als Instrumente aber Dinge verwenden, die ihrem Wesen nach grundsätzlich profan und alltäglich sind. Für die Musiker alter Zeiten waren Instrumente wie die Vinā, die tibetische Trompete oder die großen javanischen Gongs die Körper von Göttern. Sie wurden mit großer Sammlung und Hingabe für einen religiösen oder sakromagischen Zweck gebaut. Die Instrumentenbauer flößten ihnen den Psychismus ein, der ihre Kultur beseelte. Heiliges und Magisches sind heute allerdings bloß noch intellektuelle Begriffe, die in einem alltäglichen, vulgären Kontext Verwendung finden. Klangquellen werden wegen der «ungewöhnlichen» Wirkungen ihrer Schwingungen, aus praktischen Gründen und einer gesellschaftlichen Mode zuliebe ausgewählt, damit man nicht für einen unkreativen Tropf gehalten wird.

Elektronische Synthesizer und Bandgeräte sind höchst praktisch, da sie den Komponisten gestatten, ganz als Individuen tätig zu sein, die ihre Materie völlig beherrschen, und die so vor allem wirklich *hören* können, was sie komponiert haben, und das anderen zugänglich machen können. Das ist sehr wichtig in einer Zeit, in der die Zahl technisch bewanderter Komponisten stark zugenommen hat und die moderne Musik, die schwer zu spielen ist, nur von wenigen ausgezeichneten Orchestern erfolgreich aufgeführt werden kann. So ermöglichen die neuen wissenschaftlich konstruierten und quantitativ funktionierenden Instrumente theoretisch und praktisch eine Individualisierung der Musik. Doch die Individuen, die in der westlichen Gesellschaft tätig sind – in der der Kult des Individuums offiziell etwas gilt und hoch gepriesen wird –, werden von rasch wechselnden Moden beeinflußt, von Stimmungen, die von den Medien fabriziert werden. Die Individuen verlieren die Freiheit, weil sie sich einem kollektiven Druck beugen, den nur wenige Künstler als belanglos abtun können.

Das Motiv des Praktischen erreicht seinen Höhepunkt in der *Conceptual music*. Der «Komponist» schreibt einfach eine Reihe von Aktionen nieder, die von einer Gruppe von Menschen aufgeführt werden, welche Klänge hervorbringen und auf sie reagieren sollen. Was die Klänge wirklich bedeuten, ist dabei nebensächlich. Die «Musik», von der man einst glaubte, sie sei *in den Noten*, verdichtet sich nun in der Aufführung – im Erleben einer Reihe von Gesten und Klängen, für die der Komponist kaum noch verantwortlich ist.

Der vorgeschriebene Handlungsablauf ist oft absichtlich lächerlich, ja absurd. Leider wurde eine Anzahl von Komponisten der Avantgarde vom bilderstürmenden Geist des Dadaismus beeinflußt, der allerdings ein Teil des Dekonditionierungsprozesses ist. Ironie, Sarkasmus und Ulk werden schon lange eingesetzt, um die unerschütterliche Unbeweglichkeit und Trägheit der mittelständischen Gesellschaft anzugreifen. Der französische Komponist Erik Satie war zu Beginn dieses Jahrhunderts der Pionier dieser Art von Musik. Diese Haltung wurde dann auch von vielen Malern und Schriftstellern übernommen. Werden solche abbauenden geistigen Richtungen Mode, befindet sich die Kultur, die ihnen Beifall spendet, in einem Zustand der Auflösung und wird pöbelhaft. (Der Reduktionismus der Psychoanalyse, der Symbolen und Mythen der Kultur die Bedeutung nimmt und das Alltägliche in Leben und Heldentaten großer Menschen betont, ist stark an dieser Auflösung beteiligt.) Die Auflösung ist unvermeidlich, sobald der kollektive Psychismus eines Kulturganzen die Fähigkeit verliert, die Wirksamkeit seiner archetypischen Beziehungen aufrechtzuerhalten, die zwischen den Menschen, den Klassen oder auch zwischen den Noten und den Ordnungsprinzipien der Musik bestehen.

Die Auflösung kann jedoch zu einer Polarisierung führen und den nötigen Hintergrund für die Visionen und Anstrengungen schöpferischer Individuen abgeben, die den Prozeß von Tod und Wiedergeburt persönlich erlebt haben und fähig sind, die evolutionären Möglichkeiten einer Kultur wenigstens zum Teil zusammenzufassen. In der musikalischen Avantgarde arbeiten solche Individuen; andere arbeiten in der Hauptströmung der klassischen europäischen Tradition und versuchen, das überlieferte Material in einen so hohen Zustand der Spannung und inneren Hitze zu bringen, daß es aufbricht und die Saat einer Musik freisetzt, die vielleicht durch die Auflösung hindurch und über sie hinaus eine Wiedergeburt bewirkt.

Die Erweiterung der «klassischen» Musik Europas

Der abendländische Geist ist durch einen ruhelosen, unerbittlichen Drang gekennzeichnet, einen pluralistischen, universalen Zustand zu erreichen. Eine pluralistische Weltanschauung führt in der Gesellschaft zur Verherrlichung des Individuellen und in der Wissenschaft zur Vorstellung von Atomen, die nicht weiter reduzierbar sind. Atome sind eigentlich Abstraktionen, denn wir schließen lediglich aus der Wirkung von Energien, als deren Quelle wir die Atome ansehen, auf ihre Existenz. Das musikalische Analogon zum Atom ist die Note – ein abstraktes Ding, betrachtet man sie als Bestandteil einer Partitur. Im Gesellschaftlich-Politischen ist ein «Bürger», der das nicht weiter reduzierbare Recht hat, auf seine Anwesenheit quantitativ durch die Stimmenabgabe bei einer Wahl aufmerksam zu machen, ebenfalls eine Abstraktion. Ich sage «seine», denn das kann auch ein Neutrum sein, da das Geschlecht theoretisch unberücksichtigt bleibt, ebenso rassische Herkunft, Gesellschaftsklasse, Religion oder andere Eigenschaften oder Umstände.

In einer Gesellschaft, die sich auf Zahl und Form (in der abstrakten, geometrischen Bedeutung des Wortes) gründet, braucht man als Grundeinheiten Personen, die durch nichts geprägt sind. Diese Gesellschaft ist vor allem intellektuell ausgerichtet. Ihr Anspruch auf Allgemeingültigkeit ist ein geistiger Universalismus, der abstrakte Beziehungen betont, welche eher von Zahlen als von Menschen, eher von formalen Ordnungen als von substantieller Eigenart und Lebensart der Einheiten bestimmt sind, die in eine Ordnung gebracht werden. So wird in der Musik die quantitative Beziehung zwischen abstrakten Dingen – den Noten – sehr viel mehr betont als die Resonanz der Töne (die Qualität der Schwingungsenergie). Die Lebendigkeit eines Tones hängt von dem ab, *was* den hörbaren Klang hervorbringt, *wie* er erzeugt wird, *von wem*, *für wen*, *wann* und *wo*.

Kann die Musik eine universale Sprache sein, wenn bei der

Erzeugung von Tönen, die der Kommunikation dienen, derartig konkrete Faktoren auftreten, die als Elemente nicht weiter zu reduzieren sind? Musik, die eng mit einer Kultur verbunden ist, kann keine universale Sprache sein; ihre Bedeutung kann nur den Menschen vermittelt werden, die vom kollektiven Psychismus der jeweiligen Kultur durchdrungen sind. Will eine Sprache (Musik) Universalsprache sein, muß sie abstrakt sein (das heißt, auf Beziehungen der Zahl und Form beruhen), oder der Begriff *universal* darf nur auf den überkulturellen oder omnikulturellen Daseins- und Erfahrungsbereich angewendet werden, der mit dem Begriff *Homo sapiens* verknüpft ist. Die Gattung Mensch ist noch immer ein besonderer Daseins- und Erfahrungsbereich; ihre Universalität ist nur *relativ*.

Diese relative Universalität ist auch im pythagoreischen Begriff der Sphärenmusik impliziert, da man sich diese Sphären als konzentrische Raumbereiche vorstellte, die die Erde umgeben. Für den griechischen Geist war jedoch der archetypische MENSCH *(Anthropos)* wirklich die Mitte. So sollten wir von der Musik des MENSCHEN sprechen *(anthropotonische* Musik?). In China aber war die Mitte der Musik ein Grundton, den man für den Ton der Erde ansah. In anderen Kulturen war es der Ton der Erdmutter, der Natur. Im Mittelalter wurde das Universum eindrucksvoll als Reihe konzentrischer Räume dargestellt, in deren Mitte Gott, eine Quelle des Lichtes und der Schöpferkraft, thronte (die himmlische Rose, die Dante schaute und die Gustave Doré zeichnete).

Für die rationalistischen europäischen Menschen des siebzehnten und achtzehnten Jahrhunderts hatte die Idee der Universalität einen abstrakten, algebraischen Charakter, der vom intellektuellen und individualistischen religiösen Geist des Protestantismus kaum verhüllt wurde. Der Drang nach Universalität hatte den sakromagischen (oder mythischen) Charakter, den er im Mittelalter (und während der Kreuzzüge) zeigte, verloren (oder transzendiert, wie manche sagen). Im neunzehnten Jahrhundert versuchte jedoch die Romantik zur theozentrischen Schau des katholischen Mittelalters zurückzukehren, wenn auch auf eine neue, persönlich gestaltete Art. Sie versuchte, eine Religion der Menschheit wachzurufen, die über die kulturelle Ausschließlichkeit des klassischen europäischen Geistes hinausführen sollte.

Mit Beethovens neunter Symphonie begann eine neue Phase europäischer Musik, die von dieser romantisch universalen Vision einer geeinten Menschheit beseelt war. Die Lösung der Musik von der Kultur, von Europa, begann mit einem (weitgehend eher unbewußten als bewußten) Versuch, eine Musik zu schaffen, die *zugleich* persönlich gestaltet und universal sein sollte. Jene Epoche endete mit Gustav Mahlers letzten Symphonien. Sie erreichte ihren Höhepunkt an theatralischer Großartigkeit und germanischer Großsprecherei in seiner achten Symphonie (der «Symphonie der Tausend») und endete mit dem sehr bewegenden und tragischen letzten Satz seiner neunten Symphonie, die aufgeführt wurde, als die Balkankriege eben begannen – das Vorspiel zum Ersten Weltkrieg und der Auflösung der alten europäischen Kultur. Im August 1906 schrieb Mahler in einem Brief an den Dirigenten Willem Mengelberg: «Ich habe eben meine VIII. vollendet – es ist das Größte, was ich bis jetzt gemacht. Und so eigenartig in Inhalt und Form, daß sich darüber gar nicht schreiben läßt. – Denken Sie sich, daß das Universum zu tönen und zu klingen beginnt. Es sind nicht mehr menschliche Stimmen, sondern Planeten und Sonnen, welche kreisen.»[35]

Zur gleichen Zeit leiteten in Frankreich Claude Debussy, Maurice Ravel und Paul Dukas – in dessen Orchestrierung der symbolistischen Oper *Ariane et Barbe-Bleue* (1907) sich der Glanz und die außergewöhnliche Klangfülle des Orchesters der Werke von Olivier Messiaen und Krzysztof Penderecki ankündigt – und in Wien Arnold Schönberg mit seinen *Fünf Orchesterstücken* eine neue Epoche der Entwicklung von «Tonfarbe» und «Orchesterfarbe» ein. Der Begriff *Farbe* ist allerdings irreführend, da sich hinter ihm eine große Veränderung verbirgt, die sich im Verlauf eines Jahrhunderts vollzog. Er steht oberflächlich für die Entwicklung eines tiefen, intuitiven Gefühls der Notwendigkeit, eine Klangfülle zu erleben, die wenigstens etwas von der Intensität und Kraft kosmischer Töne widerzuspiegeln vermag. Es sollte dies eine Klangfülle sein, die von den Schwingungen von Instrumenten erzeugt wird, welche mit der Einwirkung eines schöpferischen Geistes in Resonanz sind – eines Geistes, der darauf abzielt, das menschliche Bewußtsein zu erneuern und vielleicht sogar die Materie der menschlichen Körper und der Erde umzuwandeln.

Nach 1910, kurz vor Ausbruch des Ersten Weltkrieges, leiteten vier nach Charakter und Herkunft grundverschiedene Komponisten (deren Nachnamen alle mit S beginnen) eine Epoche auflösender, aber auch umwandelnder musikalischer Aktivitäten ein. Alexander Skrjabin setzte einen Prozeß der Aufhebung der *Tonalität und Kulturgebundenheit* der europäischen Musik in Gang, indem er in alte Formen und alte Instrumente die alles auflösende Kraft seines mystischen Bewußtseins fließen ließ. Ihn ließ die Möglichkeit nicht ruhen, Musik und Rituale als geheiligte Mittel einzusetzen, das Ego zu transzendieren und Zustände ekstatischer Einheit wachzurufen. Die Unmöglichkeit, diesen Traum zu verwirklichen, kann der wahre Grund für seinen plötzlichen, frühen Tod gewesen sein. Er wies aber einen Weg, der (recht verstanden) spirituell und technisch zu einem neuen Gefühl der Tonresonanz und einer neuen Auffassung führt, wie aus komplexen harmonischen Strukturen Musik entwickelt werden kann.

Igor Strawinsky (auch ein Russe, doch ein ganz anderes Temperament als Skrjabin) löste mit seinem *Sacre du Printemps* Bestürzung im europäischen Kultur- und Geldadel aus, indem er die Kraft primitiver, magischer Rituale mit Hilfe erbarmungslos wiederholter ungestümer Rhythmen und Dissonanzen freisetzte, die man in Europa noch nie gehört hatte. Die berühmte Uraufführung des *Sacre* war tatsächlich ein Vorbote des Krieges, welcher ebenso einen Adel erschütterte, den man dazu erzogen hatte zu glauben, der «Fortschritt» der Menschheit aus der Barbarei zur Zivilisation verlaufe geradlinig und sei unendlich. *Le Sacre* stand zweifellos am Ende einer Epoche und zeigte das erneute Auftauchen der bis dahin allerdings noch nicht verwirklichten Möglichkeit, den Klang sakromagisch einzusetzen.

Nach 1900 wurde in Paris der sonderbare Erik Satie, der alle Konventionen der etablierten Musikwelt verulkte, zum Vorboten der Geisteshaltung des Dadaismus. So war er auch der Vorläufer dieses Aspekts der avantgardistischen Bewegung, die fünfzig Jahre später entstand. In seiner frühen Zeit (vor oder um

1890) war Satie vielleicht der erste Musiker, dem es ungehemmtes Vergnügen bereitete, schöne Akkorde, die nicht tonal aufeinander bezogen waren, einfach aus schierer Freude an ihrer Klangfülle ertönen zu lassen.

Arnold Schönberg schlug als junger Mann, von Gustav Mahler bestärkt, in seinen Kompositionen den Weg intensiven Gefühlsüberschwanges ein, der mit *Tristan und Isolde* begonnen hatte. Auf die Atmosphäre der Auflösung und inneren Verzweiflung, die über den letzten Tagen von Österreich-Ungarn lag, reagierte er so, daß er zunehmend atonale, dissonante und expressionistische Werke komponierte. Vielleicht von einem seelischen und auch intellektuellen Bedürfnis nach Ordnung getrieben, entwickelte er sein berühmtes Zwölftonsystem, das lange Zeit die Musik des zwanzigsten Jahrhunderts sowohl direkt wie auch über Anton von Weberns serielle und punktuelle Werke beherrschte.

Während die Komponisten Mitteleuropas Bedeutendes zum Expressionismus beitrugen – der in unserem Jahrhundert das ist, was im letzten die Romantik war – und vor allem besonders neuartige Orchestertechniken entwickelten (ein Beispiel sind Schönbergs *Fünf Orchesterstücke*), war der in Frankreich geborene Edgard Varèse in der Mitte des Jahrhunderts der Komponist, der meiner Meinung nach am stärksten in die Zukunft wies. Sein berühmter Ausspruch «Musik muß klingen!» schockierte die musikalische Welt der zwanziger Jahre. Er machte auf die Notwendigkeit einer Musik aufmerksam, die frei von intellektuellen Abstraktionen, frei von Formalismus und dem engen Kastengeist der Berufskünstler der europäischen Tradition sein sollte.

Varèses Musik ist nicht angenehm für die Ohren; sie ist auch kein Produkt einer spirituell ausgerichteten Philosophie, da Varèse vom wissenschaftlichen und technologischen Materialismus seiner Epoche durchdrungen war. Er konnte das Mystische der Musik Skrjabins nicht ausstehen, und *Prométhée* hielt er musikalisch für einen vollkommenen Fehlschlag. Er bestritt jede innere Verwandtschaft mit dem Futurismus des italienischen Dichters Emilio Marinetti, der sich gegen die Kultur richtete (und der kurz vor dem Ersten Weltkrieg aufgeflackert war), und vor allem wollte er nichts mit den Dadaisten der zwanziger Jahre zu tun haben. Um sich von ihnen abzugrenzen, stellte er mit Recht fest, es ginge ihm nicht um ein Niederreißen, sondern um das Finden neuer Möglichkeiten des Komponierens mit Klängen, die außerhalb des temperierten Systems lägen und die auf den gegenwärtigen Instrumenten nicht zu spielen seien. In dieser Suche war er nicht allein, auch wenn er nicht dem anspruchsvollen Beispiel des amerikanischen Komponisten Harry Partch folgte, der sich seine eigenen Instrumente baute und die unterschiedlichsten Skalen verwendete. Er schloß sich auch denen nicht an, die mit Vierteltönen oder noch kleineren Intervallen komponierten. Als Komponist hielt sich Varèse an die Praxis, nahm, was verfügbar war, hieß aber die elektronischen Instrumente Leo Theremins willkommen und kündigte das Kommen der elektronischen Musik an.

Ein Auszug aus einem Vortrag, den Varèse in den dreißiger Jahren hielt, zeigt deutlich, daß sein Hauptinteresse dem «Imagineering» (eine Verbindung der Begriffe *«imagination»* und *«engineering»*) einer zukünftigen Musik galt:[36]

> Befreiung vom willkürlichen, lähmenden temperierten System; die Möglichkeit, jede Art von Unterteilung der Oktave zu erhalten, folglich die Bildung jeder gewünschten Skala, ungeahnter Umfang der tiefen wie hohen Lagen, neue harmonische Herrlichkeiten, die durch eine Verwendung kleinster harmonischer Verbindungen erreicht werden können, welche jetzt noch unmöglich sind, die Möglichkeit, Klangfarben, Klangverbindungen, Lautstärke auf die verschiedensten Weisen zu behandeln, die weit über das gegenwärtige Orchester mit seiner Menschenkraft hinausgehen; das Gefühl, in den Raum geschleudert zu werden, und zwar mit Hilfe von Klangquellen an vielen Stellen des Saales, durch Gegenrhythmen, die sich nicht aufeinander beziehen, aber gleichzeitig ausgeführt werden, da die Maschine in der Lage sein wird, jede gewünschte Anzahl von Noten, von Unterteilungen dieser Noten zu schlagen, Bruchteile von ihnen auszulassen, alles in einer bestimmten Maß- oder Zeiteinheit, was Menschen nicht möglich wäre.

Ein weiterer Ausspruch Varèses, «Ich glaube an die Verwandlung der Klänge in Musik», ist zwar durchaus zu begrüßen, sagt aber nichts über die *Qualität* der Klänge und auch nichts über die Botschaft der Musik. Varèse war nicht nur ein typischer Europäer, sondern auch ein typischer Stadtmensch. Seine Musik ist grell und hart, ein Ausdruck des Lebens in den großen Städten unserer technologischen Gesellschaft. Sie stieß jedoch die Tür zu einer Musik der Zukunft auf, die im Gegensatz zu Mahlers achter Symphonie wahrhaft kosmisch sein wird, während Mahlers Musik noch ganz und gar im Geist und in den Formen der abendländischen Kultur wurzelt. Diese zukünftige Musik muß aber erst noch komponiert werden.

Varèse war nicht wie der Strawinsky des *Le Sacre du Printemps* ein Neoprimitiver, der sich innerlich vor dem fürchtete, was er entfesselt hatte, und dazu tendierte, sich in die geistige Sicherheit des Neoklassizismus zurückzuziehen. Varèse sah in der «Rückkehr zu Bach», die lange Zeit Mode war, eine bequeme Haltung, ein «sich in Betten legen, die seit Jahrhunderten gemacht sind», eine «Tradition, die auf die Ebene schlechter Angewohnheiten heruntergekommen ist».[37] Er würde die Bewegung der *Minimal music*, die indisch und tibetisch beeinflußt ist, vermutlich ebenso als «bequeme» Haltung gerügt haben, als Flucht aus der Wirklichkeit der modernen Welt in den Mystizismus alter Kulturen. Er war wahrhaft zukunftsorientiert, und wenn er auch gewillt war, zeitgenössische Instrumente zu verwenden, so ging er dabei doch bis an deren Grenzen.

Nach ihm verfolgten Olivier Messiaen, Krzysztof Penderecki, Pierre Boulez und andere Komponisten der Hauptströmung (der Musik der Konzertsäle) das, was er und Strawinsky begonnen hatten, bis zu dem Punkt weiter, an dem jetzt etwas radikal anderes geschehen muß – oder der ganze Bereich schöpferischer Orchestermusik muß zusammenbrechen. Möglich, daß aus der avantgardistischen Bewegung einige Komponisten hervorgehen, die, einer vom Orient beeinflußten Einfachheit überdrüssig, eine neue Klangfülle des Orchesters schaffen werden. *Gestalt*, ein neues Werk von Peter Michael Hamel, mag in diese Richtung weisen. Ihre Entwicklung erfordert nicht nur eine Umwandlung bis jetzt noch nicht verwendeter Klänge in Musik, sondern auch eine Wandlung der Musik selbst. Das kann nur in einer verwandelten Gesellschaft geschehen – in einer neuen Kultur, die auf neuen Symbolen beruht, die von neuen Mythen und einer Wiedergeburt des Heiligen beseelt ist. Elektronische Instrumente und Computer können nicht aus sich heraus eine neue, wahrhaft schöpferische Bewegung in der Musik hervorrufen, ebensowenig wie der Aufstieg einer neuen Gesellschaftsklasse etwa in Sowjetrußland oder in China eine wahrhaft neue und radikal umgewandelte Kultur schaffen kann. Die Menschheit muß als Ganzes die Fähigkeit entwickeln, mit der Herabkunft eines neuen Geistes in Resonanz zu sein – eines Geistes der Ganzheitlichkeit in schöpferischer Freiheit.

Wir können vielleicht nicht wissen, welche Form dieser Geist annehmen wird. Wir können seine Ankunft aber nur möglich machen, wenn wir neue Ordnungsprinzipien entdecken, die von den Traditionen und Gewohnheiten der abendländischen Vergangenheit zur Zeit noch in den Hintergrund gedrängt werden. Diese Vergangenheit hat noch immer auf beiden Seiten des Atlantiks die Geister der meisten Komponisten, Musiker und vor allem Musiklehrer in ihrer Gewalt. Und wir dürfen nicht vergessen, daß man auch in der Gewalt dessen stehen kann, was man emotionell und rebellisch ablehnt – wie man auch von dem beherrscht wird, was man passiv annimmt oder in neuem Gewand weiterführt. Die Menschheit muß sich heute im wesentlichen geistig erneuern, indem sie in Resonanz zur Freisetzung einer neuen kosmischen und planetarischen spirituellen Kraft schwingt.

11. DISSONANTE HARMONIE, PLEROMA DES KLANGES UND DAS PRINZIP DER HOLISTISCHEN RESONANZ

Jede Gesellschaft oder jedes Kunstwerk (eine musikalische Komposition, ein Gemälde, ein Gebäude, ein Gedicht und so weiter) ist ein komplexes Ganzes, das aus vielen Teilen oder Einheiten komponiert ist. Es kommt eigentlich nicht darauf an, ob diese Einheiten nun Menschen, Noten, Farbflächen oder Wörter sind. Auf die Art der gliedernden Ordnung kommt es an, die aus den Einheiten ein Ganzes entstehen läßt. Es gibt zwei Grundformen der Ordnung. Im Bereich gesellschaftlicher Ordnung habe ich sie die Stammesordnung und die Kameradschaftsordnung genannt. In der Musik entspricht ihnen das, was ich konsonante und dissonante Ordnung genannt habe.

Die Stammesordnung beruht auf biologischer Verwandtschaft, auf der Abstammung einer Gemeinschaft von gemeinsamen Vorfahren sowie auf gleicher Umwelt, Kultur, Religion und Lebensweise. Das ist die natürlichste und am leichtesten zu definierende Art der Beziehung. Die Quelle, die der Stammesgemeinschaft das Gefühl der Einheit gibt – eine zwingende, quasi instinktive Gefühlserkenntnis –, liegt nach allgemeinem Verständnis in der Vergangenheit, und alle Stammesangehörigen sind seelisch-geistig von ihrem angestammten Land abhängig. Sie projizieren das Gefühl der Einheit, das sie nie in Frage stellen, auf einen Stammesgott, dem sie persönliche Attribute verleihen und von dem sie sicher sind, daß sie mit ihm Verbindung aufnehmen können, vor allem über Schamanen, Propheten, Orakel und schließlich über die Institution einer Priesterschaft.

In der Musik wird diese Art der Ordnung von der harmonikalen Reihe von Grundton und Obertönen verkörpert. Jede Oktave der Reihe symbolisiert eine Generation des Volkes. Das Eine wird zu vielen Tönen und gleicht Abrahams Samen, für dessen Vermehrung in eine riesige Nachkommenschaft sich der Stammesgott verbürgt. Oktaven von Obertönen werden zur Grundlage der vielen Modi einer konsonanten und natürlichen Musik, die auf den Lebensprozessen gründet. Die Modi lassen über sakromagische Töne eine Art von Bewußtsein entstehen, das tief und zwingend im Biologischen wurzelt.

Die Kameradschaftsordnung beginnt mit einer Vielzahl unterschiedlich gewordener Individuen und hat die Einheit zum Ziel. Dieses Ziel ist schwer zu erreichen und verweist auf einen zukünftigen Zustand, der erst im Werden ist. Soll dieser Zustand der Einheit (eigentlich Multi-Einheit) erreicht werden, muß sich eine nur dem Menschen gegebene Eigenschaft – nämlich Erkenntnis – entwickeln, und zwar durch mentale Prozesse. Während die Kameradschaftsordnung also auf dem Willen zur Einheit beruht – Einheit als Ziel, das über Erkenntnis bewußt erreicht wird –, erfordert sie geistige Tätigkeit.

Der Geist wirkt aber auf verschiedenen Daseinsebenen auf unterschiedliche Weise. Auf der biologischen Ebene ist der Geist, wie schon gesagt, der Diener des Lebens. Es handelt sich hier um einen instinktiven Geist, dessen Aufgabe darin besteht, die optimalen Bedingungen für die Erhaltung und Ausdehnung einer biologischen Gattung ausfindig zu machen. Gefühle, Emotionen und Stimmungen sind (sozusagen) Obertöne des Biologischen. Obwohl sie schließlich differenziert und persönlich werden, können sie doch auf ihre biologischen Wurzeln zurückverfolgt werden, auch wenn man sie nicht gänzlich auf diese reduzieren sollte. Diese «Obertöne» werden auf der Ebene des biopsychischen Geistes wirksam, der die Persönlichkeiten der Stammesangehörigen unterscheidbar macht, aber weiter der Diener des Lebens bleibt. Er kreist um zwei Pole: einmal um den der zwanghaften, sich wiederholenden Bewahrung zweckmäßiger Tätigkeiten, die darauf abzielen, einen ursprünglichen Seinsimpuls fortbestehen zu lassen, und zum anderen um den, einen Prototyp, eine ursprüngliche Form, unverändert zu bewahren.

Der Geist, der auf der Ebene der Stammesordnung wirkt, ist daher auf die Vergangenheit gerichtet. Wenn es dem Geist jedoch vor allem darum geht, die Probleme der Umwandlung und Verbesserung der Bedingungen zu lösen, denen eine bestimmte Person ausgesetzt ist, welche sich aufgrund ihrer «Besonderheit» von der Gemeinschaft getrennt fühlt und ihre eigenen Interessen und Bedürfnisse hat, so individualisiert er sich. Er vergißt die gemeinsame Vergangenheit des Stammes oder verliert das Interesse an ihr, weil er sich darauf konzentriert, Probleme der persönlichen Gegenwart zu lösen. Diese Probleme – wie man sich zum Beispiel schützen oder aus einer bestimmten Lage Nutzen ziehen kann – sind technische Probleme, das heißt, sie machen die individuelle Erfindung und Anwendung neuer Techniken erforderlich. Obwohl sich der Geist auf diese Weise weiter individualisiert, ist es trotzdem noch lebenswichtig, in einer Gesellschaft zu leben, da biologische Bedürfnisse und emotionelles Streben nach Macht und Wohlergehen befriedigt werden müssen. Doch ist der Geist in diesem Zustand vor allem und oft ausschließlich mit seinem eigenen Interesse und den Methoden beschäftigt, diesem zu genügen.

Schließlich beginnt ein neuer Geist zu wirken, der «Geist der Ganzheit». Trennende Egozentrik und die gesellschaftlichen und intellektuellen Methoden, Macht über äußere Dinge und Menschen zu erlangen, sich körperliches oder seelisches Wohlergehen zu verschaffen, erweisen sich als schädlich. Die Prinzipien, die die Grundlage der Kameradschaftsordnung bilden, beginnen das Bewußtsein der Individuen zu polarisieren, die, der Krisen und Tragödien zwar überdrüssig, sich dennoch an ihre eigenen Interessen und den Drang nach persönlicher und gesellschaftlicher Macht klammern.

Bis dahin wurden diese Prinzipien – sicher schon viele Male – zwar von erleuchteten Menschen dargelegt und zu Idealen erhoben, die man verherrlichte – aber es richtete sich so gut wie niemand nach ihnen. Es kommt jedoch eine Zeit, in der es tatsächlich eine Frage des Überlebens wird, sie als Grundlage der Tätigkeit des Individuums wie auch der Gruppe anzuerkennen. Der Geist wird dann von einem neuen Willen zur Einheit verwandelt – einer Einheit, die über die zentrifugalen Leidenschaften und Eigeninteressen einer Vielfalt von konkurrierenden Egos hinaus erreicht werden muß. Er wird zum «Geist der Ganzheit». Dieser Geist wird von der spirituellen Erkenntnis erleuchtet, daß das Ganze nicht nur mehr ist als die Summe seiner Teile, sondern daß sie schon vor den individuellen Einheiten besteht und diese enthält. Die Individuen erkennen dann, daß sie weniger Grundelemente sind, die durch die Erfordernisse des Lebens zu einem gesellschaftlichen Ganzen zusammengeführt wurden, als vielmehr differenzierte Aspekte eines spirituell schon vor ihnen existierenden Ganzen. Das Ganze – die Gesellschaft – konzentriert sich aufgrund eines bestimmten Bedürfnisses und eines bestimmten Zwecks auf das Individuum. So wird die Kameradschaftsordnung überall dort wirksam, wo Geist und Psyche einer Gruppe von Individuen durch diese wahrhaft ganzheitliche Erkenntnis umgestaltet wurden. Diese Individuen handeln, fühlen und denken in gemeinsamer Verbundenheit willentlich und unwiderruflich als transindividuelle Wesen. Die Menschheit – oder wenigstens die Gemeinschaft, der sie angehören – kann so in diesen Individuen Mittler finden, welche die Kraft und Absicht des Ganzen bündeln und freisetzen.

Definiert man das kameradschaftliche Prinzip der Ordnung auf diese Weise, ist es offenbar zu ideal und utopisch, um für die große Masse der Menschen von Bedeutung zu sein. Trotzdem ist dieses Prinzip unter gewissen Umständen schon heute wirksam. Der Unterschied zwischen Stammes- und Kameradschaftsordnung wird deutlich, wenn man zwei Zusammenkünfte unserer Zeit betrachtet: ein Familientreffen unter dem Weihnachtsbaum und eine Versammlung von Delegierten der Vereinten Nationen. In der westlichen Gesellschaft ist von der Stammesordnung das Familientreffen übriggeblieben. Die Menschen, die vom traditionellen Geist des Weihnachtsfestes ergriffen werden, sprechen die gleiche Sprache, gehören dem gleichen rassischen, kulturellen, nationalen und gesellschaftlichen Kreis und vermutlich auch der gleichen Religion an. Persönliche Differenzen werden, wenigstens vorübergehend, beigelegt, während man ein längst vergangenes Ereignis feiert, das wieder einmal dem großen Mythos der Kultur Leben verleiht, die die kollektive Weltanschauung der Familiengruppe geformt hat.

Bei den Vereinten Nationen hingegen handelt es sich um Personen, die verschiedenen Rassen, Kulturen, Nationalitäten und Religionen angehören, die ihre persönliche Stellung auf verschiedenen Wegen erreicht haben und die vermutlich nichts als ihre

Menschlichkeit und den Willen gemein haben, inmitten der kritischen internationalen Lage zu bestehen, die das Zusammentreffen, die Besprechungen und die Versuche, sich zu einigen, unumgänglich werden ließ. Sie träumen vielleicht von einer geeinten Menschheit, da sie wissen, wohin Vereinzelung führen kann, doch die Verwirklichung dieses Traumes verlangt ständiges Bemühen, unaufhörliche Wachsamkeit und den Glauben an eine Zukunft, an der sie vielleicht nur als Architekten, nicht mehr als die eigentlichen Erbauer mitwirken. Die Einheit liegt hier in der Zukunft. Sie muß geschaffen werden, bevor man sich an ihr erfreuen kann. Ist sie erreicht, muß sie eine «Einheit in der Mannigfaltigkeit», eine Multi-Einheit sein. Sie kann nur durch eine *Harmonisierung* der Unterschiede erreicht werden – was nicht bedeutet, daß die Unterschiede abgeschwächt werden, bis sich die Einheit ergibt.

Man versteht die Harmonie falsch, wenn man meint, sie bedeute dasselbe wie Einheit. Die griechische Wurzel *(harmos)* verweist auf den Vorgang, Objekte zu verbinden, die vorher getrennt waren. Holzbretter, die aus demselben Baum geschnitten wurden, so zusammenzufügen, daß die Muster der Maserung zueinander passen, könnte man einen Prozeß der Harmonisierung nennen, doch handelt es sich in diesem Fall um eine konsonante Form der Harmonie. In diesem Prozeß wird versucht, eine ursprüngliche, biologische Einheit wiederherzustellen. Wird andererseits für die Krönung eines Königs eine Krone angefertigt, in der Gold, Silber und Edelsteine dem Bild symbolischer Pracht gemäß zusammengefügt wurden, wird so eine dissonante Harmonie von Materialien geschaffen, die man wegen ihrer Schönheit, Kraft und ehrwürdigen Bedeutsamkeit wählte.

Will man eine konsonante Harmonie schaffen, muß man die Eigenschaften der verwendeten Materialien bis zu ihrer gemeinsamen Quelle zurückverfolgen. In der Musik ist der C-Dur-Dreiklang C-E-G eine konsonante Harmonie, weil diese Noten Obertöne eines einzigen Grundtones, eines tiefen C sind. Wenn dieser Grundton C die Frequenz 100 hat, haben die Noten des Dreiklanges die Frequenzen 400, 500 und 600. Eine dissonante Harmonie ist etwas ganz anderes. Ihre Bestandteile werden vom menschlichen Bewußtsein zusammengefaßt, welches erkennt, daß es sich um ein Ganzes handelt, dessen Bedeutung und Zweck eine Einheit schaffen.

Ein Baum ist natürlich ein komplexes Ganzes, aber er ist ein Ganzes, das aus einem einzigen Samen, einer ursprünglichen Einheit hervorging. Jeder Teil des Baumes kann bis zu diesem Samen zurückverfolgt werden. Es gibt aber keinen physischen Samen, auf den die Materialien einer heiligen Krone zurückgeführt werden können. Der menschliche Geist ließ die Krone entstehen, erdachte ihre Form, wählte ihre Bestandteile aus – *bedeutsame Symbole* in einer speziellen Situation mit besonderem Gewicht. Ein Baum erfüllt den Vorgängen in der Natur gemäß seinen Zweck. Der schöpferische Künstler, der dem, was er ersann, konkrete Gestalt verleiht, wirkt den Bedürfnissen der Kultur oder den Wünschen seiner individuellen Persönlichkeit gemäß.

Sehr vereinfacht gesagt, gibt es also eine Musik des Lebens und eine Musik des Symbole schaffenden Geistes. Dieser Geist ist nicht der diskursive, kritische und analytische Geist – der Intellekt –, sondern der Geist der Ganzheitlichkeit. Er ist nicht mehr der Diener der Lebensprozesse, die im Menschen sowohl psychischer als auch biologischer Natur sind, sondern das Werkzeug des Willens zur Ganzheitlichkeit. In diesem Willen offenbart sich der spirituelle Geist als Prinzip, das Einheit bewirkt. Die Materie ist andererseits gemäß dem Prinzip der Mannigfaltigkeit (und Teilbarkeit) wirksam. Im Grunde ist es der Geist, der das Spirituelle und die Materie harmonisiert, und als harmonisierende Kraft entspricht er letztlich der Absicht der Einheit, auch wenn er diese Absicht im Sinne der Mannigfaltigkeit der Materie zum Ausdruck bringt.

Auf einer bestimmten Stufe der menschlichen Evolution fasziniert es den Geist dennoch, die quasi unendlichen Möglichkeiten zu erforschen, das zu formulieren, was die Sinne wahrnehmen. Er neigt dazu, sich in den Labyrinthen der Teilbarkeit der Materialien zu verirren, die er erforscht. Je mehr Namen der Geist findet, um die Spiegelungen einer Wüstenwelt aufzuspießen und zu klassifizieren, die mit Quintillionen von Sandkörnern gefüllt ist, welche er Atome nennt, um so mehr verirrt er sich. Schließlich verwandelt kräftiger Regen diese Wüste in ein Feld wachsenden Lebens, und der Geist beginnt die Welt als ein «Uni-versum» zu sehen, als eine auf das Eine gerichtete Wirklichkeit, als werdendes Ganzes. Das, was sieht, ist der Geist der Ganzheitlichkeit. Immerzu harmonisiert er Dissonanzen zum gewaltigen Akkord eines Raumes, der endlich als Fülle schwingender Energie erfahren wird. Der Raum ist in seiner abstraktesten und wesentlichsten Wirklichkeit Schwingung. Er ist KLANG.

Wenn sich der Geist jedoch in der Mannigfaltigkeit verirrt, klammert er sich an die Erinnerung des ursprünglichen Gefühls der Einheit. Jedes Universum, jedes geordnete, lebendige System beginnt mit einer einheitlichen Freisetzung von Energie. Der psychische Raum eines neugeborenen Kindes schwingt in einem einfachen, reinen Ton, dem AUM-Ton seines Wesens, noch nicht verschieden vom Mutterton, aus dem und in dem es geboren wurde. Jede Kultur – selbst die Menschheit als planetarischer Organismus – hat als kollektives psychisches Wesen ihren eigenen AUM-Ton. Und im Frühstadium der Entwicklung eines Kulturganzen ist dieser einzelne, reine Ton unbewußt zu spüren oder zu «hören». Er ist der Mutterton, der im psychomentalen Raum der Kultur schwingt, und die, die ihr angehören, sind auf der Ebene, auf der sie tätig sind, mit ihm in Resonanz.

Verwirrte Geister suchen Ruhe und bemühen sich, wieder mit diesem Ton in Einklang zu kommen. Doch auch wenn der Ton in seiner Einzigartigkeit und seinem kraftvollen Schwingen wiedererlebt wird, so bedeutet diese Erfahrung doch nur eine Rückkehr in den Mutterschoß – in einen begrenzten, fest umrissenen Raum, den man einst notwendigerweise verlassen mußte. Kann ein müde gewordenes Sonnenuntergangsbewußtsein zur sprühenden Vitalität der vergangenen Morgendämmerung zurückfinden und hoffen, so einen neuen Tag zu beginnen? Das zu glauben ist die große Illusion müder Geister, die sich fürchten, das Gefühl loszulassen, ein «Ich» zu sein. Der einzige Weg zu einer neuen Morgendämmerung führt durch das Annehmen der rätselhaften Dunkelheit des Bewußtseins, die von den Mystikern die «Nacht der Seele» genannt wurde. Nur dieses Annehmen kann dem Geist den großen Traum der Nacht bringen oder vielleicht die tief verborgene Erfahrung des Raumes als Himmel, in dem zahllose Sterne leuchten – zahllose Sterne, die sich doch als ein majestätisches Ganzes bewegen. Aus solchen Erfahrungen kann eine neue Morgendämmerung kommen, in der ein neuer schöpferischer Ton, das AUM eines neuen Tages schwingt.

Zwei Vorstellungen vom musikalischen Raum

Man kann sich den Raum, wie schon angedeutet, auf zwei grundlegende Weisen denken: als leeres Gefäß, durch das fast unendlich viele Dinge wirbeln, die von einer Anzahl gegensätzlicher Kräfte bewegt werden – und als Fülle, als Pleroma des Seins. Diese Fülle des Raumes kristallisiert seine beinahe unendlich vielen Aspekte in einer Myriade von Dingen, von denen jedes einen dieser Aspekte offenbart. Ich, ein individualisierter Mensch, bin einer dieser Aspekte des universalen Ganzen – und du auch, wie jedes andere Wesen. Das Ganze wird sich in jeder einzelnen Einheit auf unterschiedliche Weise seiner selbst bewußt. Das Bewußtsein des Ganzen sollte nicht als die Summe der Bewußtheiten der Myriaden von Wesen gesehen werden, welche bloß seine Teile sind, denn im Grunde lassen sich die Wesenheiten nicht als Teile voneinander trennen. Alle diese Wesenheiten sind das Ganze und bestimmen auf mannigfaltige Art die nichtdimensionale und durch Zahlen nicht zu erfassende Ganzheitlichkeit des Seins dieses Ganzen.

Bis vor kurzem noch gab sich die westliche Zivilisation dem Glauben hin, der Raum sei ein leeres Gefäß, in dem sich eine beinahe unendliche Zahl von Atomen und größeren Einheiten bewegt und unter dem Zwang der Anziehungs- und Abstoßungskräfte Verbindung miteinander aufnimmt. So gesehen kann man sich jedes Atom als relativ feste Billardkugel vorstellen, die auf andere trifft oder sie verfehlt, wobei sie durch die blind wirkenden Kräfte des Elektromagnetismus und der Schwerkraft angezogen oder abgestoßen werden. Einige Philosophen glaubten, diese Atome und ihre geistigen Entsprechungen, Monaden genannt, existierten ewig und seien die Gegebenheiten des Daseins. Andere Philosophen meinten, daß sie einer gewaltigen Explosion entstammten – von den Astronomen heute als Urknall bezeichnet –, die das metakosmische Eine in eine Myriade Teilchen zersprengte, welche nach einem langen Prozeß vielleicht wieder zu einer Einheit zusammengezogen werden. Was diese Astronomen, die sich ganz der Vorstellung eines ausschließlich physischen Universums verschrieben haben, als explosiven Anfang darstellen, sieht ein vitalistisch denkender Geist als organische Geburt aus einem Samenkorn heraus.

Die Vorstellung des Raumes als Fülle oder Vollkommenheit des Seins kann durch die nähere Bestimmung *ganzheitlich* oder *holistisch* charakterisiert werden. Der Begriff ist heute modern, wird jedoch oft ungenau verwendet, und zwar bloß als Gegenbegriff zu analytisch oder atomistisch. Der holistische Geist soll sich mit jeder Situation als etwas Ganzem befassen. Ganzheitliche Medizin ist zum Beispiel eine Medizin für den ganzen Menschen, nicht nur für seinen physischen Leib. Der ganzheitliche Arzt versucht nicht nur, bestimmte Symptome oder Verletzungen zu heilen, sondern möchte den gesamten Organismus neu beleben. Ein Organismus ist ein Feld funktioneller Tätigkeit – ein Lebensfeld. Sein Raumbereich reicht eigentlich über die physische Haut hinaus. Die Aura (das aurische Feld) eines Menschen ist ein Raum voll schwingender Energien, voller Klang und Farbe, auch wenn die Durchschnittsmenschen sie heute noch nicht wahrnehmen.

Spricht man von einem Lebensfeld, so kann man sich auch ein Klangfeld denken. Unser musikalischer Raum ist das Klangfeld der heutigen Menschheit. Aus Gründen musikalischer Zweckmäßigkeit tritt er in der Form der sieben Oktaven der Tastenreihe des Klaviers auf, eines Bereiches, der gleichzeitig eine Reihe von zwölf Quinten umfaßt. Der musikalische Raum kann ebenfalls entweder als leeres Gefäß mit einzelnen, im wesentlichen getrennten Noten oder als Tonfülle, als ein Pleroma der Klänge gedacht werden. In der abendländischen Kultur ist die erste Vorstellung allgemein verbreitet. Ich versuche hier, die zweite konkret zu formulieren.

Für das menschliche Ohr sind die Klänge nur potentiell im musikalischen Raum enthalten, den ein Klavier umfaßt. Sie müssen durch das Anschlagen der Tasten verwirklicht werden. Die Tasten versetzen einzelne Saiten in Schwingungen, die Klänge hervorbringen, welche der Komponist als Noten auffaßt, von denen jede ihre Tonhöhe hat. Doch beinhaltet das Klavier nicht nur eine Leiter von Noten. Was wir hören, sind nämlich die Schwingungen des Resonanzbodens. Dieser Holzboden ist insgesamt in *Resonanz*. Die Saiten erzeugen Schall; der TON wird vom Resonanzboden freigesetzt, der der Verwirklichung des ganzen musikalischen Raumes, welcher von der Struktur des Klaviers und ihren Grenzen bestimmt ist, als Werkzeug dient.

TON verweist auf die holistische Resonanz des gesamten Resonanzbodens, ist ihr Symbol. Diese Resonanz entsteht, wenn die Hände des Pianisten eine Vielfalt von Klängen erzeugen, indem sie schnelle Läufe oder Akkorde spielen. Der Pianist wählt jedoch aus all den möglichen Noten, die das Klavier hervorbringen kann, nur bestimmte aus. Diese Auswahl folgt festen kulturellen Vorbildern, wenn der Pianist traditionelle, tonale Musik spielt. Die Auswahl ist in erster Linie von einer kollektiven Tradition geprägt. Sie ist in großem Maße von vorneherein durch diese Tradition festgelegt und außerdem von einer bestimmten Schule der Musik, die ihre eigenen Kompositionstechniken hat. Diese Auswahl kann jedoch vollkommen individuell sein, wenn der Komponist/Pianist glaubt, daß alle Klänge und Klangverbindungen, die das Klavier hervorbringen kann, frei eingesetzt werden sollten, und zwar von einem unvoreingenommenen Willen oder Gefühlsimpuls, der einen Zustand des Bewußtseins über die Hände vermitteln will (oder vom Ego, das sein Verlangen befriedigen möchte, «sich selbst auszudrücken», wie es beschönigend heißt).

Betrachten wir einen Bildhauer, der einen Marmorblock bearbeiten will. Sagen wir, den Händen des Bildhauers sei es möglich, aus dem Brocken Materie nach und nach eine Form freizulegen. Schließlich erkennt der Bildhauer, daß sie latent im Stein vorhanden war – eine Form, die konkret verwirklicht werden muß, da sie als Potenz einem Bedürfnis des Menschen entspricht, selbst wenn es nur ein Bedürfnis nach Schönheit ist. Der Bildhauer gestaltet aus der materiellen Fülle des Raumes heraus ein Kunstwerk, das Bedeutung trägt. Es gibt freilich auch Bildhauer, die der materiellen Fülle des Raumes eine von vorneherein festgelegte Form überstülpen, oder – vor allem heute – solche, die verschiedenartige Materialien zusammenfügen, um Objekte herzustellen, die intellektuellen ästhetischen Vorstellungen entsprechen.

Ich habe in anderem Zusammenhang vom wahrhaft schöpferischen Künstler als einem Menschen gesprochen, der «die heilige Handlung» ausführt, «durch die sich die Fülle der RAUM-Substanz in Formen differenziert».³⁸ Als ich diese Künstler «Pflüger des RAUMES» nannte, «die die RAUM-Substanz fruchtbar machen, damit sie *ästhetische* Formen hervorbringt»³⁹, hätte ich von *sakromagischen* Formen sprechen sollen, da ich den schöpferischen Künstler später «den Magier» nannte, «der aus dem RAUM Formorganismen heraufbeschwört, der die Früchte des Raumes hervorzaubert – und dabei die wechselseitige Abhängigkeit all dessen erkennt, was im und mehr noch *vom* RAUM, der großen Matrix aller Formen, lebt».⁴⁰ Von diesem Gesichtspunkt aus muß die Beziehung zwischen den Bestandteilen einer organischen Form als «wechselseitige Durchdringung und nicht als bloßes Nebeneinander» dieser Teile innerhalb eines Ganzen verstanden werden.

All diese Feststellungen können auf den musikalischen Raum übertragen werden. Wenn die Musik eine Anhäufung von Noten ist, die in der Form einer Partitur niedergeschrieben werden, breitet sich die Musik als geordnete Ansammlung von Noten – in der Musik das, was in der klassischen Physik die Atome sind – in der Leere eines musikalischen Raumes aus, den die Papierseiten der Partitur darstellen. Das ist die atomistische Auffassung der Musik. Ihre horizontalen und vertikalen Notenreihen – Melodien und Akkorde – können analysiert und in ihre Bestandteile zerlegt werden. Diese Bestandteile können kurze, sich wiederholende Folgen von Noten sein, musikalische Themen und Leitmotive. Der menschliche Geist kommt sich zudem inmitten angehäufter Einheiten, die anscheinend in keinem Zusammenhang stehen, verloren vor. Wenn er keine Ordnung entdeckt, die diese Einheiten verknüpft, erfindet er sich Muster wechselseitiger Beziehungen sowie das, was er Naturgesetze nennt. Das Tonartensystem der abendländischen Musik ist ein Ergebnis dieser Erfindungsgabe.

Der menschliche Geist ist so von seinem Bedürfnis nach Ordnung und einem System von Gesetzen und Regeln geprägt, daß er darauf besteht, diese in der Natur und im physischen Universum entdeckt zu haben. Er zögert, sich einzugestehen, daß seine Entdeckungen auch eine Projektion seiner eigenen charakteristischen Struktur sein könnten und daher Projektionen seiner eigenen Grenzen oder der Grenzen der Sinneswahrnehmungen, die er für den ganzen menschlichen Organismus interpretieren soll. Da dieser menschliche Organismus nicht nur auf der biologischen Ebene, sondern auch auf der des kollektiven Psychismus und der persönlichen Emotionen tätig ist, verlangt man von der Deutung, die der Geist zu formulieren hat, daß sie Kraft schenkt, Freude bringt und den Lebensfunktionen, ja der gesamten Person eine Erweiterung ermöglicht.

Die westliche Welt denkt über die Ordnung in der Natur und im Kosmos in wissenschaftlichen Begriffen nach, die der atomistischen Sicht der Wirklichkeit entsprechen – Wirklichkeit als *Ausdehnung* im dreidimensionalen Raum, und seit kurzem in der vierdimensionalen Raumzeit. Eine wahrhaft holistische Auffassung würde statt dessen den geforderten Begriff der Ordnung auf die Vorstellung der Absicht gründen. Vor Jahren versuchte ich, die Erkenntnis auszulösen, daß es eine Art spirituellen Raum gibt, in dem Gott dort ist, wo er zu sein beabsichtigt.[41] Dieser Raum ist nichtdimensional; in ihm gibt es keine meßbaren Entfernungen. Er ist nicht die Art von Raum, in dem ein Körper physisch von einem Ort zum anderen transportiert werden muß, wobei unsere Sinne oder unsere Maschinen dies wahrnehmen, analysieren und definieren können. Er ist nicht die Art von Raum, in dem zwei Objekte nicht zur selben Zeit am selben Ort sein können (das Prinzip der Ausschließlichkeit, auf das die westliche Wissenschaft sich stützt). Er ist der Raum ungeteilter Ganzheit – der Pleroma-RAUM.

Will der Geist diesen Raum erklären, ist er noch immer genötigt, an verschiedene Zentren oder Bereiche der Tätigkeit und des Bewußtseins zu denken. Sie durchdringen sich wechselseitig in der wahrhaft philosophischen vierten «Dimension», die in Wirklichkeit keine Dimension ist, weil sie nicht meßbar ist. Jedes Zentrum kann in diesem RAUM überall dort sein, *wo es zu sein beabsichtigt*.[42] In diesem RAUM gibt es keine wirkliche Entfernung, die zurückgelegt werden könnte. Will man irgendwo sein, ist nur eine entschiedene Verlagerung der Absicht – und auch der Aufmerksamkeit – nötig. Der Geist wird von einem lokalitätsbedingten Zustand des Bewußtseins auf einen anderen eingestellt, wobei jeder Ort (im physikalischen Sinn des Begriffs) eine verfestigte Projektion eines bestimmten Zustands des Bewußtseins ist, eine Projektion, die eine grundlegende Absicht verfolgt und einen Zweck erfüllt.

Der musikalische Raum kann von diesem holistischen Gesichtspunkt aus betrachtet und schließlich erfahren werden. Dieser ganzheitliche musikalische Raum hat eine grundlegende Eigenschaft, die ich mit dem großgeschriebenen Wort TON bezeichnen möchte. *TON ist die Eigenschaft, die dem musikalischen Raum innewohnt und die das menschliche Ohr als Klang wahrnimmt; der menschliche Geist, der sich einer bestimmten Kultur entsprechend entfaltet hat, kann in Form von Musik auf sie reagieren.* Der TON wird durch einen Prozeß der musikalischen Ordnung verdichtet, der die Klänge in einer Folge oder gleichzeitig entstehen läßt. Jeder Klang hat einen Ton (das heißt, eine musikalische Bedeutung, die sich vermitteln läßt), da er ein verdichteter Aspekt des TONES des Ganzen ist. (Ähnlich hat die Ganzheitlichkeit des kosmischen RAUMES die grundlegende Eigenschaft des Bewußtseins. Das Bewußtsein verdichtet sich auf verschiedenen Ebenen im Geistigen. Einige Einzelformen des Geistigen sind kollektiver Art, während andere auf einer bestimmten Stufe menschlicher Evolution und unter gewissen Bedingungen, die durch die Kultur bestimmt sind, Myriaden individualisierter Gestalten annehmen, von denen sich jede als «Ich» fühlt und behauptet, «ich selbst» zu sein.)

Der entscheidende Punkt ist, ob die Klanggruppierungen, die von den einzelnen Kulturen zu Musik geordnet werden, als verdichtete Objektivierungen eines bestimmten Aspekts des musikalischen Raumes verstanden werden, welche einen bestimmten Zweck erfüllen, oder ob sie als zusammengesetzte Klangeinheiten gesehen werden, die eine unterschiedliche physische Individualität als Themen oder Leitmotive aufweisen und die auf eine formale, von der Kultur geprägte Weise durchgeführt, ausgeweitet und transponiert werden können. Genau wie eine bestimmte Gesellschaft (und die Menschheit als Ganzes) vor jeder Person existiert, deren grundlegende Art zu leben, zu fühlen und zu denken von der Ganzheitlichkeit (dem kollektiven Psychismus) des gesellschaftlich-kulturellen Ganzen geformt und im weitesten Sinne kontrolliert wird, so ist jedes bestimmte Musikstück das Produkt einer bestimmten Kultur, eines Ordnungssystems, das in dieser Kultur vorherrscht. Dieses System hat einen bestimmten Charakter und wird von einer bestimmten Eigenart kollektiven Lebens, Fühlens und Denkens beseelt. Diese Eigenart ist der besondere TON des Kulturganzen. Doch ein Kulturganzes ist nur eine der vielen relativ vergänglichen Phasen in der Evolution der Menschheit. Sein Ton ist lediglich ein Aspekt des allumfassenden TONES des musikalischen Raumes, den die Menschen erfahren können und auf den sie schöpferisch im Rahmen ihres individuellen Temperaments und Schicksals (Dharma) reagieren können.

Für Komponisten, deren Musikgefühl im Rahmen der strengen Überlieferungen der abendländischen Kultur ausgebildet wurde, ist es sehr schwer, wenn nicht gar unmöglich, die Ganzheitlichkeit des musikalischen Raumes zu erfahren, der dem menschlichen Bewußtsein zur Verfügung steht. Sie können daher kaum die Qualität erfahren, die dem Ganzen dieses Raumes innewohnt, den TON. Sie erfahren den TON nur innerhalb der Grenzen, die die westliche Kultur errichtet hat. Ähnlich können die meisten Einzelpersonen das BEWUSSTSEIN – die Qualität der Ganzheitlichkeit des kosmischen RAUMES – nur innerhalb der Grenzen erfahren, die einerseits von ihrer Kultur und andererseits vom Ego errichtet wurden, welches ihren Einzelcharakter und ihre individuellen Reaktionen auf die physische und gesellschaftliche Umwelt bestimmt.

Jene Musiker des zwanzigsten Jahrhunderts, die nach Kräften schöpferisch und zukunftsorientiert sind – was nicht bedeutet, daß sie die berühmtesten sind und am häufigsten aufgeführt werden! –, haben versucht, ihr Musikgefühl und ihre Auffassung vom Komponieren oder Spielen auszuweiten. Der mehr oder weniger bewußte und folgerichtige Drang, sich von Europa zu lösen und die Musik selbst von der Kultur zu befreien, hat sie dazu geführt, die Regeln und Muster der Ordnung ihrer abendländischen Tradition (das europäische System der Tonalität) abzulehnen und zu versuchen, ihr musikalisches Bewußtsein vom ausschließlichen Gebrauch traditioneller Instrumente zu lösen, die nur bestimmte Klangqualitäten erzeugen können. Sie brachten das zuwege, indem sie vielerlei Arten nichtharmonischer Klänge und Geräusche einführten. Diese traditionell als unmusikalisch angesehenen Klänge gehören dem musikalischen Raum an, den Menschen wahrnehmen können. Prinzipiell kann man ihnen eine musikalische Bedeutung geben, doch kann ihnen diese Bedeutung weder vom Intellekt beigelegt werden – der auf Neuerungen und persönliche «Originalität» erpicht ist, welche zu Berühmtheit führen – noch von einer gefühlsmäßigen Abneigung gegen Klänge oder Klangverbindungen, die durch zu häufige Wiederholung banal geworden sind, auch wenn diese Abneigung Mode geworden ist. Wenn ein neues Gefühl der Wirklichkeit entstehen soll, muß diese Bedeutung aus einer Bewußtheit des Ganzen hervorgehen. Sie sollte sich aus der Erfahrung der Ganzheitlichkeit des musikalischen Raumes entwickeln, aus der innersten Erkenntnis, daß seine wesentliche Qualität der TON ist.

Holistische Resonanz

Der TON, die Fülle schwingenden RAUMES, das Pleroma allen erfahrbaren Klanges, kann auch *holistische Resonanz* genannt werden, ein Begriff, der vielleicht eine leichter zu verstehende praktische Bedeutung hat. Das Wort *Resonanz* läßt an Klangschwingungen denken, die sich wechselseitig durchdringen. Ich verwende das Wort jedoch in einem anderen Sinn als dem, den Helmholtz berühmt gemacht hat. Seine Experimente mit Resonanzkörpern haben die Musiker auf den Weg analytischer (also materialistischer) wissenschaftlicher Untersuchungen gebracht, und das führte wiederum dazu, daß sie die Bedeutung der Harmonik und der Obertöne mißverstanden und überbewertet haben.

Wir haben die Resonanz natürlicher Instrumente (der menschliche Körper, sein Stimmapparat und seine Resonanzräume) und solcher, die vom Menschen gebaut werden (wie zum Beispiel Klavier oder Violine), schon erörtert. Die Resonanz des «musikalischen Raumes» verweist hier auf die totale Resonanz, mit der unsere Welt physischer Materie innerhalb des Schwingungsbereiches, den das menschliche Ohr hören kann, auf die Einwirkung der schöpferischen Kraft (die vom göttlichen oder menschlichen Willen oder von Emotionen freigesetzt wird) reagiert. Diese physische Welt menschlicher Erfahrung ist einem gewaltigen Resonanzboden nicht unähnlich, und der Resonanzboden eines Klaviers ist die beste Illustration, das beste Symbol, das sich in der westlichen Musik finden läßt, weil die sieben Oktaven des Klaviers den normalen Umfang unseres praktisch verwendbaren musikalischen Raumes symbolisieren.

Würde man alle Klaviertasten zugleich anschlagen und die fast zweihundert Saiten in Schwingung versetzen, würde der Resonanzboden in einem Höchstmaß von Resonanz mitschwingen – und so die Toncluster, die Henry Cowell «erfand» (vor ihm hatten Leo Ornstein und Charles Ives sie schon in geringerem Maße eingesetzt), an ihre äußerste Grenze führen. Doch dieser Klang wäre eher ein Symbol des kosmischen Chaos, nicht eines der Ordnung. Die Vorstellung vom Kosmos beinhaltet geordnete Differenzierung, Beziehung und Harmonisierung aufgrund von Wechselwirkung und wechselseitiger Durchdringung. Wenn ein Atom nicht in einer bestimmten Beziehung zu allen anderen stünde, wäre die Summe dieser beziehungslosen Atome tatsächlich ein Chaos; ein Ganzes ist nicht bloß die Summe beziehungsloser Einheiten.

So ist ein Pleroma innerhalb eines begrenzten musikalischen Feldes (dem Umfang eines bestimmten Instruments oder eines ganzen Orchesters) nicht die Summe aller möglichen Klänge, die keinerlei Beziehung zueinander haben. Ein Pleroma des Klanges ist eine allumfassende Ordnung von Klängen, die durch die Wechselwirkungen und die wechselseitige Durchdringung einer Vielfalt von *Beziehungen* erzeugt werden, welche alle von ihrem eigenen Ton beseelt werden – wobei diese Töne unterschiedliche Aspekte des TONES des ganzen Pleromas verwirklichen.[43]

In der europäischen Musik zwischen 1600 und 1800 erfüllte die Tonalität (in gewissem Umfang) die Funktion eines Pleromas der Klänge: alle Noten, die durch eine straffe tonale Struktur zueinander in Beziehung gesetzt waren, wurden als Teil eines musikalischen Ganzen gesehen, wobei jede Note oder jeder Akkord zum einheitlichen Ton oder zur Resonanz des Stückes beitrug. Doch da diese tonale Resonanz des Ganzen auf quasi vaterrechtliche Art mit einem Ursprung, der Tonika (dem Vater oder dem Urahn des Stammes) verbunden war, ergab sich der TON des Musikstücks aus der Tatsache, daß alle Teilklänge dem vaterrechtlichen Feld – dem musikalischen Raum – angehörten, der durch das tonale System festgelegt war, und daß sie aus der Note der Tonika, dem ursprünglichen Saatkorn, hervorgingen.

Die Vorstellung von einem Pleroma unterscheidet sich grundlegend so vom tonalen Denken, wie dissonante und konsonante Harmonien sich unterscheiden. Die Tonalität geht (psychologisch und philosophisch) auf den Drang zurück, die Vielfalt der Klangverhältnisse (der Intervalle) auf das ursprüngliche Eine zu beziehen – auf die Tonika, oder, im Rahmen der Obertonreihe, auf den Grundton. Ein Pleroma der Klänge verweist auf den Prozeß der Harmonisierung, mit dessen Hilfe differenzierte, schwingende Wesenheiten dazu gebracht wurden, wechselseitig aufeinander einzuwirken und sich zu durchdringen, damit ein bestimmter Aspekt jener Resonanz freigesetzt wird, die dem ganzen musikalischen Raum innewohnt – nämlich seine holistische Resonanz, sein TON.

Am Anfang ist das Eine, die Tonika. Am Ende ist das GANZE, das Pleroma, dessen seelische Qualität der TON ist. Die Tonika (oder der Grundton der Obertonreihe) stellt das Alpha der musikalischen Evolution dar; das Pleroma der Klänge das Omega. Das sakromagische Bewußtsein der Menschen der Frühzeit betonte die uranfängliche Einheit; den einen Ton, der endlos wiederholt wurde, um sicherzustellen, daß die differenzierten Vielen nie den wechselseitigen Zusammenhang vergaßen, den sie nur als gemeinsame Herkunft aus dem Einen erfahren und erfassen konnten – im Biologischen der gemeinsame Urahn und psychisch der Stammesgott. Multi-Einheit ist das Ende eines Kulturzyklus, der Zustand Omega der Musik, in dem und durch den die Ganzheitlichkeit des Ganzen als TON «gehört» werden kann.

Die Konzentration auf das Eine führt zur Haltung der Frömmigkeit und in der Musik zur Obertonreihe, einem Prinzip, nach dem sich der eine Grundton in die vielen Obertöne ausdifferenziert, von denen man annahm, sie gingen aus der Wurzel dieses einen Tones hervor. Andererseits führt die Konzentration auf die Ganzheitlichkeit irgendeines Ganzen zur Erkenntnis des RAUMES als Seinsfülle. «Sein» meint hier ein In-Beziehung-Sein, denn RAUM ist (von diesem Standpunkt aus gesehen) die Bezogenheit jedes Bereiches des RAUMES auf jeden anderen Bereich. Ich sage lieber «Bereich» als «Punkt», weil der RAUM nicht als Summe aller einzelnen Punkte (und noch weniger aller abstrakten Punkte) aufgefaßt werden kann, sondern als ein Komplex sich gemeinsam durchdringender Beziehungen kleiner wie auch riesiger Bereiche gesehen werden muß.

Man fragt sich, was die späteren Generationen der Schüler des Pythagoras unter dem verstanden, was ihr Meister zu vermitteln suchte, als er von seiner Erfahrung der «Sphärenmusik» sprach. Schließlich sprach er zu Menschen, deren Musik fast gänzlich monophon war und so von der Zeit und dem Faktor der zeitlichen Abfolge beherrscht wurde. Wenn man in der Antike von Planetensphären sprach, meinte man Sphären, die die Erde konzentrisch umgaben. In Dantes *Göttlicher Komödie* war Gott das Zentrum der vielen konzentrischen Sphären, die, je weiter sie vom erhabenen Kern göttlichen Lichts entfernt waren, zunehmend dunkler und materieller wurden. In beiden Fällen befaßte sich die Vorstellungskraft mit dem universalen Raum. Das Ganze des Raumes wurde in einem Augenblick der erleuchteten Bewußtheit erfahren. Vielleicht verwies die Sphärenmusik, die Pythagoras erfahren hat, auf das *gleichzeitige* Hören der sieben kosmischen Ebenen des TONES, auf einen gewaltigen siebenfachen kosmischen Akkord? Vielleicht maß das Monochord nur eine abstrakte lineare Projektion der postulierten Radien dieser Sphären, und durch die spätere Intellektualisierung des griechischen Geistes (im Verlauf des fünften Jahrhunderts v. Chr. und danach) verdunkelten die linearen Messungen die Erfahrung der Resonanz der dreidimensionalen Sphären.

Die moderne Akustik erklärt das Phänomen des Klanges im Sinne linearer Bewegungen der Membranen des Ohrs und der schwingenden Membranen der Lautsprecher; doch hat der Mensch zwei Ohren und kann stereophone Aufnahmen von monophonen unterscheiden. Der Komponist Henry Eichheim, ein

Wegbereiter der Wertschätzung orientalischer Musik und in seiner Orchestrierung auch der Verwendung asiatischer Instrumente, zeigte mir (vor etwa fünfzig Jahren) zwei sehr kleine tibetische Zimbeln, die so gestimmt waren, daß ihre Tonhöhen einen winzigen Unterschied aufwiesen. Schlug man sie gegeneinander, wurde wegen der Interferenz der beiden Schallwellen leicht verschiedener Frequenz ein äußerst schöner, pulsierender Ton erzeugt. Aufgrund dieses Phänomens entstehen «Schwebungen», wobei die Frequenz der Schwebung der Differenz der Frequenzen der beiden Töne entspricht. Außerdem entstehen, wenn laute Töne gleichzeitig erklingen, Kombinationstöne, und diese Phänomene macht man sich auf unterschiedliche Weise in einigen Orgeln zunutze.

Diese zusammengesetzten Klänge werden für subjektiv angesehen, sollen eher physiologische als akustische Phänomene sein. Es heißt, sie seien auf den «nicht linearen Aufbau des Innenohrs *(Kochlea)* zurückzuführen».[44] Solche Aussagen beziehen sich jedoch nur auf die analytischen Prozesse des modernen wissenschaftlichen Geistes. Diese akustischen Phänomene offenbaren eigentlich die Vielschichtigkeit des Tonerlebnisses – der holistischen Resonanz. Die erregendsten holistischen Resonanzen werden von den großen Gongs Chinas, Japans und Javas, von einigen tibetischen Instrumenten und von den Glocken der europäischen Kathedralen erzeugt. Ihre Töne sind weder harmonisch noch periodisch. Vielleicht sind diese Klangerzeuger mehr als alles andere die konkreten, physischen Manifestationen der Seelen der großen «Weltreligionen» Buddhismus und Christentum. Gongs werden von außen angeschlagen und zum Klingen gebracht, während Glocken von einem Klöppel in Schwingung versetzt werden, der sich normalerweise im Innern der Glocke befindet. Vielleicht ist das ein Symbol des Unterschieds zwischen der Lehre Jesu, daß das Reich Gottes im Inneren ist, und der Aussage des Buddha, die eine beständige Individualität verneint *(anatman),* wobei das menschliche Ich ein vergänglicher Mittelpunkt einer allumfassenden, kosmisch-spirituellen dynamischen Ganzheit ist.

Die typischen Musiker begreifen freilich nicht die Bedeutung, die Glocken und Gongs in ihren jeweiligen Kulturen zukommt.

Sie interessiert häufig nur, ob die Glocken richtig gestimmt sind. Die Glocken, die man im modernen Orchester verwendet, sind eine Parodie der großen Kirchenglocken, da man ihnen die psychische Qualität und Bedeutung genommen hat: Die Glocken des alten Europa vereinten die Menschen zu frommen Feiern, in denen der kollektive Psychismus der Kultur und der Religion erneut gestärkt und dynamisiert wurde. Die Glocken gaben auch den täglichen Rhythmus der Zeit an – eine kollektiv erfahrene Zeit, bevor Turmuhren und dann Taschenuhren in allgemeinen und persönlichen Gebrauch kamen.

Ein Klavier mit guter Resonanz kann dazu gebracht werden, sich wechselseitig durchdringende Folgen von gongähnlichen Tönen hervorzubringen, wenn man ausreichend weite, dissonante Akkorde verwendet. Der ganze Komplex von Schwingungen, der durch effektiven und sensiblen Gebrauch des Pedals kontrolliert wird, führt (vor allem bei Klavieren, die temperiert gestimmt sind) zu nichtharmonischen Klangwellen, bei denen keine einzelnen Noten, keine Tonalität mehr empfunden werden. Dabei erlangt man die Fähigkeit, mit Pleromas des Klanges umzugehen und den potentiell allumfassenden Ton des ganzen musikalischen Raumes direkt zu beeinflussen, auf den die Menschen reagieren können.[45] Diese Pleromas des Klanges erhalten ihre musikalische Bedeutung vor allem durch die totale Resonanz, die sie im Resonanzboden des Klaviers – und im Ohr, aber auch in der Psyche des Hörers – hervorrufen und nicht so sehr durch die einzelnen Noten und deren genaue Frequenzen. Diese holistischen Resonanzen sollten nicht quantitativ (nach der Zahl der Schwingungen pro Sekunde), sondern im Hinblick auf die Qualität der psychischen Gefühlsreaktion bewertet werden, die sie hervorbringen.

Eine Musik mit der Absicht, die psychische Energie konkreter Töne zu vermitteln, könnte man *syntonische* Musik nennen. Sie würde auf einer Tonerfahrung beruhen, die nicht durch die intellektuellen Vorstellungen des klassischen Systems der Tonalität gehemmt oder aufgrund der Gewohnheiten und Erinnerungen erschwert wäre, die mit einer prägenden, akademischen Ausbildung zusammenhängen. Doch eine Vermittlung auf breiter Basis wäre zu Beginn deshalb schwierig, weil der dazu nötige Psychismus noch in den Anfängen steckt. Ein individualisierter Psychismus kann sich wirksam nur Menschen oder Gruppen mitteilen, die für seine besondere Eigenschaft offen sind. Diese Menschen und Gruppen müssen von einer Anhänglichkeit an die musikalische, von der Tonalität beherrschte Vergangenheit frei sein und dürfen sich auch nicht gegen sie wenden, da Abneigung wie auch Anhänglichkeit Unfreiheit schaffen.

Tonale Beziehungen sind in den räumlichen Beziehungen einer syntonischen Musik enthalten, doch die Regeln, Muster und Kadenzen, die in der tonalen Musik verbindlich sind, verhindern die Entfaltung eines syntonischen Bewußtseins. Die einschränkenden Muster und der Formalismus einer Musik, die vom System der Tonalität beherrscht wurde, entsprachen zweifellos einer wichtigen Absicht der europäischen Kultur und ihrer amerikanischen und globalen Ableger. Heute jedoch, da sich alle kulturellen Traditionen auflösen, verbirgt sich hinter der Verwendung genau gestimmter Skalen und im Grunde voneinander getrennter Noten, welche vor dem Hintergrund eines leeren Raumes nur abstrakt existieren, eine psychisch-musikalische Unfähigkeit, auf die Möglichkeit einzugehen, dem vollen Schwingen des ganzen musikalischen Raumes zu gestatten, ein neues Tonbewußtsein zu erwecken.

Da die Fülle des gesamten musikalischen Raumes, den Menschen erfahren können, die grundlegende Wirklichkeit syntonischer Musik ist, kann in ihr jeder Klang als Teil einer Folge (Melodie) oder Gleichzeitigkeit (Akkord) von Klängen verwendet werden. Das heißt jedoch nicht, daß während des Komponierens eines bestimmten Musikstückes, das einen bestimmten Zustand vermitteln oder eine bestimmte persönliche oder kollektive Aufgabe, einen Zweck erfüllen soll, keine Auswahl stattfindet. Ausgewählt wird aus dem ganzen musikalischen Raum, und diese Ganzheitlichkeit bleibt potentiell mit der Resonanz des gesamten Werks verknüpft. Der Prozeß der Auswahl ist ein offener Prozeß.

Diese Auffassung musikalischer Komposition hebt im wesentlichen die Regeln der Harmonie auf, die an den Schulen gelehrt werden. Akkorde mit komplizierten Namen, die die Tonart deutlich machen oder aufrechterhalten sollen, werden einfach zu

Gleichzeitigkeiten von Klängen oder mehr oder weniger komplexen Schwingungsmodi des musikalischen Raumes. Dissonante Akkorde müssen nicht in konsonante aufgelöst werden. Gleichzeitigkeiten von Klängen könnten dann vielleicht nicht transponiert oder in einer anderen Tonlage zum Klingen gebracht werden, ohne ihre Tonqualität radikal zu verändern. Die absolute Tonhöhe muß sich allerdings nicht auf eine bestimmte Anzahl von Schwingungen pro Sekunde beziehen, ganz gleich, wo, wann, von wem und für wen die Musik aufgeführt wird. Sie ist absolut vielleicht nur in Hinblick auf das tatsächliche (natürliche oder von Menschen geschaffene) Instrument, das den Klang erzeugt – absolut auch, was Zeit und Ort der Aufführung angeht.

Viele, ja die meisten Akkorde, die in der westlichen Musiktheorie dissonant heißen, können, wenn die einzelnen Klänge richtig verteilt werden, eine viel stärkere Resonanz als die sogenannten reinen Konsonanzen erzeugen, da die Phänomene der Schwebung und der Kombinationstöne auftreten. Solche Akkorde sind mehr als die Summe ihrer Teile. Die Klänge, die man für subjektiv hält, gehören in den Bereich des Psychismus. Sie widersetzen sich einer intellektuellen, quantitativen Analyse. Eine holistische Resonanz unterscheidet sich von einem Akkord aus Noten, die vom Intellekt analysiert wurden, etwa so, wie eine synthetische medizinische Substanz, die durch Isolierung chemisch bestimmbarer Hormone hergestellt wurde, vom direkten Extrakt einer ganzen endokrinen Drüse verschieden ist – chemische Wirkung unterscheidet sich von biologischer Wirkung, auch wenn der Unterschied durch wissenschaftliche Analyse vielleicht nicht festzustellen ist. Der Unterschied kann nicht auf Zahlen reduziert werden, da die natürliche Verbindung der Substanzen, die von der ganzen endokrinen Drüse erzeugt wurden, eine größere lebenserhaltende Kraft hat als die Summe dieser Substanzen, auch wenn die Biochemiker sie alle isolieren könnten, was ihnen gewöhnlich nicht gelingt.[46] Auf ähnliche Weise hat ein einprägsames musikalisches Thema oder ein Leitmotiv eine emotional-psychische Kraft, die sich nicht dadurch erklären läßt, daß man ihre Intervalle oder die Frequenzen ihrer Noten auflistet und summiert. Die Kraft eines Themas kann nur im Hinblick auf die psychische Resonanz verstanden werden, die durch das Wechselspiel und die wechselseitige Durchdringung der miteinander verbundenen Klänge im musikalischen Raum hervorgerufen wird.

Der grundlegende Faktor ist die Verbindung der Klänge, die dynamisch auf das Musikbewußtsein der Hörer einwirkt. Diese Verbindung beeinflußt potentiell den ganzen musikalischen Raum, der direkt oder indirekt in Resonanz mit ihr ist. Die Resonanz tritt sofort auf, wenn die Klänge gleichzeitig ertönen, oder sie erstreckt sich über einen Zeitraum, wenn die Klänge eine Folge (eine Melodie) bilden. Ein Akkord ist eine plötzliche Freisetzung von Kraft, eine Melodie ein Prozeß der allmählichen Freisetzung. Als die Menschen noch einheitlich als Stamm handelten – als ein Akkord konsonanter Einheiten innerhalb eines gefestigten Ganzen –, war der Stammesakkord des Daseins (die Kultur und ihr Psychismus) so grundlegend, daß aus ihm individuell improvisierte Melodien aufsteigen konnten.

Im klassischen Europa war die Tonalität eine Wirklichkeit der Musik, die nicht in Frage gestellt wurde, und die Melodien konnten ziemlich absichtslos und spontan fließen, einfach aus der Freude heraus, die Muster der Dur- und Molltonart endlos zu variieren (durch musikalische Arabesken zu verzieren), die aus dem Dreiklang und seinen Umkehrungen entstanden. Unsere kulturelle Situation hat sich aber gewandelt. Die Menschen stehen zumindest relativ allein, sind durch ihr Ego isoliert. Die Neigung, kleine Gruppen von Musikern zu bilden, die gemeinsam improvisieren, wobei sie vielleicht versuchen, sich musikalisch wie psychisch wechselseitig zu durchdringen, ist typisch für den Drang, sich als Ganzes fühlen zu können und so einen Zustand der Harmonisierung zu erreichen.

In der syntonischen Musik werden die Noten der westlichen Musik, da sie nicht mehr grundsätzlich von der Wurzel der Tonalität gehalten werden, zu holistischen Gruppen zusammengezogen. Statt aus dem Einen (einer Tonika) hervorzugehen, suchen sie den Zustand der wechselseitigen Durchdringung dissonanter Akkorde – die Pleromas der Klänge. Deren Inhalt ist begrenzt; jedes Pleroma hat ein eigenes Ordnungsprinzip, das seinen Ton festlegt. Im Idealfall haben alle diese Töne teil an dem gewaltigen TON des allumfassenden Pleromas des musikalischen Raumes, den menschliche Ohren erfahren können. Doch eigentlich hat jedes der besonderen und begrenzten Pleromas einen Eigencharakter, und seine holistische Ausstrahlung (der Ton) soll, vom Komponisten (bewußt oder unbewußt) beabsichtigt, ein bestimmtes Bedürfnis befriedigen. Es kann sich um ein persönliches, gesellschaftliches oder kulturelles Bedürfnis handeln oder vielleicht um ein transpersonales – das Bedürfnis des Komponisten oder der Hörer, sei es im Konzertsaal oder irgendeiner Situation, die ritualisiert worden ist, sich psychisch zu wandeln.

Andere Auffassungen der Melodie

Die Vorstellung, daß es Pleromas der Klänge gibt, bedeutet keine Abwertung der Melodie an sich. Auch besagt die Vorstellung des musikalischen Raumes als eines Kontinuums von Schwingungen nicht, daß sich syntonische Melodien als ununterbrochenes Glissando von Note zu Note entfalten sollen. Sie besagt, daß (wie bei einem großen Teil der orientalischen Musik) die Art und Weise, wie man sich einem Klang nähert und ihn wieder verläßt, ebenso wichtig und bedeutsam ist wie die genaue Tonhöhe der Note. Die Erkenntnis, daß der musikalische Raum zwischen den Noten einer Melodie nicht leer ist, auch wenn sie durch deutliche, plötzliche Sprünge voneinander geschieden sind, kann ein neues Gefühl für die Beziehungen der Töne entstehen lassen.

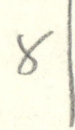

Das Wesen einer Melodie kann prinzipiell auf zwei Weisen definiert werden. Einmal als eine grundlegende Einheit, die einen gewissen Zeitraum einnimmt und auf die sich jede Note der Melodie zurückführen läßt. Wenn Einheit so viel wie ein intellektuelles und in der Hauptsache geometrisches Ordnungssystem ist, gleicht die Melodie einer Arabeske. Sie füllt einen musikalischen Raum, der durch quasi architektonische Strukturen (musikalische Formen) definiert ist. Solche Melodien haben *ästhetische* Wirkung. Diese Wirkung tritt allerdings nur auf, wenn das Bewußtsein der Hörer eins ist mit der Kultur, in der die Melodie (sozusagen) aufblühte. Die Musik wird dann vom Ideal des «Schönen» getragen, das die jeweilige Kultur in eine bestimmte Form kleidete – wobei dieses Ideal Teil der menschlichen Natur ist.

Zum zweiten läßt sich Melodie *expressionistisch* definieren. Sie ist ihrem Ursprung nach magisch oder sakromagisch. Vom modernen individualistischen Standpunkt aus soll sie Bewußtseinszustände vermitteln, die eine Umwandlung herbeiführen – sie soll die Kämpfe und Leidenschaften von Individuen vermitteln, die sich isoliert und ihrer Umgebung vielleicht tragisch entfremdet fühlen und deshalb unbewußt oder absichtlich versuchen, ansprechbaren Menschen ihre Not nahezubringen, deren Reaktion die Einsamkeit vergessen macht oder leichter ertragen läßt. Expressionistische Melodien übernehmen in ihrem transpersonalen Aspekt, der über persönliche Leidenschaften hinausführt, mit Absicht eine umwandelnde Funktion. Sie lassen auf einer höheren Ebene der Evolution der Menschheit die Magie alter Gesänge wieder aufleben, die eng mit Worten der Beschwörung verbunden sind.

Da expressionistische Musik nicht unbedingt eine ästhetische Funktion zu erfüllen hat – eine Funktion, die zu einer in sich gefestigten Kultur gehört, die in diesem Zustand Formen großer Schönheit hervorbringt, welche erwartungsgemäß von der Allgemeinheit beifällig aufgenommen werden –, sind für sie im wesentlichen Dissonanzen charakteristisch. Von der Kultur her gesehen mögen das Mißklänge sein – das heißt, Verhältnisse, die sich innerhalb der Grenzen des Psychismus der Kultur nicht integrieren lassen. Tonverhältnisse, die der kulturgebundene Geist als Mißklänge hört, sind für einen Menschen, der sich in einem ununterbrochenen Umwandlungsprozeß befindet, Dissonanzen.

Ausdrucksstarke Melodien, die nicht von einem kollektiven Einklang oder System getragen werden, müssen sich die erhaltende Kraft selbst schaffen. Sie müssen sich selbst ihren musikalischen Raum schaffen, und in diesem Raum das Gefühl, am rechten Ort zu sein, verwurzelt zu sein. Dazu braucht es zunächst Akkorde, die mit der Überlieferung nichts zu tun haben und die eine vereinheitlichende, holistische Grundlage schaffen. In vielen Fällen ist ein Pleroma der Klänge, das in einer Partitur in den Noten eines dissonanten Akkordes dargestellt wird (aber eigentlich in ihren komplexen Wechselwirkungen begründet ist), das Samenkorn, aus dem sich die Melodie in einem Prozeß entwickelt, welcher dem Keimvorgang entspricht. Die Melodie setzt über Klangfolgen einen spezifischen Ton frei, der dem Raum, welcher sich in holistischer Resonanz befindet, als Eigenschaft innewohnt. Dieser Ton verlangt wiederum nach Instrumenten mit spezifischem Timbre, damit er als komplexes musikalisches Gebilde angemessen in die Wirklichkeit umgesetzt werden kann.

«Tonfarbe»: ein Mißverständnis

In der syntonischen Musik kommt dem Timbre der Instrumente große Bedeutung zu, da die tatsächliche Resonanz eines Instruments die Grundlage dieser Musik ist. Die menschliche Stimme war ohne Zweifel das erste Instrument, doch wenn Primitive zum ersten Mal Töne der Stimme absichtsvoll einsetzen, sollte man weder in kulturellem noch ästhetischem Sinn von Musik sprechen. Alle biologischen Gattungen teilen ihr eigentliches Wesen durch Schreien oder Singen mit, und so auch die Menschheit. Jeder Vokalklang stellt ein besonderes Instrument mit ihm eigenen Formanten dar – mit einem Resonanzbereich, der für ihn charakteristisch ist, mit einem eigenen musikalischen Raum. Eine bestimmte Kultur offenbart ihren kollektiven Psychismus in der Art, wie sie Vokale und Konsonanten einsetzt, wie die Sprache der Menschen intoniert wird, die sie zu einem psychischen Ganzen macht, und in der Syntax, die die grundlegenden verknüpfenden Modi zeigt, welche die Kultur aufweist.

Die Sprechmusik der frühen Menschheit entwickelte sich allmählich mit der Kultur – erst zu einer vokal-instrumentalen, dann zu einer orchestralen Musik. Die Entwicklung orchestraler Musik in Europa führte dazu, daß die Stimme nur noch als Instrument eingesetzt wurde, während in Asien Instrumentenbauer und Spieler (wenigstens zunächst) versuchten, das Instrument wie die menschliche Stimme klingen zu lassen (in Indien Vina und Sarangi, in Japan die Flöte). Die Entwicklung des modernen Orchesters von Beethoven über Berlioz, Wagner und Debussy zu Strawinsky und Varèse zeigt nicht nur, daß das musikalische

Material komplexer gemacht wurde, sondern auch, wie die Vielzahl der instrumentalen Klänge in die Resonanz des Orchesters als eines Ganzen integriert wird. Das technische Können von Instrumentalisten und Dirigenten mußte ungewöhnliche Fortschritte machen, um den Ansprüchen der Komponisten zu genügen, deren schwierige Werke sich zunehmend auf neue Kombinationen in der Orchestrierung, also auf neue Effekte stützen.

Im Zusammenhang mit orchestralen Klängen hat sich allgemein der Begriff «Klangfarbe» durchgesetzt, doch kann niemand seine Verwendung rechtfertigen. Die europäischen Musiker haben sich jahrhundertelang auf Intervallmuster, auf die formale Durchführung von Themen und auf die Modulation von einer Tonart in die andere, also hauptsächlich auf abstrakte Elemente konzentriert. Die Noten eines Musikstücks konnten in eben das Vorzeichen transponiert werden, das am bequemsten war, und ob eine Flöte oder eine Violine die niedergeschriebene Melodie spielte, die Musik blieb «die gleiche». Das große Spiel bestand hierbei darin, ein Thema oder (in der seriellen Musik) eine Auswahl von Noten in allen abgewandelten Formen erkennen und so das Können des Komponisten und die Fähigkeit des Spielers, die verwickelte musikalische Struktur «deutlich» zu machen, (natürlich intellektuell) würdigen zu können. Aufgrund dieser Konzentration auf abstrakte und formalistische Elemente war es schwierig, Musik zu schaffen und zu erleben, bei der es auf den Ton und seine Ausdruckskraft ankam. Als Vehikel psychischer Kommunikation wurde der Ton auf die «Farbe» reduziert und als oberflächlicher, die Sinne ansprechender oder sinnlicher «Effekt» aufgefaßt.

Einige amerikanische Indianer sprachen einst über einen Angloamerikaner und sagten, er habe eine «lügende Stimme». Die Indianer sitzen gern still beisammen, und wenn einer das Schweigen bricht und redet, so nimmt man viel mehr auf, wenn man mit dem Ton und seiner Eigenart in Resonanz ist, als wenn man bloß auf die Worte achtet, die der Geist des Sprechers formt. Ähnlich vermittelt in einer Aufführung die Eigenart der Töne eine entscheidende Botschaft, die mit der Psyche des Spielers zusammenhängt, und diese Botschaft kann die Vermittlung dessen, was die Musik ausdrücken soll, tiefgreifend verändern. Das ist natürlich beim Pianisten besonders deutlich, der für das, was die Aufführung vermittelt, ganz und gar verantwortlich ist – vorausgesetzt, das Klavier ist gut genug, was nicht immer der Fall ist.

Hier geht es vor allem darum, ob ein Spieler unter Musik eine Reihe von Verhältnissen zwischen Noten versteht, die an sich keinen bestimmten Klang haben, oder ein zusammengesetztes, sich entfaltendes Ganzes aus wirklich gehörten Tönen, die eine eindeutige Eigenschaft haben. Das soll nicht heißen, die Komponisten der klassischen europäischen Musik hätten die tatsächliche und konkrete Natur (die Schwingungen, die wirklich zu hören sind) ihrer intellektuell und formalistisch gestalteten Musik ganz außer acht gelassen; die tatsächlichen Klänge, die von den Partituren gefordert wurden, waren jedoch nur von untergeordneter Bedeutung. Die Entwicklung des Orchesters und komplexer, stark erregender Orchestrierungen im zwanzigsten Jahrhundert war von großem Einfluß auf die potentielle Entwicklung eines TON-Bewußtseins. Ich glaube jedoch, daß die aus der Akustik stammende Vorstellung der Obertöne zu einem grundlegenden Mißverständnis führte. Hier wird nämlich versucht, das Timbre instrumentaler Schallquellen – die totale Resonanz des materiellen Instruments, die sich auf die umgebende Luft überträgt – auf eine Reihe meßbarer Bestandteile (Obertöne) zu reduzieren. Was ich TON nenne, ist nicht vollständig auszumessen – ebenso wenig, wie man den emotionalen oder psychoaktiven Charakter oder die Intensität eines musikalischen Themas oder einer Melodie messen oder gar definieren kann.

Das Wort TON (in Großbuchstaben) sollte der musikalischen Entsprechung der Lebenskraft vorbehalten bleiben, die sich in jedem pflanzlichen oder tierischen Organismus findet. TON ist nicht «Farbe». Das Hören unterscheidet sich gänzlich vom Sehen. Unser gewöhnlicher Gehörsinn hat mit der Bewußtheit der Eigenschaften der Lebensenergie zu tun – mit der Kraft biologischer Impulse, mit Zuständen des Gemütes, mit Willensentscheidungen. Der Gesichtssinn ist andererseits die Grundlage, auf der sich das Bewußtsein entwickelt. Jede Form des Seins – selbst das Universum als Ganzes – *beginnt* mit einer Freisetzung der Kraft durch den KLANG, den Zustand Alpha des Seins. Sie *vollendet* sich im LICHT, dem Licht des allumfassenden Bewußtseins, dem Omega des Seins.

Man könnte sich jedoch vorstellen, daß man unterschwellig eine Musik erleben kann, die mit dem Zustand Omega des Seins in Resonanz ist. Man könnte sie eine «Musik des Bewußtseins» nennen. Da man keine Worte hätte, diesen TON zu beschreiben, könnte man sich gezwungen sehen, von dieser Erfahrung wie von der des Lichtes zu sprechen. Dabei könnte man dann Begriffe wie Tonfarbe, leuchtende oder dunkle Klänge gebrauchen. Der Begriff Tonfarbe ist jedoch verwirrend, wenn man ihn zum Beispiel bei Komponisten wie Debussy und Ravel verwendet, die unsinnigerweise Impressionisten genannt werden. Die tiefste Absicht des Impressionismus in der Malerei wie der Musik bestand darin, die Menschen auf eine Weise sehen und hören zu lassen, die neu, natürlich und spontan war, frei von den Zwängen überkommener Vorurteile, die die europäische Kultur ihnen auferlegt hatte. Die Bewegung des Impressionismus war der erste Versuch, die Menschen davon zu befreien, in typisch abendländischer Weise auf die körperliche und seelische Wirklichkeit zu reagieren.

Das Thema Tonfarbe ist heute wichtig, weil einige Musiker der Avantgarde ausgiebig von ihr sprechen, vor allem aber, weil sie zunehmend elektronische Instrumente und andere Klangquellen einsetzen, denen gewöhnlich lebendige Schwingungen und holistische Resonanz fehlen. Der (bewußte oder unbewußte) Versuch, diese Dürftigkeit der Tonqualität durch außergewöhnlich langatmige Wiederholungen kurzer, einfacher und oft musikalisch bedeutungsloser Klangfolgen auszugleichen, führt meiner Meinung nach nicht zu sinnvollen Ergebnissen, sieht man von quasi hypnotischen Zuständen der Entspannung und einer bequemen, meditativen Wendung nach Innen ab. Doch gibt es in diesem Bereich zweifellos bemerkenswerte Ausnahmen.

Elektronische Musik ist oft eher angewandte Akustik als Musik, vor allem wenn sie aus zusammengesetzten Schwingungen besteht, die elektronisch erzeugt und quantitativ festgelegt wurden – Zusammensetzungen, die häufig auf der analytischen, wissenschaftlichen Vorstellung meßbarer Frequenzen von Grundton und Obertönen beruhen. «Konkrete Musik» beruht auf einer

Zerlegung der Wirklichkeit und einem erneuten Zusammensetzen, einer Synthese der zerlegten Fragmente. Die konkrete Musik mag als Protest gegen die banale, an die Kultur gebundene Auffassung der Wirklichkeit, die sich vor allem in der Künstlichkeit und der Gespanntheit des Stadtlebens zeigt, im Sinne einer Katharsis bedeutsam sein. Ihre Stücke scheinen jedoch oft aus psychisch leeren Klängen zusammengesetzt, deren Leere nicht durch langwierige Wiederholungen quasi magischer Art zu füllen ist.

Ein Großteil der Menschheit in Ost und West wird nicht mehr vom kollektiven Psychismus der Kultur ihrer Geburtsländer getragen und mit Kraft versehen. Als Künstler muß man der Musik (oder den anderen Kunstgattungen) durch persönliche Sammlung und eine innere Umwandlung Kraft verleihen. Wenn Komponist und Künstler die Klänge mit TON füllen wollen, Klänge, die leer sind, weil sie nicht mehr in der lebendig schwingenden und dynamischen Matrix der Kultur wurzeln, müssen sie ihren eigenen individualisierten Psychismus in sie einströmen lassen. Und das bedeutet, die Instrumente mit einer lebendig schwingenden Resonanz zu versehen, die ihnen neues Leben – und nicht bloß noch mehr «Farbe» – gibt.

Diese lebendig schwingende Resonanz des konkreten Materials der Musik und der Instrumente kann, wie ich glaube, auf höchst bedeutsame und psychoaktive Weise durch die Verwendung dissonanter Harmonien erreicht werden, die eine Fülle an Resonanz hervorrufen. Diese Resonanz kann nur entstehen, wenn Unterschiede und sogar gegensätzliche Schwingungen in Übereinstimmung gebracht werden. Das Zeitalter des patriarchalischen, homogenen Stammes ist vorüber. Sollte es eines Tages wiederkehren, dann wohl auf einer höheren Ebene, die heute noch unzugänglich und unwirklich ist. *Lebendiges Schwingen* ist tatsächlich der Schlüssel, will man den Klängen mit Hilfe der Magie des TONES Kraft geben. Doch heute wird eine neue Art der Magie von den schöpferischen Menschen gefordert, die fähig sind, in einem transpersonalen Sinn als Werkzeuge der ganzen Menschheit zu leben, zu fühlen und zu denken – die Magie des syntonischen Bewußtseins. Der schöpferische KLANG, der «am Anfang» ist, und die erleuchtete Fülle des RAUM-Bewußtseins, der Zustand Omega am «Ende der Zeiten», können verschmelzen. Und in dieser Verschmelzung – wenn auch vorläufig und unvollständig verwirklicht – mag sich die Geburt einer neuen Musik und einer neuen Zeit wenn schon nicht konkret verwirklichen, so doch wenigstens ankündigen. Der Weg jeder Christusgestalt muß von einem Johannes dem Täufer vorbereitet werden, in dem sich Ende und Anfang berühren.

Das Prinzip der Stimmigkeit in zusammengesetzten Ganzen

Den Musikstudenten werden Kompositionsregeln beigebracht, aber jede schöpferische Tätigkeit kennt nur ein maßgebendes Prinzip: Stimmigkeit. Stimmigkeit zeigt sich im sicheren und quasi organischen Rhythmus der Entfaltung, als anhaltender Prozeß der Gestaltung oder Umgestaltung.

Im letzten Kapitel seines ausgezeichneten Buches *Das Tao der Physik* spricht Fritjof Capra davon, wie neuerdings das, was die Menschen als Materie wahrnehmen, von der «Bootstrap»-Hypothese des Physikers Geoffrey Chew gedeutet wird. Dieser Bootstrap-Philosophie nach «ist das Universum als dynamisches Gewebe untereinander zusammenhängender Ereignisse anzusehen. Kein Teil dieses Gewebes hat grundlegende Eigenschaften; sie alle sind Folgen der Eigenschaften der anderen Teile, und der stimmige Gesamtzusammenhang ihrer wechselseitigen Beziehungen bestimmt die Struktur des ganzen Gewebes.» Mit anderen Worten «läßt sich die Natur nicht auf Grundeinheiten wie Elementarteilchen oder fundamentale Felder reduzieren. Sie läßt sich nur insgesamt durch die Stimmigkeit ihres inneren Zusammenhanges begreifen».[47]

Es ist hier unmöglich, detailliert aufzuzeigen, wie diese Theorie der Wirklichkeit in Beziehung gesetzt werden kann zur Ganzheitlichkeit des musikalischen Raumes und zum Prinzip der wechselseitigen Durchdringung von Schallschwingungen innerhalb holistischer Resonanzen, die auf dissonanter Harmonie beruhen. Die Folgerungen aus dieser Betrachtungsweise berühren jedoch alle Bereiche menschlicher Tätigkeit, also auch die

Musik. Capra erwähnt Joseph Needhams Untersuchung der wichtigsten Vorstellungen der taoistischen Philosophie Chinas und zitiert die Worte, daß «das harmonische Zusammenwirken aller Wesen nicht aufgrund eines Befehls einer höheren, außenstehenden Macht entstand, sondern aufgrund der Tatsache, daß sie alle Teile einer Hierarchie von Ganzen waren, die ein kosmisches Muster bildeten, und dabei ließen sie sich nur vom *inneren Geheiß ihrer eigenen Natur leiten* [Kursive von mir]... Die Chinesen hätten nicht einmal ein Wort, das der klassischen westlichen Vorstellung vom Naturgesetz entsprochen hätte.»[48] Capra stellt weiter fest, daß in der jüngst entwickelten Physik «die innere Stimmigkeit der Kern aller Naturgesetze» ist und daß «in einem Universum, das ein unteilbares Ganzes ist, in dem alle Formen in Fluß sind und sich ständig verändern, kein Platz ist für irgendeine feste Grundeinheit.»

Diese Welt, die «in Fluß» ist und «sich ständig verändert», ist die Welt der Musik – einer Musik, die von den intellektuellen und formalistischen Zwängen der klassischen Theorie der Tonalität befreit ist, welche bezeichnenderweise in dem Jahrhundert aufgestellt wurde, in dem durch die Vorstellungen eines Newton und Descartes der modernen wissenschaftlichen Haltung die feste Form gegeben wurde – wenigstens bis Einstein, Dirac und Heisenberg kamen. Die festen Atome, die in der Newtonschen Physik die Grundlage der Materie bildeten – und die unzerstörbaren Monaden, die Leibniz zur gleichen Zeit postulierte –, entsprechen, abstrakt, wie sie sind, den präzisen Noten der klassischen europäischen Musik, die sich im festumrissenen, doch im wesentlichen leeren Raum einer Partitur nach genauen Regeln bewegen. Die Partitur weist eine Notenschrift mit starren Linien auf, die ebenso starre Intervalle festsetzen. Ebenso unnachgiebige Taktstriche setzen betonte und unbetonte Schläge fest, die von der metronomischen Zeit einfacher Rhythmen beherrscht werden. Selbst die Melodien müssen eine feste Anzahl von Takten lang sein.

Die Musik ist tatsächlich in eine Zwangsjacke gesteckt worden, doch brauchten die Menschen, die eine Art zentrifugalen Individualismus (oder wenigstens einen emotionalen Persönlichkeitskult) entwickelten und dem Ideal einer übermäßig toleranten Demokratie nachstrebten, eine von außen vernünftig geregelte Ordnung der Musik, damit die psychische Einheitlichkeit gewahrt blieb. Sie fürchteten Spontaneität und schöpferische Freiheit des Geistes geradezu. Und sie haben sich bis heute nicht als fähig erwiesen, ohne äußeren Zwang zu leben, sobald die Zwänge einmal fortfallen.

Die Reaktion auf das Fehlen von Zwängen geht als «Einfachheit» durch; sie stellt den Versuch dar, zu magischen Wiederholungen zurückzukehren. Darunter verbirgt sich eine Verwirrung, vermischt mit der durchaus ernst zu nehmenden Sehnsucht nach einer Freiheit, die weder magisch noch heilig ist, und der die meisten Menschen noch keinen in sich stimmigen Sinn geben können. Ein Mensch, der diesen Sinn erfassen will, muß in seiner Identität verankert (oder stabil geworden) sein. Doch diese Identität sollte man sich nicht, auch nicht auf einer angenommenen «spirituellen» Ebene, als isoliertes und unabhängiges Sein vorstellen. Identität muß als die Ganzheitlichkeit eines in sich stimmigen Prozesses verstanden werden, der vom keimenden Saatkorn (dem Zustand Alpha) bis zum sich vollendenden Saatkorn (dem Zustand Omega) reicht – als ein Ganzes, das selbst wieder Bestandteil eines größeren Ganzen, der Menschheit, ist.

Daher sollte ein musikalisches Werk Identität haben, doch eine Identität, die weder statisch noch von vornherein durch eine überlieferte Form festgelegt ist, welche einem quasi absoluten Wertbereich angehört. Man sollte es dem Hörer des Werkes ermöglichen, über ein Gefühlserlebnis in der Vielfalt der Musik die Einheit zu entdecken, die wie ein Saatkorn ist. Das kann allerdings nur geschehen, wenn der Hörer *zuläßt*, daß der Ton der Ganzheitlichkeit des musikalischen Ganzen in seinem Bewußtsein und seiner Gefühlswelt Resonanz findet. Dieses Saatkorn von Ton kann eine vertikale Ordnung bestimmter Noten sein – ein komplexer Akkord, dessen Bestandteile wie die eines asiatischen Gongs sich wechselseitig beeinflussen und durchdringen –, oder er liegt dem musikalischen Prozeß lediglich zugrunde und wird vielleicht nur in den Augenblicken offenbar, wenn die Absicht deutlich und die psychische Kommunikation intensiv werden.

Dieser Prozeß muß eine innere Stimmigkeit haben; er sollte

darauf abzielen, ein Bedürfnis zu befriedigen (häufig eher unbewußt als bewußt). Der Geist wirkt immer im Sinne der Befriedigung eines Bedürfnisses. Er wirkt, weil er das wieder ins Gleichgewicht bringen will (es wieder ganz und dynamisch machen, das heißt mit Ton erfüllen will), was sich zersetzt hat, aber noch wiederherzustellen ist, was psychisch durch Mühen und Zwänge verwirrt wurde, die es weder abwehren noch assimilieren konnte. In der Musik sind das Mißklänge. Der schöpferische und umwandelnde Geist versucht unaufhörlich, Mißklänge in harmonische Dissonanzen umzuformen, und die Musik braucht diesen Geist jetzt nötiger als je zuvor.

Eine Vision der kosmischen Möglichkeiten der Musik

In diesem gefährlichen Augenblick der Menschheitsgeschichte kann man sich kaum eine Vorstellung von der zukünftigen, auf dissonante Art einheitlichen Musik und ihrer holistischen Resonanz machen. Sollte die Menschheit zu einfacheren, technisch weniger komplizierten Lebensformen zurückkehren müssen, jedoch mit einem neuen Gefühl «universaler Brüderschaft», können in sich einheitliche Gruppen von Menschen, die von einer gemeinsamen Aufgabe zusammengehalten werden, vielleicht wieder das Bedürfnis haben, in gemeinsamem körperlichem Einklang zu singen. Dabei mögen dann große gongähnliche Instrumente die Gesänge mit dem lebendigen Schwingen des musikalischen Raumes umglänzen, den die vereinten Stimmen psychisch entstehen lassen. Kann sich die moderne Zivilisation andererseits wieder stabilisieren, so wird sie vielleicht Musikinstrumente herstellen, die unsere heutigen elektronischen Apparate als naive und primitive Vorläufer erscheinen lassen. Dann könnte sich eine Musik der Raumfülle ausbilden – eine Musik wahrhaft kosmischer Pleromas der Klänge. Ich habe von einem solchen Instrument geträumt und es in meinem Roman *Return from No Return* (1953) beschrieben, wobei ich es auf einen fernen Planeten im Sternbild Schütze versetzte. Ich nannte dieses heilige Instrument Kosmophonon, «ein Kräftefeld umgeben von Myriaden leuchtender Kristalle in vielen Formen und Farben». Ein Zitat aus meinem Buch kann vielleicht die Möglichkeit der supra-sakromagischen Verwendung dieses Instrumentes zeigen:

Das kosmophonische Feld füllte sich mit Schwingung, als Vashista ein paar feine Hebel bewegte, die wie Finger bebten. Das Mädchen, das er im linken Arm hielt, zitterte. In Vashistas Kopf begann ein kristallenes Organ von außergewöhnlicher Wirkungskraft ebenfalls zu schwingen. Es war, als würde es von den kosmischen Schwingungen durchlaufen, die dadurch gereinigt und geklärt wurden. Ach, nur er allein war jetzt fähig, diese Aufgabe zu übernehmen. Als die Schwingung eine hohe Frequenz erreicht hatte, berührte Vashista einen der vielen tausend kleiner Knöpfe, und ein ungewöhnlicher Ton füllte den Saal. Jeder Knopf war auf den Grundton eines Sternes eingestellt. Und als erster Ton wurde der von Vru freigesetzt, der als Trägerwelle ins Reich der Sterne, in die Unermeßlichkeit der kosmischen geistigen Kraft führt.

Tzema-Tses Körper bebte, als der majestätische Ton ihr ganzes Wesen durchbrauste. Etwas öffnete sich plötzlich wie eine tropische Blume, die der Schein der aufgehenden Sonne trifft. Vashista spürte die Öffnung, und eine große Erregung kam über ihn: Er wußte jetzt, daß sich in dem Wesen, das er fest an sich drückte, eine Pforte zum geistigen Raum, dem Raum der Sterne geöffnet hatte. Das konnte nur bedeuten, daß in jenem Raum bereits, vielleicht noch schlafend, eine unsterbliche Seinsform, ein ewiges «Ich» wohnte. Vom Volk der Asua hatte noch niemand in so jungen Jahren diese plötzliche Öffnung der inneren Pforte erlebt. Selbst er, Vashista, hatte durch vollkommenes Ausgleichen aller psychischen Energien und aller Schwingungen seines Organismus über lange Zeit heranreifen müssen, bevor der Augenblick kommen konnte, der zur Auflösung des klaren Kristalls seines geistigen Bewußtseins führte – zur Offenbarung der rätselhaften FORM DER UNSTERBLICHKEIT, seines SternenSELBST.

Das Mädchen mußte in der Tat das erhoffte JUWEL sein!

Vashista berührte andere Knöpfe. Großartige Töne, ein sich ständig wandelnder, modulierender Chor, legten sich über Vrus Grundschwingung. Sein Finger berührte den Knopf, der die sehr hohe Schwingung des Begleitsternes Svaha freisetzt. Da bäumte sich Tzema-Tses Körper unwillentlich auf, als würde er von Krämpfen geschüttelt. Vashista hielt sie fest und blickte in ihre Augen, die sich weiteten, ihn anstarrten. Ein Bild. Ja, er erblickte im Spiegel der Augen eine FORM, eine wunderbare FORM reinen Lichtes. Tzema-Tse schloß plötzlich die Lider, schluchzte. Ihrem Mund entschlüpfte ein unbekannter Klang. «Zahar... Zahar...», meint der alte Diener Vrus zu hören. Ein Name?

Das Instrument war verstummt. Tzema-Tse zitterte noch leicht. Vashista führte sie aus dem kosmophonischen Feld, das jetzt zur Ruhe gekommen war.[49]

Das ist freilich ein Traum, Teil einer Geschichte von Transzendenz und Liebe im Umfeld des planetarischen Schicksals der Gattung Mensch. Doch ist ein Instrument wie das Kosmophonon möglich, wenn die Voraussetzungen auf diesem Planeten es zulassen, daß sich Menschen entwickeln, die die zielgerichtete Freisetzung der kosmischen, umwandelnden Kraft zu kanalisieren vermögen, welche durch das Wechselspiel polarisierter, transphysikalischer Energien erzeugt wurde. Denn das Werkzeug, das der Energie die Richtung gibt, wird vermutlich immer ein Mensch sein, dessen Bewußtsein und Kraft sich auf eine transpersonale Ebene des Geistes ausgerichtet haben. Im Klang der Musik offenbart sich das Reich des Psychismus, und die Stärke der Ausdruckskraft der Musik ist das dynamische Abbild der Stärke, die der Psychismus besonders sensibler und offener Menschen aufweist.

Die Musik liegt nicht in den Noten. Sie wird durch das lebendige Schwingen und den Ton materieller Instrumente freigesetzt, die in Resonanz mit der Einwirkung der individuellen oder kollektiven Psyche der Menschen erklingen. Musik ist psychische Kommunikation. Die Feststellung des schöpferischen Wissenschaftlers Donald Hatch Andrews in seinem Buch *The Symphony of Life*[50], daß «das Universum mehr wie Musik und nicht so sehr Materie ist», hat große Bedeutung. Das Universum ist tatsächlich ein Ganzes, das sich aus einem unglaublich komplexen Kommunikationsnetz zusammensetzt, welches alles mit allem verknüpft.

Das Geheimnis dieser allgegenwärtigen und alles umfassenden

Kommunikation ist die wechselseitige Durchdringung aller Daseinsformen auf der Ebene des kosmischen Psychismus – der *Anima mundi* der mittelalterlichen Okkultisten, der «Weltseele». Auf dieser Ebene ist jedes Daseinszentrum in Resonanz mit allen anderen, die in einer allumfassenden HARMONIE aufgehen. Weil aber jedes Bewußtseinszentrum dennoch rätselhafterweise seine Identität bewahrt – die Einzigartigkeit seiner Entwicklung und seines Schwingens, seinen spirituellen Ton –, ist diese HARMONIE eine dissonante Harmonie, ein unaufhörlicher Sieg über die zentrifugale Kraft der Vielfalt. Diese HARMONIE ist die göttliche Liebe, die immerdar über die Unentschiedenheit triumphiert und die Unterschiede zu Musik vereinigt – zur wahren Sphärenmusik.

12. RHYTHMEN DER ZIVILISATION UND DER KULTUR

Wenn wir das, was heute in der Welt und auf dem Gebiet der Musik geschieht, deuten und ihm einen Sinn geben wollen, müssen wir den einen globalen Prozeß der Zivilisation von dem der vielen Kulturen unterscheiden, die geboren werden, reifen und vergehen.

Während des achtzehnten und neunzehnten Jahrhunderts sah man die Zivilisation als allmählichen, in eine Richtung verlaufenden Fortschritt von der «Barbarei» zu immer weiter entwickelten, verfeinerten und «geistigeren» Formen «zivilisierten» Lebens, Fühlens und Denkens. Die Entwicklung der Wissenschaft und Technologie nach der industriellen Revolution und das Entstehen humanitärer Bewegungen – ob nun auf der religiösen, gotterfüllten Ebene des Glaubens der Baha'i oder auf der materialistischen, atheistischen Ebene des Marxismus – schienen den Begriff «Fortschritt» zu rechtfertigen. Im neunzehnten Jahrhundert betete man den Fortschritt an, wie man im achtzehnten die Vernunft vergöttert hatte.

Die meisten Menschen hatten den Ausbruch des Ersten Weltkrieges nicht kommen sehen. Die angeblichen und immer wieder propagandistisch veröffentlichten Greueltaten der Deutschen sowie die Schrecken des Grabenkrieges – ganze Regimenter wurden durch den Stacheldrahtverhau eines Niemandslandes in einen gräßlichen Tod geschickt – entsetzten den menschlichen Geist. Der Zweite Weltkrieg, die völlige Vernichtung großer Städte durch Bombenabwurf, die Zunahme des Gebrauchs der Folter als Werkzeug der Politik und die finstere Realität atomarer Kriegführung – dazu die immer deutlicheren Anzeichen einer Riesenverschmutzung des Planeten durch die Abfallprodukte technologischer Errungenschaften – haben die Religion des Fortschritts zu einem tragischen Witz werden lassen. Dennoch klammern sich viele Menschen verzweifelt an den Fortschrittsglauben, und der angeborene Optimismus der amerikanischen Mittelschicht kämpft noch immer gegen negative Untergangsvisionen an, die durch die Tatsachen allerdings eher erhärtet werden – es sei denn, eine umfassendere Sicht der menschlichen Evolution läßt sie in einem anderen, weniger düsteren Licht erscheinen.

Diese Sicht zeigt die Zivilisation als Prozeß, der in der organischen Entwicklung vieler gleichzeitiger oder auch aufeinander folgender Kulturganzen wirksam wird, wobei jedes geboren wird, wächst, reift und mehr oder weniger rasch verfällt und sich auflöst. Jede Kultur verwirklicht in konkreter Form und durch bestimmte Arten der Tätigkeit einen bestimmten Aspekt der Möglichkeiten, die in der Menschheit liegen und sich entfalten. Der Prozeß der Zivilisation ist andererseits eine universalistische, gesamtmenschliche, planetarische Entwicklung, die aber nur konkret wirksam werden kann, wenn sie in der psychisch-geistigen Substanz eines Volkes eine feste Form annimmt, dazu in den Grundmustern einer Kultur, die von Klima, Flora und Fauna geprägt ist. Da sich eine Kultur aus einer Verbindung neuer, dynamischer Elemente mit den Überbleibseln der Vergangenheit formt, die durch diese Elemente neues Leben gewinnen, hat sie in der gesamten Evolution der Menschheit die Aufgabe, eine neue menschliche Eigenschaft oder einen TON zu verkörpern – eine Lebensweise, die bis jetzt noch nicht versucht wurde und die auf neuen Mythen, Symbolen und gesellschaftlichen Einrichtungen basiert. Diese werden auf der Ebene wirksam, die der planetarische Zivilisationsprozeß zu dem Zeitpunkt erreicht hat, an dem sich die Kultur bildet. So ist die Zivilisation multidimensional und nicht linear. Ihre Entfaltung führt zu mehr oder weniger lokalen, auf- und absteigenden Wirbeln, die dennoch eine allumfassende Spirale bilden. So entwickelt sich die Menschheit weiter, auch wenn die Kulturen vergehen, oft genug in Katastrophen untergehen. Die Menschheit entwickelt sich vor allem während der Epochen des Niedergangs weiter, da in diesen Epochen der Niedergang durch die

Bildung und Entfaltung von Samen ausgeglichen wird, die eine Mutation durchmachen.

Der TON, den der Zivilisationsprozeß freisetzt, bringt jedoch Erschütterungen mit sich. Wenn die von einer Kultur errichteten Strukturen nicht in der Lage sind, in Resonanz mit der neuen Schwingung zu sein, werden sie zerstört. Die Zerstörung ist aber nicht die «Schuld» des Zivilisationsprozesses, der weitergehen muß, da seine Bewegungsrichtung gar nicht umzukehren ist. Er kann nur aufgehalten werden, wenn keine Möglichkeit der Bildung eines Kulturganzen besteht, das auf ihn reagieren kann – bis sich die Möglichkeit wieder ergibt, vielleicht an einer anderen Stelle des Kosmos. Für die Zerstörung erstarrter Strukturen ist vielmehr das Kulturganze verantwortlich, das seine Aufgabe (sein Schicksal oder Dharma) zumindest in gewissem Sinne verfehlt, ein Werkzeug der Manifestation des neuen TONES zu sein, der vom Prozeß der Zivilisation freigesetzt wird.

Die Probleme, die heute der euroamerikanischen Kultur zu schaffen machen, sind die Folgen der störenden Widerstände, die sich der neuen Schwingung (einer neuen Möglichkeit der Entfaltung menschlicher Bewußtheit und Tätigkeit) entgegenstellen, welche vor ein paar tausend Jahren in den planetarischen Organismus der Erde hinein freigesetzt wurde – vermutlich zu Beginn des Zeitalters, das die indischen Philosophen und Mythenschöpfer Kali-Yuga nennen. Die neue Schwingung ist wahrscheinlich als eine spirituelle Kraft freigesetzt worden, die jedoch einen langen Prozeß der Involution (oder der Herabkunft als schöpferischer KLANG) durchlaufen mußte, bis sich in großem Maßstab menschliche Ordnungssysteme ausbilden konnten, die in der Lage waren, tatsächlich mit Resonanz auf ihre Einwirkung zu reagieren. Diese neue Schwingung rief in der menschlichen Natur und in den Kulturen, die seither entstanden, allmählich spezifische Reaktionen hervor.

Die erste Resonanz führte zu dem, was einige Anthropologen das vitalistische Zeitalter nennen – die Epoche der Fruchtbarkeitskulte, die auf der Verehrung des Lebens und der Wechselwirkungen von männlichem und weiblichem Pol beruhten. Es war das Zeitalter der Entwicklung des Ackerbaus und der Gründung großer Stammesgesellschaften an den Ufern großer Flüsse. Schließlich wurden Städte errichtet, und der Prozeß der Individualisierung begann auf das menschliche Bewußtsein einzuwirken. Er nahm während des sechsten vorchristlichen Jahrhunderts vor allem in der griechischen Welt des östlichen Mittelmeerraumes und in Indien deutliche, wenn auch embryonale Formen an. Im Mittelmeergebiet ist es Pythagoras und in Indien Gautama Buddha, die die erhabensten Symbole der Resonanz ihrer jeweiligen Kultur auf die Herabkunft des neuen TONES darstellen, den der Zivilisationsprozeß freisetzte.

Die Resonanz, die der lebendigste und offenste Geist der griechischen Welt zeigte, konnte von den Menschen der folgenden Generationen in ihrer Reinheit und ihrem tieferen Wesen nicht aufrechterhalten werden, auch wenn sie zunächst schöpferisch und positiv war. Die griechische Kultur, die ihre bedeutendste und lebendigste Äußerung in Athen fand, versagte, weil der Stadtstaat, der den Keim zur Demokratie legte, eigentlich von einer Elite männlicher Bürger gelenkt wurde, die über eine Masse von Sklaven herrschte. Und die Mehrzahl der Bürger Athens hielt weiter an den alten vitalistischen Grundsätzen fest, die sich allmählich in immer leereren religiösen Kulten verfestigten. Oder sie beantworteten die geistigen Möglichkeiten der neuen Schwingung nur mit endlosen Streitgesprächen und überspitzten Vereinfachungen. Die Eroberungszüge Alexanders verbreiteten, was man (allenfalls) oberflächlich verstanden hatte – den Intellektualismus und die aristotelische Gedankenwelt der griechischen Kultur, die das Organisationstalent machthungriger römischer Verwaltungsbeamter in etwa nach dem Vorbild des persischen Reiches des Darius institutionalisierte. Griechische und römische Kultur verfielen, doch die menschliche Zivilisation war damit nicht gescheitert. Gescheitert waren die Kultur und die Institutionen, die sich vergeblich bemüht hatten, dem neuen TON, den die Zivilisation erklingen ließ, konkrete Form zu geben.

Das neue Kulturganze, das sich im mittleren und westlichen Europa entwickelte, übernahm viele gesellschaftlich-politische Institutionen Roms. Selbst die päpstliche Kirche nahm die Form eines religiösen römischen Reiches an. Sie bezog bei der Errichtung dieser festen Ordnung des kollektiven Psychismus auch politische und militärische Macht mit ein. Der übermäßig individualistische Geist der Renaissance und der materialistische Geist empirischer Wissenschaft war die Folge. Die Kirche und die extreme wissenschaftliche und psychologische Reaktion auf ihre Herrschaft über den Psychismus der europäischen Völker – eine Herrschaft, die durch die protestantische Reformation nur oberflächlich gemildert wurde – waren entscheidende Faktoren der euroamerikanischen Kultur und sind es immer noch.

Heute muß sich die abendländische Kultur den Folgen ihrer Versäumnisse stellen – hat sie doch ihre auf Profit ausgerichtete Technologie und ihre Machtgier über den ganzen Globus verbreitet und so den Zerfall aller anderen Kulturen beschleunigt. Auch hier ist nicht der Prozeß der Zivilisation daran schuld, sondern die Unfähigkeit der europäischen Kultur, ihren Auftrag (ihr Schicksal oder Dharma) zu erfüllen, ihr Ideal nutzbringend und konkret zu verwirklichen, nämlich den athenischen Geist durch das Licht und das Mitleid der Christusliebe zu erleuchten. Europa hat die Kräfte falsch eingesetzt, die im antiken Griechenland von Menschen freigesetzt worden waren, welche von einer neuen Geistigkeit erfüllt waren. Auch die Kirche ist falsch mit dem spirituellen Impuls umgegangen, der sich in Jesus verdichtete und über ihn freigesetzt wurde. Der Christusgeist wurde durch Paulus ins Emotionale und Dramatische übersetzt und von den Kirchenvätern weiter ins Materialistische gewendet. Diese frommen, aber oft geistlich ehrgeizigen Männer bekämpften den intellektuellen Geist der alexandrinischen Elite und den volkstümlichen Zauber des Mithraskultes sowie anderer vitalistischer Gespenster, die die allmählich leerer werdende Kollektivseele des römischen Reiches heimsuchten, welches die Last einer gewaltigen Menge unruhiger Sklaven spürte und seinen Söldnern auf Gnade oder Ungnade ausgeliefert war. Die Kirchenväter sperrten den Geist in Dogmen: Nahrung für die Emotionen der Sklaven und der europäischen Massen. Heute sind wir vielleicht Zeugen der Götterdämmerung aller Kulturen der Welt, doch die Zivilisation wird nicht untergehen, solange Samen für eine neue Kultur gesät werden können.

Diese Unterscheidung zwischen dem einen, ungeheuren Prozeß der Zivilisation, der den gesamten Planeten umfaßt, und der organischen, zyklischen Entfaltung der vielen Kulturganzen ist meiner Meinung nach eine Erkenntnis von grundsätzlicher Bedeutung, will man objektiv begründet verstehen, was seit dem Beginn dieses Jahrhunderts in der Musik (und in allen Künsten) geschehen ist. Die Entwicklung des rationalistischen und wissenschaftlichen abendländischen Geistes, der ein wenn auch tragisches Ergebnis der Wechselwirkung von Zivilisation und Kultur ist, hat auch die Möglichkeiten der Klangerzeugung ungeheuer erweitert. Während in archaischen Zeiten der Bereich der Musik auf die Töne beschränkt war, die männliche und weibliche Stimme sowie ein paar Instrumente erzeugen konnten – wobei letztere einen Umfang von höchstens drei oder vier Oktaven hatten – lassen sich heute alle Schwingungsfrequenzen, die das menschliche Ohr wahrnehmen kann, mit Musikinstrumenten hervorbringen. Tasteninstrumente, vor allem Orgel und Klavier, umfassen diesen gesamten Bereich praktisch verwendbarer Schallfrequenzen (etwa sieben Oktaven).

Die technischen Erfindungen des abendländischen Geistes sind aber nicht allein für diese Ausweitung des musikalischen Raumes verantwortlich. Genauso wichtig oder gar noch bedeutsamer war die Fähigkeit der Menschen, zwischen Personen und Gruppen Beziehungen herzustellen, und das eher auf der Grundlage eines individualistischen Pluralismus als auf der Basis der zwanghaften Einmütigkeit von Stämmen oder einer Gesellschaftsordnung von Herren und Sklaven. Diese neue Art der Beziehung schuf im kollektiven Psychismus und der musikalischen Kommunikation Europas die Voraussetzungen für das polyphone Singen im Chor. Die Menschen fühlten sich nicht mehr gezwungen, grundsätzliche Übereinstimmung derart zu zeigen, daß man wie mit einer Stimme sang. Das dynamische Wechselspiel mehrerer gleichzeitiger Melodiebögen führte zur Verwendung von Akkorden, doch waren diese Akkorde an ebenso feste Regeln gebunden wie die Menschen, die gesellschaftlich miteinander zu tun hatten, zum Beispiel in Zünften, in Klöstern oder am Hof eines Königs. Die Ordnung der Akkorde wurde mit einem quasi göttlichen Charakter versehen (oder durch ihn geheiligt), der ihren Fortbestand sichern sollte, auch wenn die kulturellen, gesellschaftlichen und politischen Aktivitäten an Geschwindigkeit und Vielschichtigkeit zunahmen.

Die bemerkenswerte Erweiterung des Klangbereiches, der sich musikalisch verwenden ließ, sowie die Beziehungen zwischen den Tönen, die in polyphonen Motetten und in Symphonien immer komplexer wurden, können auf den pluralistischen, expansiven Geist der abendländischen Kultur zurückgeführt werden. Ich würde diese Entwicklungen allerdings eher als Reaktion der Europäer auf eine grundlegende Veränderung der Schwingung des Zivilisationsprozesses sehen. Die kulturellen Institutionen, die von dieser Reaktion hervorgebracht wurden, sind für das gesellschaftliche und politische Chaos und die allgemeine psychische Leere verantwortlich, denen die Welt sich jetzt gegenübersieht. Doch eigentlich tragen die einzelnen Menschen die Verantwortung, deren Geist passiv Institutionen hinnimmt, von denen sie in der Kindheit geprägt wurden, weil ein tiefgreifender, radikaler Ablösungsprozeß nur schwer zu ertragen wäre. Trotzdem genügt persönlicher, emotionaler Protest nicht, auch wenn er im Prozeß der Auflösung kultureller und psychischer Prägungen der erste Schritt sein mag. Protest wird nicht und kann nicht die Grundlagen einer neuen Kultur errichten. Deren Erbauer müssen auf den neuen TON der Zivilisation eingestimmt sein – auf eine neue Denkweise, auf den Geist der Ganzheitlichkeit. Diese Einstimmung beinhaltet jedoch mehr als die Umwandlung der äußeren Persönlichkeit und ihres Ego-Zentrums; sie verlangt eine totale Verlagerung der Ebene des Bewußtseins und der Tätigkeit – was allerdings kein natürlicher Prozeß ist. Durchläuft ein Einzelwesen diesen Prozeß, müssen die grundlegenden, natürlichen Energien neu ausgerichtet werden.

Die Entfaltung eines Geistes, der sich seiner Bewußtheit bewußt und fähig ist, alle Sinneswahrnehmungen und biopsychischen Gefühle in sinnvolle Beziehung zu einer inneren, individuellen Mitte zu setzen, die «ich bin» sagen kann, ist das wesentliche Merkmal der menschlichen Stufe der planetarischen Evolution. Jeder Organismus, der diese Ebene geistigen Wirkens nicht erreicht hat, befindet sich noch unter oder vor dem Menschlichen. Solch ein Organismus ist lebendig, aber nicht menschlich.

Er ist nur in Resonanz mit den natürlichen Rhythmen der Biosphäre. Wer wahrhaft menschlich ist, befindet sich über dem Natürlichen, auch wenn er in einem biologischen Organismus wurzelt, der von den Naturkräften gestärkt wird. Um wahrhaft menschlich zu sein, muß die um eine Mitte kreisende Kraft des Bewußtseins – das individuierte Selbst – die Zwänge des Naturzustandes überwinden. Es muß sich fest und doch ganz aktiv auf der Ebene mentaler Prozesse behaupten, deren Wirken nicht mehr an das Geheiß biologischer Funktionen gebunden ist.

Solange dies nicht die zentrale Wirklichkeit im Dasein des einzelnen ist, kann der Geist nicht als Geist der Ganzheitlichkeit tätig sein – als der, der Spirituelles und Materielles auf der menschlichen Ebene objektiver Selbstbewußtheit harmonisiert –, weil er dann noch zu sehr in die Energien der Materie verwickelt ist. Der Geist der Ganzheitlichkeit sollte weder völlig in der spirituellen Einheit aufgehen noch sich vor der Vielfalt der Materie fürchten – auch wenn er weiß, daß er leicht von ihr beherrscht werden oder besessen sein kann. Die Realität des Lebens als eines Ordnungsprinzips materieller Elemente leugnet er weder noch verwirft er sie. Er begreift die Notwendigkeit der Lebensordnung auf der Ebene der Erdnatur, der Tiernatur. Er hat sich jedoch auf einer übernatürlichen Ebene des Bewußtseins und der Tätigkeit stabilisiert, und auf dieser Ebene errichtet er sich schließlich selbst ein wirksames, geordnetes Wirkungsfeld.

Der neue Ton, der während der letzten Jahrtausende langsam durch den universalen, gesamtmenschlichen planetarischen Prozeß der Zivilisation freigesetzt wurde, ermöglicht es den einzelnen, diesen ganz menschlichen, individuierten und objektiven Geist zu entwickeln. Zunächst muß er als Geist der Individualität wirken, um eine feste Mitte zu schaffen, auf die sich die Tätigkeit des Nervensystems, des Gehirns und die Strömungen des kollektiven Psychismus beziehen können. Schließlich wird er aber in den ganzheitlichen Geist umgewandelt werden. Diese Umwandlung ist heute das Ziel der Zivilisation in ihrer spirituell ausgerichteten Form. Diese kann jedoch nicht verwirklicht werden, solange der einzelne nicht seine Furcht vor schöpferischer Freiheit und einer tatsächlich selbst herbeigeführten – und nicht biologisch oder emotional erzwungenen – Spontaneität verliert.

Die Menschen fürchten sich, solange sie sich an die mütterliche Sicherheit und Bequemlichkeit der Kultur klammern, die ihre gesellschaftlichen und psychischen Reaktionen geprägt hat. Im Bereich der Musik heißt das, solange sie sich an die Gefahrlosigkeit und die schlichten Schwingungen der Tonalität und an eine «natürliche» Auffassung der Harmonie klammern.

Diese natürliche, theoretisch konsonante Harmonie hat sicherlich ihren Platz und ihre Funktion. Man kann sich tief über sie freuen, wie man sich über all die Schönheit und den Reichtum der Natur freuen soll. Diese Freude sollte aber nicht das Bewußtsein fesseln, das über den Bereich der Naturkräfte hinausreichen kann. Der archetypische MENSCH steht in der «Mitte aller Zustände». Er ist der «Mittelweg», der Weg der «Harmonie der Gegensätze». Er steht im Gleichgewicht zwischen den Extremen. Im MENSCHEN umfaßt der ganzheitliche Geist alles, was ist, was war und was je sein wird – in einem Gleichgewicht, das Frieden bedeutet. Doch ist das manchmal ein Frieden von scheinbar unerträglicher dynamischer Intensität, denn in diesem Frieden vereinen sich alle Gegensätze. Es ist ein Frieden, der durch die unaufhörlichen Siege eines Geistes errungen wird, der in sich ruht.

Zusammenfassung und Schluß

Da dieses Buch komplexes philosophisches und historisches Material vorlegte, wird eine knappe Darstellung der Reihenfolge der Gedanken vielleicht von Nutzen sein.

Die geschichtliche Entwicklung der Musik folgt der Entfaltung des menschlichen Geistes und kann nur von ihr her vollständig und objektiv verstanden werden. Dieser Geist schafft Ordnungssysteme mit festen Strukturen für die Klänge, die die Menschen jeder Kultur brauchen, um sich ihre kollektiven Bedürfnisse und Reaktionen mitzuteilen. Die ersten Kapitel erklärten kurz das Urbedürfnis nach Kommunikation, dem die Musik (als eine Ordnung hörbarer Klänge) entspricht. Es zeigte auf, wie Klänge, wenn sie Bedeutung tragen, zu Tönen werden und wie Töne für magische Zwecke eingesetzt werden – das heißt für die

Übermittlung eines Willens und die Bändigung biologischer Energien.

Im dritten Kapitel wurde der Übergang von der magischen zur sakralen Geisteshaltung und von der animistischen zur vitalistischen Stufe des menschlichen Bewußtseins untersucht. Die unterschiedlichen Ebenen geistiger Tätigkeit, die diese Stufen schaffen, entsprechen Phasen des Zivilisationsprozesses und der gesamtmenschlichen Evolution. Jede Phase muß allerdings durch eine bestimmte Kultur verwirklicht werden, und jede Kultur kann zumindest teilweise versäumen, dem neuen Geist dieser Phase das angemessene Vehikel (eine bestimmte Reihe aufeinander bezogener Einrichtungen) bereitzustellen. Leider entwickeln die Einrichtungen der Kultur großes Beharrungsvermögen. Sie halten sich gewöhnlich an den Weg des geringsten Widerstandes und der größten Bequemlichkeit.

Im vierten bis einschließlich achten Kapitel wurde die große evolutionäre Veränderung im menschlichen Bewußtsein untersucht, die vor allem im sechsten und fünften Jahrhundert vor Christus in Athen ihren Mittelpunkt hatte und die mit einer neuen Form gesellschaftlicher Ordnung, dem Stadtstaat des östlichen Mittelmeerraumes, zusammenhing. Mit dieser evolutionären Veränderung begann eine sehr wichtige, ja entscheidende Entwicklung des Zivilisationsprozesses – auch wenn damals nur eine kleine Minderheit, die (bis auf einige bemerkenswerte Ausnahmen) fast nur aus Männern bestand, vom Drang nach einer Individualisierung des Bewußtseins und nach einem rationaleren und universaleren menschlichen Geist erfaßt wurde. Ferner machte der Stadtstaat, wollte er funktionieren und sich seinem Wesen gemäß ausdehnen, in großem Umfang den Einsatz von Sklaven erforderlich und führte deshalb häufig Kriege, um Sklaven zu beschaffen.

Die Änderung der Richtung des musikalischen Flusses (vom absteigenden zum aufsteigenden Verlauf) wurde in diesem Buch grundsätzlich neu gedeutet. Obwohl diese Änderung wahrscheinlich schon die Voraussetzung für die Verwendung des Monochords durch Pythagoras war, hat sie dennoch das europäische Musikbewußtsein bis in die Zeit der Gotik hinein auf keinen völlig neuen Weg geführt. Im Rahmen dieser neuen Deutung wurden die traditionellen Vorstellungen über Obertonreihe (als das «Naturgesetz» der Musik), Resonanz und Skalen in einem ungewohnten Licht gesehen und veränderten so ihre Bedeutung.

Nach der endgültigen Zerstörung des weströmischen Reiches nahm mit dem Anwachsen der päpstlichen Macht in Rom unter Gregor dem Großen (590–604 n. Chr.) eine neue europäische Kultur Gestalt an. Die verschiedenen Formen mittelmeerischer Kirchenmusik wurden im gregorianischen Gesang zusammengefaßt. Die Entwicklung einer genauen musikalischen Notation schuf zusammen mit dem gregorianischen Gesang die Grundlage der polyphonen Musik wie der Volksmusik der spätgotischen Zeit. Diese Entwicklungen machten ein komplexes System der Tonalität möglich und notwendig, das zur gleichen Zeit wie die modernen Nationen entstand. Jede dieser Nationen hatte ihre eigene Sprache und Lebensweise, und Könige «von Gottes Gnaden» regierten sie autokratisch.

Neuntes und zehntes Kapitel befaßten sich mit der europäischen Musik der klassischen und romantischen Epoche und mit der tiefen Krise, die die Musik seit Debussy, Skrjabin, Strawinski und Schönberg erlebt. Ich erörterte den Prozeß der Auflösung von Prägungen, der Auflösung des Abendländischen, der sich vor allem in der Musik der Avantgarde zeigt – ein komplexer Prozeß, der in viele Richtungen zielt und von der Wissenschaft bis zur Politik in jedem Bereich menschlicher Tätigkeit wirksam ist. Das führte im elften Kapitel zu einem Überblick über die fundamentalsten Ideen, die einer gewissen Auffassung der Musik – und einer kosmischen Philosophie – zugrunde liegen. Würde man sie auf die praktischen Gegebenheiten der musikalischen Welt und besonders auf die Schaffung neuer Instrumente anwenden, käme es zu einer radikalen Wandlung.

Diese Wandlung kann nur durch den neuen, ganzheitlichen Geist eintreten, der vorwärts drängt und anregt – auf den und in dem sich die gegenwärtige Phase des gesamtmenschlichen, weltweiten Zivilisationsprozesses konzentriert. Zu einer solchen radikalen Umgestaltung führen viele Wege. Doch auf jedem Weg muß mit starkem Widerstand gegen grundlegende Veränderungen gerechnet werden. Wie ich glaube, kann man diesem Widerstand nur fest und erfolgreich begegnen, wenn die Vergangenheit der Kultur und der Musik mit offenem und spirituell hellem Geist verstanden und ihr Beharrungsvermögen überwunden wird. Die weltweite Verwirrung, das Chaos der Gegenwart sind direkt oder indirekt Folgen vieler Richtungsentscheidungen, die nicht nur während des sechzehnten und siebzehnten Jahrhunderts in Europa, sondern schon zweitausend Jahre zuvor in Athen getroffen wurden – und auch in Indien, das einige Zeit vom Impuls des Buddha in Bewegung gebracht wurde, wie auch in China während der konfuzianischen Epoche, um nur die Kulturen zu nennen, die uns am vertrautesten sind.

Man kann vielleicht von einem Karma der Rasse, der Nation, der Kultur sprechen und davon, daß die «Sünden der Väter» viele folgende Generationen heimsuchen. Es handelt sich einfach um die Tatsache, daß die Gegenwart immer von den Versäumnissen der Vergangenheit geprägt – wenn auch nicht unausweichlich vorherbestimmt – ist. Doch wird der gegenwärtige Augenblick durch den Schwung der Evolution des Menschen, des Planeten und des Kosmos auch auf die Zukunft zubewegt. Diesem Schwung kann sich letztlich nichts widersetzen, wenn auch der nächste Schritt des Prozesses verzögert werden kann, manchmal Ewigkeiten lang. Verzögerungen entstehen, weil das vorhandene gesellschaftlich-kulturelle und religiöse Material nicht reagiert, nicht fähig ist, ein Mittler zu werden, der ganz in Resonanz ist mit der Herabkunft eines schöpferischen KLANGstromes (den man als göttlichen Willen ansehen kann).

Zu jeder bestimmten Zeit – dem *Jetzt* – ist nichts unausweichlich, aber auch nicht alles möglich. Doch befindet sich das «Jetzt» immer im Gleichgewicht zwischen dem Beharrungsvermögen der Vergangenheit und der schöpferisch umwandelnden Anziehungskraft der Zukunft. Man kann nur das Gleichgewicht zugunsten des Sieges einer Zukunft verschieben, die nicht bloß eine Wiederholung oder oberflächliche Umänderung einer Vergangenheit ist, welche zum Teil von Versäumnissen beladen ist. Dem wahrhaft freien und offenen Geist, der diese Versäumnisse begreift, offenbart sich der nächste, wesentliche Schritt des Evolutionsprozesses. Dieser nächste Schritt kann nur von dem Ort aus getan werden, an dem man sich befindet. Es gibt aber Orte und Situationen – persönlicher wie gesellschaftlicher Art –, die eine Bewegung in eine neue Richtung erschweren – daher das Bedürfnis nach einer Übergangsphase der Auflösung von Prägungen.

Es ist leicht, gefühls- und verstandesmäßig als Resonator zu reagieren, der auf die Grundschwingung seiner Kultur eingestimmt ist, selbst wenn diese Schwingung ein tosender Mißklang von Geräuschen ist, die in keinerlei Beziehung zueinander gebracht werden können. Es ist viel schwerer, die Anziehungskraft der kollektiven Geisteshaltung der Kultur zu überwinden, die die Reaktionen der eigenen Person geformt hat, oder sich davor zu bewahren, gegen die ererbte Vergangenheit anzugehen, indem man, von einer exotischen Weise zu leben, zu fühlen und zu denken, fasziniert eine fremde Gestalt annimmt. Es ist leicht, seine vom Ego strukturierte Persönlichkeit auf die Suche nach dem gehen zu lassen, was als «sich selbst ausdrücken» verherrlicht wird. Es ist um einiges schwerer, den Willen des Ego zu bändigen und ihn in den Willen umzuwandeln, dem Entstehungsprozeß einer neuen Menschheit zu dienen.

Zu diesem Zweck wurde eine Vielzahl sogenannter spiritueller Techniken ersonnen. Für sich genommen ist keine Technik besonders spirituell. Eine Technik ist vielleicht ein spezielles Mittel, einen Geist, der noch durch persönliche Angewohnheiten und die starren Muster einer vergangenen Tradition gefesselt oder von ihnen besessen ist, aus diesem Würgegriff zu lösen. Eine Technik kann auch als ein Gerüst gebraucht werden, solange der Auflösungsprozeß der Prägungen abläuft und die alten Strukturen des Geistes und des Gefühlslebens eingerissen werden. In diesem Fall nimmt man grobes Material für das Gerüst. Es wird mit einfachen Verbindungen zusammengefügt, und der Prozeß des Abreißens, den es ermöglicht, erfordert wiederholte Stöße. Die Musik der heutigen Avantgarde weist diese Art der Harmonie auf – ein Zusammenfügen breit wiederholter Folgen von einfachen, quasi tonalen, einheitlichen Elementen. Diese Musik ist ein Mittel, die Prägungen des Bewußtseins aufzulösen, es aus seiner Abhängigkeit von Formen der europäischen Klassik und der dramatischen Intensität des Expressionismus zu befreien. Sie kann auch ein Weg sein, geistige Entspannung und Konzentration herbeizuführen, die beide gebraucht und geschätzt werden.

Doch unterscheidet sich ihr vereinfachendes Wiederholen eigentlich von modernen Werbetechniken und, im extremsten Fall, von Gehirnwäsche? Es ist wahr. In Asien wird die tausendfältige Wiederholung besonderer Mantras und körperlicher Gesten seit Jahrhunderten angewandt, aber man kann sich fragen, ob die Bewußtseinsebene, die der Übende erreichen soll, im allgemeinen nicht doch von der Ausschließlichkeit der Kultur und der organisierten Religion durchdrungen bleibt, die diese Übungen einrichteten. Zweifellos wurden sie ersonnen, um die Bedürfnisse bestimmter Menschen zu erfüllen. Diese Menschen gibt es sicher auch im heutigen Amerika und Europa. Doch die neue Form geistiger Entwicklung, die vom westlichen Familienleben, dem Erziehungswesen und den Zwängen moderner Technologie hervorgebracht worden ist, verlangt vielleicht eine neue Einstellung. In der Vergangenheit lag das Tätigkeitsfeld der Menschen, die an ihre überlieferten Kulturen gebunden waren, vor allem im Bereich des kollektiven Psychismus. Heute sind zumindest die relativ eigenständigen Menschen eifrig bedacht, sich selbst auszudrücken, und jenseits des individualisierten Geistes entsteht der ganzheitliche Geist in Menschen, die transpersonal orientiert sind und die ihre Tätigkeiten von sich aus mehr dem Dienst an der ganzen Menschheit als an einer bestimmten Kultur geweiht haben. Diese Wesen haben sich auf einer transindividuellen Ebene gänzlich verwirklicht und sind die großen Zivilisatoren. Ihr ganzes Wesen ist unwiderruflich auf den Rhythmus der ungeheuren, unermeßlichen Bewegung eingestimmt, deren rein physischer Aspekt die Evolution ist, der sie jedoch auf jeder Ebene des Daseins dienen, die ihren Dienst braucht.

Soll ein Mensch, den es drängt, einen schöpferischen Akt auszuführen, dies im Namen des «Selbstausdrucks» tun, also als Diener der Wünsche der vom Ego beherrschten und von einer Kultur festgelegten Persönlichkeit – oder soll die schöpferische Tätigkeit als Dienst an der Menschheit über alle gesellschaftlich-kulturellen Bindungen und Erfolgserwartungen hinweg als demütiger und transpersonaler Versuch ausgeführt werden, das zu tun, was man einfach tun muß, weil es das eigene Dharma ist, die Kernwahrheit des eigenen Wesens?

Jedes Problem in der Welt der Musik und der Künste, um das

der Streit der Cliquen tobt, die dies oder jenes Vorgehen preisen, kann im Sinne dieser zentralen und wesentlichen Frage neu formuliert werden. Die Antwort wird von der Qualität der Ausstrahlung einer solchen schöpferischen Tätigkeit gegeben sowie von der Eigenart und Spannweite der Stimmigkeit und Dauerhaftigkeit des Sinnes, der diese Tätigkeit durchdringt und ihr Stärke verleiht.

ANHANG

I. Pythagoreische und chinesische Musikauffassung

In einem Werk des Iamblichos, einem Anhänger des Neuplatonismus und der Theurgie, schildert dieser die musikalischen Aktivitäten des Pythagoras in Kroton folgendermaßen:

> Da er glaubte, die Betreuung der Menschen müsse auf dem Wege über die Sinneswahrnehmung beginnen – über das Sehen schöner Formen und Gestalten und das Hören schöner Rhythmen und Melodien –, so wies er der Erziehung durch die Musik die erste Stelle zu, der Erziehung durch bestimmte Weisen und Rhythmen, die auf die Wesensart und die Affekte des Menschen heilend wirkten. Die Seelenkräfte wurden dabei wieder in ihr ursprüngliches harmonisches Gleichgewicht gebracht. So erdachte er verschiedene Mittel, leibliche und seelische Erkrankungen einzudämmen und zu heilen... Auch war er der Auffassung, die Musik trage Wesentliches zur Gesundheit bei, wenn man sie in der rechten Weise betreibe. Denn nicht nur nebenbei pflegte er diese Form der «Reinigung»: so nannte er nämlich die Heilung durch die Musik...
>
> Ja, was noch mehr Beachtung verdient: Für seine Gefährten stellte er sinnvoll die sogenannten Zurüstungs- und Zurechtweisungsmusiken zusammen, indem er mit dem Geschick eines Daimons Mischungen diatonischer, chromatischer und enharmonischer Weisen ersann, durch die er die Affekte der Seele leicht umkehren und ins Gegenteil verwandeln konnte, solange diese in den Menschen noch ganz neu und unbewußt entstanden und heraufwuchsen: Regungen des Schmerzes, des

Zorns, des Jammers, sinnloser Eifersucht und Furcht, Begierden aller Art, Gemütswallungen, Bestrebungen, Hochgefühle, Depressionen und Wutausbrüche; jede dieser Regungen brachte er im Sinne der Tugend zurecht durch die passenden musikalischen Weisen wie durch heilsam gemischte Arzneien.

Abends, wenn seine Jünger schlafen gingen, befreite er sie von dem verwirrenden Nachhall des Tages, reinigte völlig ihr von den Wogen der Erregung zugeschüttetes Denken und schuf ihnen ruhigen, von guten, ja prophetischen Träumen erfüllten Schlaf. Beim Aufstehen befreite er sie von der Schlaftrunkenheit, Schlaffheit und Benommenheit durch bestimmte eigentümliche Gesänge und Melismen, die in ungemischter Besetzung – also entweder nur auf der Lyra oder rein vokal – ausgeführt wurden.

Für sich selbst brachte Pythagoras derartige Wirkungen freilich nicht mehr auf solche Weise – durch Instrumente oder mit Hilfe der Stimme – hervor, vielmehr richtete er kraft eines unsagbaren und schwer vorzustellenden göttlichen Vermögens sein Gehör und seinen Geist fest auf das erhabene Zusammenklingen der Welt. Dabei hörte und verstand er – wie er erklärte – ganz allein die gesamte Harmonie und den Wettgesang der Sphären und der Gestirne, die sich darin bewegten. Diese Harmonie ergab eine vollkommenere und erfülltere Musik als die irdische, denn aus ungleichen und sich mannigfach unterscheidenden Geschwindigkeiten, Tonstärken und Schwingungsdauern von Klängen, die aber doch in einer klaren, überaus musikalischen Proportion aufeinander abgestimmt sind, werden Bewegung und Umlauf zugleich überaus wohlklingend und in ihrer Farbigkeit unaussprechlich schön gestaltet. Von dieser Musik ließ er sich gleichsam durchtränken, ordnete seinen Geist in diesen neuen Verhältnissen und übte ihn darin – wie ein Athlet seinen Körper trainiert. Davon gedachte er seinen Jüngern, so gut es ging, Abbilder zu geben, indem er die Sphärenmusik auf Instrumenten und durch die bloße Stimme nachahmte.

Stellenweise sollen sie [die Pythagoreer] auch bestimmte

krankhafte Affektionen durch wirkliche Beschwörung geheilt haben, daher muß wohl auch die Bezeichnung «Ansingen» [*epode*] für «Beschwörung» aufgekommen sein.[51]

Auf die therapeutische Wirkung der Musik und auf ihren Einfluß auf die Moral wurde nicht nur in Griechenland, sondern auch im alten China Gewicht gelegt, wo das Studium der Musik Teil der Ausbildung der Gelehrten und der Erziehung zukünftiger Herrscher war. Man glaubte nämlich, daß dieselben Ordnungsprinzipien die Musik, den Himmel (die Bewegungen der Sterne und Planeten), die biologischen Funktionen des Körpers und die geordneten Beziehungen zwischen den verschiedenen Ebenen und Ämtern des «Staates» (das heißt des einheitlichen gesellschaftlich-politischen Organismus) regieren.

Die folgenden Zitate stammen aus den *Historischen Lebenserinnerungen des Su-Ma-Tsien* (oder Sse-ma Ts'ien), der etwa 100 v. Chr. lebte. (Zitiert nach meiner englischen Übertragung der französischen Übersetzung von Edouard Chavannes.) Die *Lebenserinnerungen* enthalten einen langen Abschnitt über die Musik, weitere über die großen Riten, den Kalender, die Astrologie und geschichtliche Ereignisse. Seltsamerweise wird das Werk in den neueren Büchern über chinesische Musik kaum je erwähnt.

Die Prinzipien der richtigen Lehren sind alle in den Tönen der Musik zu finden. Wenn die Töne richtig sind, ist das Betragen der Menschen richtig. Klänge und Musik bewegen und erregen die Arterien und Venen, kreisen durch die Lebensessenzen und verleihen dem Herzen Harmonie und Rechtschaffenheit. So bewegt die Note *Kung* die Milz und bringt den Menschen in Harmonie mit vollkommener Heiligkeit. Die Note *Shang* bewegt die Lungen und bringt den Menschen in Harmonie mit vollkommener Gerechtigkeit. Die Note *Kio* bewegt die Leber und bringt den Menschen in Harmonie mit vollkommener Güte. Die Note *Chi* bewegt das Herz und bringt den Menschen in Harmonie mit vollkommenen Riten. Die Note *Yü* bewegt die Nieren und bringt den Menschen in Harmonie mit vollkommener Weisheit.

Die Musik ist es also, die im Inneren das vervollkommnete

Herz erhält. Im Äußeren schafft sie die Unterschiede zwischen Edlen und Gemeinen. Oben wird sie im Ahnentempel bei den Opfern, unten zur Besserung der Menschen eingesetzt.

Alle Töne entstehen im menschlichen Herzen. Die Emotionen des menschlichen Herzens sind die Ursachen, die diese Töne erzeugen. Wenn das Herz von der objektiven Wirklichkeit bewegt wird, gibt es seinen Emotionen mit Hilfe der Klänge Gestalt. Die Klänge bringen beide in Übereinstimmung und erzeugen Veränderungen [oder magnetische Wandlungen?]. Eben diese Veränderungen nennen wir die Töne der Musik. Wenn diese Töne harmonisch gemacht werden, damit sie [auf Musikinstrumenten] gespielt werden können, und wenn man Schilde und Streitäxte, Federn und Ochsenschwänze [rituelles Beiwerk des Tanzes] dazugibt, erhält man das, was Musik genannt wird.

Die Musik entstand aus Tönen. Ihre Quelle ruht im menschlichen Herzen, das von der objektiven Wirklichkeit bewegt wird. Wenn das Herz also Trauer empfindet, ist der Klang, den es von sich gibt, eng und läßt bald an Stärke nach. Wenn das Herz Vergnügen empfindet, ist der Klang, den es von sich gibt, leicht und weich. Wenn das Herz Freude empfindet, ist der Klang hoch und frei. Wenn das Herz Zorn empfindet, stößt es rauhe und heftige Klänge aus. Wenn das Herz Ehrfurcht empfindet, ist der Klang offen und bescheiden. Wenn das Herz Liebe empfindet, ist der Klang harmonisch und sanft. Diese sechs Erscheinungen sind nicht einfach natürliche Funktionen des Herzens. Das Herz ist erst bewegt, wenn es von der objektiven Wirklichkeit berührt wurde. Und deshalb achteten die alten Könige auf die objektiven Ursachen der Stimmungen des Herzens.

⌜Die Riten sollten also den Willen des Menschen lenken, die Musik die Klänge harmonisieren, die er hervorbringt, die Gesetze seinen Taten Einheit geben, die Strafen einer Verderbtheit vorbeugen. Riten, Musik, Strafen und Gesetze haben ein und dasselbe Ziel. Sie lassen die Herzen der Menschen eins werden; in ihnen wurzelt die rechte Art des Regierens.

Alle Töne entstehen im menschlichen Herzen. Im Inneren

werden Gefühle erregt, die außen als Klang erscheinen. Sind die Klänge schön geworden, werden sie Töne der Musik. Daher sind die Töne in einer Zeit guter Regierung friedlich und fröhlich, und die Regierung beruht auf Harmonie. Die Töne einer unruhigen Epoche sind voller Haß und Wut, und die Regierung ist unvernünftig. Die Töne eines untergehenden Reiches sind traurig und bang, und die Menschen sind düster. Klänge und Töne der Musik sind wie die Regierung.

Die Musik hat Beziehung zu Klassen und Eigenschaften. Daher sind die, welche Klänge wahrnehmen, aber die Noten nicht beachten, Tiere. Wer Noten wahrnimmt, aber die Musik nicht versteht, ist ein gewöhnlicher Mensch. Nur der Weise kann die Musik verstehen.

Daher studiert man Klänge, will man die Noten der Musik verstehen, studiert man Musik, will man das Regieren verstehen. So erwirbt man sich die rechten Methoden der Führung. Folglich ist es unmöglich, jemandem die Noten zu erklären, der sie nicht versteht. Wer jedoch die Musik versteht, nimmt die Riten beinahe schon ganz richtig wahr. Wenn Riten und Musik völlig erkannt und erfaßt sind, besitzt man Tugend, wobei Tugend die völlige Erfassung aller Dinge ist.

Hieraus wird ersichtlich, warum sich die edelste Musik nicht aus erlesenen Tönen zusammensetzt. Das Ritual des Speiseopfers für die Ahnen läßt keinen erlesenen Wohlgeschmack zu. Als die alten Könige ihre Verordnungen über Riten und Musik erließen, strebten sie nicht danach, die Begierden von Mund und Bauch, Augen und Ohren bis zum Äußersten zu befriedigen. Sie wollten die Menschen lehren, sich in Liebe und Haß angemessen zu verhalten, wollten sie auf den geraden Weg menschlichen Verhaltens zurückbringen.

Der Mensch ist bei seiner Geburt in einem Zustand der Ruhe; das ist sein himmlisches Wesen. Wenn äußere Gegenstände Gefühle in ihm erregen, gerät er in Unruhe. Dann entstehen die Begierden, die seinem persönlichen Wesen entsprechen. Erblickt er Gegenstände, so will er Erfahrungen mit ihnen machen, und wenn dann Anziehung und Abstoßung in ihm kein vorherrschendes Prinzip finden, und wenn der Mensch durch seine Kontakte aus seiner eigenen Sphäre gezogen wird, kann er nicht mehr Herr seiner selbst sein, und sein himmlisches Wesen wird zerstört.

Da es unzählige Gegenstände gibt, die auf den Menschen einwirken, wird sich der Mensch bei jeder Berührung mit äußeren Gegenständen nach ihnen formen, wenn jene Anziehungs- und Abstoßungskräfte keinen Regeln folgen. Das bedeutet die Vernichtung des himmlischen Prinzips im Inneren, und der Mensch gibt sich gänzlich seinen Leidenschaften hin... Deshalb nahmen es die alten Könige auf sich, mäßigende Einrichtungen für die Menschen zu schaffen. Die Riten geben den Herzen der Menschen Ordnung. Die Musik harmonisiert die Klänge der Menschen. Die Regierung lenkt ihre Taten; Strafen lassen sie maßvoll sein.

Die Musik vereinigt, die Riten unterscheiden. Durch den Vorgang der Vereinigung entsteht gegenseitige Achtung. Die Gefühle vereinigen und den Formen Schönheit geben: Das ist die Aufgabe von Riten und Musik. Die Musik kommt von innen; die Riten werden von außen eingerichtet. Kommt die Musik von innen, läßt sie Stille entstehen, die Riten Höflichkeit. Musik ist die Harmonie von Himmel und Erde; die Riten sind die Hierarchie, die von Himmel und Erde geschaffen wird. Aus der Harmonie entstehen die vielen Wesen, durch die Hierarchie werden sie unterschiedlich.

Die Musik veranlaßt die Menschen, der Tugend des Königs nachzueifern. Die Riten verhindern Unmäßigkeiten. Die größte Musik ist immer schlicht. Die größten Riten sind immer maßvoll.

Die Musik hat mit dem zu tun, was in den inneren Gefühlen von Dauer ist, die Riten mit dem, was an der äußeren Ordnung nicht abgeändert werden kann. In die Tiefe des menschlichen Herzens eindringen und die Veränderungen erkennen, die dort geschehen, ist die Essenz der Musik.

Musik ist die Lieblingsbeschäftigung des Heiligen. Sie hat die Kraft, die Herzen der Menschen zu vervollkommnen. Da sie die Menschen tief bewegt, da sie Bräuche und allgemeines Verhalten verändert, machten die alten Könige sie zu einem Gegenstand der Lehre. Sie achteten sorgsam darauf, daß sie Maß und Zahl entsprach.

Das Prinzip des Wesens der Menschen ist die Tugend. Musik ist die Blüte der Tugend. Die Dichtung äußert Gedanken. Das Singen bringt die Klänge in Übereinstimmung. Das Tanzen verleiht den Bewegungen Haltung. Das Prinzip dieser drei Begriffe liegt in den Herzen der Menschen, und die musikalische Eingebung folgt ihnen [vereinigt sie?]. [Die Musik umfaßt alle drei.] Der Heilige stimmt in sich selbst völlig mit der Regel überein. Für ihn gibt es da keine Schwierigkeiten.

Die Musik schafft Freude. Ist man fröhlich, kann man kaum anders, als es in Klängen und Gesten zu zeigen. Der Mensch kann nicht anders, als Freude zu erleben und sie dann in Erscheinung treten zu lassen. Doch wenn er dabei keine Regeln beachtet, tritt Unordnung ein. Den alten Königen gefiel die Unordnung nicht. So setzten sie eine Regel fest, damit die Klänge Vergnügen bereiten konnten, aber keine Unklarheiten zuließen.

Wer auch die Musik einrichtete, zielte auf maßvolle Freude ab.

Die erste europäische Abhandlung über chinesische Musik wurde vermutlich 1775 von Pater Amiot geschrieben *(De la Musique Chinoise)*. Der Autor übernahm blind die chinesische Ansicht, die Griechen hätten die Prinzipien ihrer Musik von den Chinesen übernommen, die ein System mit zwölf Bambusstimmpfeifen verwendeten, wobei eine Reihe von zwölf reinen Quinten in den Umfang einer Oktave zurückgeführt wurde. Es erscheint heute aber wahrscheinlicher, daß das chinesische System der zwölf *Lü* (das die zwölf Noten unserer nicht temperierten chromatischen Skala ergab), welches aus einer Gegend im Westen stammen sollte, vom pythagoreischen Vorbild beeinflußt wurde. Das hätte nach den Eroberungen Alexanders im dritten vorchristlichen Jahrhundert geschehen können, durch die griechische (und so auch pythagoreische) Vorstellungen und Kunstformen ins westliche Asien gebracht wurden.

Das dritte vorchristliche Jahrhundert war in China eine Epoche großer Umwälzungen, in deren Verlauf Bücher und Gelehrte in großer Zahl vernichtet wurden. Dem langen Artikel über chinesische Musik von Maurice Courant nach, der in der *Encyclopé-*

die de la Musique erschien (herausgegeben von Albert Lavignac, Paris 1913), wurden die gültigen Töne der Musik vor dieser Zeit (dem Beginn der Han-Dynastie) vermutlich mit Glocken und nicht mit Bambuspfeifen erzeugt. Länge und Weite der Rohre konnte man messen, und die genaue Tonhöhe ließ sich so exakter bestimmen. Ich neige jedoch zur Auffassung, daß Chaldäa der Ursprungsort der musikalischen Revolution war, die durch Pythagoras (der zweifellos in die chaldäischen Mysterien eingeweiht war) nach Griechenland gebracht wurde, und daß sie in China unter dem Einfluß des Hellenismus vermutlich später auftrat. Was allerdings genau unter chaldäisch zu verstehen ist, wobei das Wort in römischer Zeit eine recht unvorteilhafte Bedeutung erhielt, ist noch nicht geklärt.

II. Anmerkungen zur indischen Musik

Die folgenden Zitate stammen aus den Schriften eines Gelehrten, einer nordindischen Künstlerin und eines sehr feinfühligen Europäers, der Indien zu einer Zeit bereiste, als es viel weniger verwestlicht war als heute. Sie fügen dem, was ich über indische Musik sagte, vielleicht sachlich wichtige Hinweise an.

A. Aus der langen Abhandlung über Indien von T. Grosset in der *Encyclopédie de la Musique* (herausgegeben von Albert Lavignac, S. 279 ff., zitiert nach meiner Übersetzung ins Englische):

> Das gesamte System der Musik (Gesang, Instrumente, Tanz) wie auch der Sprache und des Universums beruht auf dem Klang, *Nada*. Klang befindet sich entweder in einem latenten oder nicht offenbarten Zustand *(anahata)* oder in einem Zustand der Ausstrahlung, der durch eine Erschütterung hervorgebracht wurde *(ahata)*. Beide Zustände können im menschlichen Körper oder in der Atmosphäre auftreten.
>
> Im Körper bringt der universale Geist *(atman)* das persönliche Selbst *(manas:* das Prinzip des Denkens) hervor. Es stößt auf den Sitz des Körperfeuers und ruft den Wind-Atem *(maruta)* hervor, der Klang entstehen läßt, und zwar an fünf Stel-

len: in der Nabelgegend, im Herzen, in der Kehle, im Kopf, im Mund.

Im *Upamshu* ist nichts wahrzunehmen: der Klang wird ausgestrahlt. Im *Dhvana* nimmt man ein undeutliches Murmeln wahr, in dem weder Silben noch Konsonanten zu unterscheiden sind. Mit *Nimada* wird Wahrnehmbarkeit erreicht, mit *Upabdhimat* deutliches Hören. Diese ersten vier *Sthanas* sind anscheinend rein theoretischer Natur. Schenkt man aber dem Kommentator des *Taittiriya-prayishakya* Glauben, wurden sie z. B. bei Opfern eingesetzt. Die drei anderen (die einzigen, die in späteren Sanskritwerken erwähnt werden) sind die tiefe Lage *Mandra*, die mittlere Lage *Madhyama*, und die hohe Lage *Tara* oder *Uttama*. Ihnen entsprechen drei Bereiche des Körpers, aus denen sie hervorgebracht werden: Brust, Kehle, Kopf (oder die Stelle zwischen den Augenbrauen). Sie stehen mit den drei *Savanas* oder Soma-Opfern morgens, mittags und abends in Zusammenhang. Am Morgen rezitiert man mit der Bruststimme, die dem Brüllen des Tigers gleicht; mittags mit der Kehlstimme, die dem Schrei des *Chakravaka* oder der Gans gleicht; schließlich wird für den dritten *Savana* die Kopfstimme verwendet, die an die Schreie des Pfaus, des Flamingos und des indischen Kuckucks erinnert...

Jede dieser drei Lagen enthält Töne, deren Frequenz doppelt so hoch wie die der nächsttieferen Lage sind. In jeder Lage können zweiundzwanzig deutlich zu unterscheidende musikalische Klänge hervorgebracht werden, die man *Srutis* nennt.

Die Theoretiker gehen so weit, von zweiundzwanzig Röhren *(nadi)* in der Brust zu sprechen, die mit den übergeordneten Gefäßen verbunden sind, mit *Ida* links, mit *Pingala* rechts und mit *Sushumna* in der Mitte (führt zur Scheitelöffnung des Kopfes). Diese Röhren werden vom Wind oder Atem *(maruta)* schräg getroffen und erzeugen nacheinander die zweiundzwanzig *Srutis* der Brust. Ebenso sollen Kehle und Kopf je zweiundzwanzig Röhren [oder Saiten?] enthalten, die fortlaufend höhere Töne der Skala ergeben. Diese Tonleiter umfaßt also drei Oktaven, die jede in zweiundzwanzig Intervalle unterteilt ist.

B. Aus einem kleinen Buch mit dem Titel *Indian Music* von Shahinda, das ich 1923 erhielt, das aber leider inzwischen verloren ging; es war in Nordindien gedruckt:

Rag bedeutet Leidenschaften, und verschiedene Weisen erregen verschiedene Emotionen und Gefühle, und so steht *Bhairavi* für Schönheit, *Nat* für Mut, *Marva* für Angst, *Sri* für Erhabenheit, *Malkaus* für Leidenschaft, *Asavari* für Entsagung, *Behag* für Freude und Glanz.

Alle *Ragas*, *Raginis* und anderen Weisen tragen kennzeichnende Namen. Sie sind Jahres- und Tageszeiten zugeordnet, und man soll sie nur zur rechten Zeit singen oder spielen... Die vierundzwanzig Stunden einer Nacht und eines Tages sind in acht Abschnitte zu je drei Stunden unterteilt. Der erste Abschnitt des Morgens dauert von sechs bis neun Uhr. Die Weisen, die während dieser Stunden gespielt oder gesungen werden, sind langsam, träumerisch und rein...

Wenn die *Ragas* zur rechten Jahres- und Tageszeit und mit vollkommener Kenntnis dieser Wissenschaft gesungen werden, stellt sich ein Gefühl absoluter Ruhe und innerer Zufriedenheit ein, das kaum zu schildern ist.

In diesem Zustand der Vollkommenheit sollen die *Ragas* übernatürliche Kräfte haben. Es gibt Aufzeichnungen über ihre Entstehung, die auf den geheimnisvollen Ursprung verweisen, dem sie entstammen. Es gibt eine Reihe interessanter Legenden über ihre Lebensgeschichten. Sie sind Wohltäter der Menschheit, da sie viele Krankheiten des Körpers heilen. Sie verzaubern die Elemente der Natur und können Feuer und Wasser herbeirufen, kurzum, sie vollbringen Wunder.

Der Gedanke, alle Naturkräfte zu personifizieren, scheint ganz typisch für den Hinduismus zu sein. All die *Ragas* und *Raginis* werden als Personen gedacht. Es gibt Vierzeiler und Gedichte, die Form, Farbe, symbolische Bedeutung und tieferen Sinn beschreiben, die jede Weise auszeichnen. *Ragas* und *Raginis* wurden von den alten indischen Künstlern gern dargestellt, wurden immer wieder gemalt. Ein gutes Bild bekommt man allerdings selten zu sehen.

Es ist völlig unmöglich, die himmlische und äußerst erlesene Harmonie, die durch die «Abschattierungen der Töne» in der indischen Musik geschaffen wird, trocken und theoretisch darzustellen. Es gibt Töne, Halbtöne, Vierteltöne und Achteltöne. Der Unterschied dieser Klänge ist, wie man sich denken kann, so fein, daß ein Klang, bevor er einem noch bewußt wurde, schon wie von selbst in einen anderen übergegangen ist, sich dabei zart veränderte und unerwartete Tongebungen zeigte. Jede Note hat eine bestimmte Stufe, die weder *tivar* (erhöht) noch *komal* (erniedrigt) ist, sondern sich zwischen beiden befindet. Dieser Klang oder diese Note heißt der *Shuddh Sur* (Note) und ist der zentrale Klang der Note. Es gibt drei Noten, die über dem *Shuddh* liegen, und drei, die tiefer sind, und alle zusammen bilden die sieben Töne innerhalb eines Tones.

Shahinda gibt auch die verschiedenen Eigenschaften und Qualitäten der sieben grundlegenden Noten des *Grama* an, wobei sie ihrer Tradition folgt – einer der vielen des riesigen indischen Subkontinents, die alle gewisse Unterschiede aufweisen. Sie nennt diese Noten *Sur*. In anderen Büchern heißen sie auch *Svara*.

Sie sind insofern menschlich, als sie verschiedene Temperamente, Gewänder und Farben haben und wie die Früchte in der Natur Jahreszeiten angehören. Sie stiegen von Himmelskörpern hernieder, stammen aus der Höhe. Bestimmte *Surs* herrschen in bestimmten Altersstufen des Menschen vor. Sie werden von bestimmten Körperteilen her erzeugt. Die *Surs* treten bei gewissen Tieren auf, und man hat sie von ihnen übernommen.

Die *Surs* mit heißem Temperament haben die geheimnisvolle Fähigkeit, Erkältungen und ähnliche Krankheiten zu heilen, vorausgesetzt, sie werden von hochherzigen und edlen Seelen zur vorgeschriebenen Jahres- und Tageszeit gesungen, denn nur dann wird sich die gewünschte Wirkung einstellen. Jede Verletzung der vorgeschriebenen Regeln wird als Sakrileg betrachtet.

Die sieben Noten stehen unter dem Schutz der sieben Gottheiten, die sie lenken.

Kharaj Sa. Dieser *Sur* hat als Schutzgottheit Agni und kann wie *Pancham* weder *tivar* (höher) noch *komal* (niedriger) gemacht werden, sondern bleibt fest. Er ist mit dem ersten Himmel und dem Planeten Kamar verbunden. Er hat ein fröhliches Temperament. Er wirkt kalt und feucht. Seine Hautfarbe ist Rosa. Gekleidet ist er in wunderschöne weiße Gewänder mit lieblichem Schmuck. Er gehört allen Jahreszeiten an. Diese Note wird vom Bauch her erzeugt. Ihr Klang ist vom Schrei des Vogels *Taus* (Pfau) übernommen. Er findet sich vor allem in der Stimme eines Menschen von siebzig Jahren.

Rikhab Re. Dieser *Sur* steht unter dem Schutz des Gottes Brahma. Dieser Ton kann je nach Gelegenheit *tivar* (erhöht) oder *komal* (erniedrigt) werden. Er ist mit dem zweiten Himmel und dem Planeten Atarud verbunden. Er hat ein fröhliches Temperament. Er wirkt kalt und trocken. Seine Hautfarbe ist Hellgrün; er trägt ein rotes Gewand und ist schön geschmückt. Er gehört der heißen Jahreszeit an. Diese Note wird vom Herzen her erzeugt. Ihr Klang ist vom Schrei des Vogels *Papiha* übernommen. Die Note findet sich vor allem in der Stimme eines Menschen von sechzig Jahren.

Gandhar Ga. Dieser *Sur* hat als Schutzgottheit Sarasvati. Er kann, wenn nötig, erhöht oder erniedrigt werden. Er ist mit dem dritten Himmel und dem Planeten Zohra verbunden. Er hat ein trauriges Temperament. Er wirkt kalt und feucht. Seine Hautfarbe ist Orange, die Gewänder karminrot. Er gehört der heißen Jahreszeit an. Diese Note wird von der Brust her erzeugt. Ihr Klang ist vom Schrei des Schafes übernommen. Er findet sich vor allem in der Stimme eines Menschen von fünfzig Jahren.

Madhyam Ma. Dieser *Sur* steht unter dem Schutz des Gottes Mahadev. Er kann erhöht und erniedrigt werden. Er ist mit dem vierten Himmel und dem Planeten Shams verbunden. Er hat ein unruhiges Temperament. Seine Hautfarbe ist Blaßrosa. Er ist in rötlich-schwarze Gewänder gekleidet und hübsch geschmückt. Er wird von der Kehle her erzeugt. Sein Klang wurde vom Schrei des Vogels *Saras* (Kranich) übernommen. Er findet sich vor allem in der Stimme eines Menschen von vierzig Jahren.

Pancham Pa. Dieser *Sur* steht unter dem Schutz der Göttin

Lakshmi. Er ist fest wie der *Sa*. Er ist mit dem fünften Himmel und dem Planeten Mairikh verbunden. Sein Temperament ist leidenschaftlich. Er wirkt warm und trocken. Seine Hautfarbe ist Rot, und er trägt gelbe Gewänder. Seine Jahreszeit ist die Regenzeit. Diese Note wird vom Mund her erzeugt. Ihr Klang ist vom Schrei des Vogels *Koyel* übernommen. Er findet sich vor allem in der Stimme eines Menschen von dreißig Jahren.

Dhaivat Dha. Dieser *Sur* steht unter dem Schutz des Gottes Ganesha. Er wird erhöht und erniedrigt. Er ist mit dem sechsten Himmel und dem Planeten Mushtari verbunden. Er hat ein ausgeglichenes Temperament. Er wirkt warm und kalt. Seine Hautfarbe ist Gelb, und er trägt zinnoberrote Gewänder mit lieblichem Schmuck. Er gehört der kalten Jahreszeit an. Er wird vom Gaumen her erzeugt. Sein Klang ist vom Wiehern der Pferde übernommen. Diese Note findet sich vor allem in der Stimme eines Menschen von zwanzig Jahren.

Ni-Khad Ni. Dieser *Sur* wird von Surya beschützt. Je nach der Weise, in der er auftritt, kann er erhöht und erniedrigt werden. Er ist mit dem siebenten Himmel und dem Planeten Zohol verbunden. Er hat ein glückliches und leidenschaftliches Temperament. Er wirkt kalt und trocken. Er hat eine dunkle Hautfarbe, trägt schwarze Gewänder und ist herrlich geschmückt. Er gehört der kalten Jahreszeit an. Er wird von der Nase her erzeugt. Sein Klang wurde vom Trompeten der Elefanten übernommen. Diese Note findet sich vor allem in der Stimme eines Menschen von zehn Jahren.

C. Es folgen Beobachtungen des deutschen Philosophen Hermann Graf Keyserling, der zu Beginn dieses Jahrhunderts eine Weltreise unternahm und auch Indien besuchte. Die Frucht dieser Reise war das einst sehr berühmte *Reisetagebuch eines Philosophen*.[52]

Man erlebt nichts Bestimmtes, nichts Greifbares, indem man ihr [der indischen Musik] lauscht, und doch fühlt man sich aufs Intensivste leben. Man hört eben, indem man dem Wechsel der Töne folgt, in Wahrheit sich selber zu. Man fühlt, wie der Abend zur Nacht und die Nacht zum Tag wird, wie auf den taufrischen Morgen der lastende Mittag folgt, und anstatt stereotype Bilder an sich vorüberziehen zu sehen, die einem die Erfahrung so leicht verleiden, wird man sich im Spiegel der Töne der immer neuen Nuancen bewußt, mit denen das Leben auf die Reize der Welt reagiert...

Die indische Musik liegt, was ihr Eigenstes betrifft, geradezu in einer anderen Dimension als die unsere. Unser Objektives existiert für sie kaum. Anschließende Töne sind nicht notwendig harmonisch verknüpft, Taktabteile fehlen, Tonart und Rhythmus wechseln immerfort; ein indisches Musikstück wäre, seinem wahren Charakter nach, in unserer Schrift nicht zu objektivieren. Das Objektive der indischen Musik, das einzig Bestimmende ist das, was in Europa subjektivem Ermessen überlassen bleibt: der Ausdruck, der Vortrag, der Anschlag. Sie ist reine Ursprünglichkeit, reine Subjektivität, ganz reine *durée réelle*, wie Bergson sagen würde, unbeeinträchtigt durch äußerliche Bindungen. Nur als Rhythmus ist sie allenfalls objektiv faßbar, wie denn der Rhythmus den Indifferenzpunkt gleichsam bezeichnet zwischen Gegen- und Zuständlichkeit. So ist diese Musik einerseits jedem verständlich, andererseits aber nur dem seelisch Höchstgebildeten. Jedem insofern, als jeder lebendig ist und sie unmittelbares Leben verkörpert; nur dem Höchstgebildeten, als ihren geistigen Sinn nur der Yogi zu fassen vermag, der seine Seele kennt. Der Musikalische nimmt gegenüber dieser Kunst kaum eine Vorzugsstellung ein. Wohl aber tut es der Metaphysiker. Der Metaphysiker ist ja der Mensch, der die Ursprünglichkeit des Lebens als solche im Geiste spiegelt, und eben das tut die indische Musik. Indem er ihr lauscht, vernimmt er sein eigenstes Wissen, herrlich wiedergeboren in der Welt der Sonorität. Sie ist in der Tat nur ein anderer, farbigerer Ausdruck der indischen Weisheit. Wer sie ganz verstehen will, muß sein Selbst verwirklicht haben... – So empfanden, so begriffen die Inder, deren Gast ich war, diese Musik. Die Vortragenden glichen Ekstatikern, die mit der Gottheit kommunizieren. Und die Hörer lauschten mit der Andacht, mit der man göttlicher Offenbarung lauscht.

III. Ursprung und frühe Entwicklung der europäischen Musikauffassung

Die Quellen der christlichen Musik sind kaum bekannt. Die Historiker und Musikwissenschaftler haben viel Material zusammengetragen, doch ihr besonderer Fehler bestand darin, «alle Ereignisse der Welt aus europäischer Sicht zu behandeln», wie Egon Wellesz schrieb. Das ist ein Zug europäischer Geschichtsschreibung, der dem Gefühl für historische Perspektiven in Europa geschadet und es dem Westen unmöglich gemacht hat, die Musik Kleinasiens, ja eigentlich des gesamten Orients eindringlich und verständnisvoll zu erforschen. Die Folge ist, daß Lehrbücher der Musikgeschichte noch immer an der irrigen Annahme festhalten, die christliche Musik sei eine Schöpfung *sui generis*, die nur mit den Ideen der griechischen Spätzeit in Verbindung stehe und von Anfang an typisch europäisch gewesen sei – daß ihre Noten, Intervalle, Modi und allgemeinen Ideale damals schon auf das hinzielten, was heute gebräuchlich ist.

Die grundsätzlichen Lehren und viele Praktiken des offiziellen Christentums waren, von den Kirchenvätern entwickelt, in der Hauptsache Umgestaltungen der Mythen und Riten, die die östliche Mittelmeerwelt der vorchristlichen Jahrhunderte, vor allem Ägypten und Syrien, inspiriert hatten. Der einstimmige Gesang der entstehenden Kirche wurde ebenso aus einer Zusammenfassung von Einflüssen geformt, die die meisten europäischen Historiker und Theoretiker vergessen oder übersehen haben. Der Entwicklung des kirchlichen Gesanges kann, zumindest in gewissem Umfang, erneut nachgegangen werden, wenn man einer Forschungsrichtung folgt, die ich in den zwanziger Jahren in einigen bedeutenden Büchern französischer Musikwissenschaftler in groben Zügen dargestellt fand. Diese Gelehrten verfügten über einen umfassenden Geist und ein gutes Gefühl für die Evolution der Kulturen.

Der Schlüssel zur Erforschung des Ursprungs der Musik der Christenheit und der Entwicklung des einstimmigen Gesanges der Kirche liegt in der Erkenntnis, daß die gnostischen Gemeinden in Ägypten und Syrien in dieser Entwicklung eine große Rolle spielten. Sie wurde gänzlich in den Hintergrund gedrängt, weil die Kirchenväter behaupteten, das von ihnen errichtete Christentum sei, was religiöses Denken und Handeln betrifft, ein völliger Neubeginn gewesen – offensichtlich eine falsche Behauptung, wie auf vielen Ebenen, auch auf der der Musik, gezeigt werden kann. Immerhin erkannten einige Musikwissenschaftler wie Gevaert und Wellesz zu Beginn dieses Jahrhunderts, wie wichtig die großen gnostischen Führer in Syrien für die Entwicklung des christlichen Gesanges gewesen waren, vor allem vielleicht Bar Daisan, einer der einflußreichsten Führer jener ersten Jahrhunderte unserer Zeitrechnung.

Drei Städte spielten damals eine Hauptrolle in der syrischen Geschichte, Ephesus, Edessa und Antiochia.

In Ephesus stand damals die größte Schule in Blüte, an der tiefgründige orientalische Theorien und platonische Philosophie zugleich gelehrt wurden. Sie war ein Zentrum aller «geheimen» Lehren, die seltsame Werkstätte, aus der in eleganter griechischer Ausdrucksweise die Quintessenz buddhistischer, zoroastrischer und chaldäischer Philosophie sich ausbreitete. Artemis, das gigantische, greifbare Symbol theosophisch-pantheistischer Abstraktionen ... wurde durch Paulus überwunden. Wenn auch die eifernden Bekehrten der Apostel vorgaben, alle ihre Bücher über «geheimnisvolle Künste» zu verbrennen, blieb doch genug zu lesen übrig, als sich der erste Eifer gelegt hatte.[53]

Edessa war eine der alten «heiligen Städte». Die Araber verehren sie bis heute; dort wird das reinste Arabisch gesprochen. Bei ihnen trägt sie noch ihren alten Namen Urfa, einst die Stadt Arpha-Kasda (Arphaxad), der Sitz einer Schule von Chaldäern und Weisen aus dem Morgenland, deren Sendbote Orpheus die bacchischen Mysterien nach Thrakien brachte.[54]

Antiochia wurde die Hauptstadt dieser Gebiete und eines der Hauptzentren christlichen Einflusses. Zwischen Alexandria und Antiochia, später dann auch Byzanz, entstand eine große Rivalität in kirchlichen Dingen, die zum Kampf zwischen Nestorius und Kyrill führte, der die Christenheit spaltete.

In Syrien flossen zur Zeit Christi die Ströme dreier großer Kulturen zusammen. Die griechische Kultur war unter dem Einfluß des Aristoteles und der Sophisten übermäßig intellektuell und materialistisch geworden. Während die wahren orphischen Mysterien abgesunken oder gänzlich verschwunden waren, gab es noch einige Gruppen, die die Lehren des Pythagoras und Platos befolgten. Die ägyptische Kultur war durch persische und griechische Einfälle zerstört worden. Das archaische Wissen ihrer Hierophanten war tot. Trotzdem stand die hermetische Gnosis unter einem neuen Namen anscheinend in voller Blüte, und sie beeinflußte sicher die Therapeuten, auf die ich noch zurückkommen werde. In Palästina waren die Gemeinden der Essener höchstwahrscheinlich stark durch die buddhistischen Missionare beeinflußt worden, die der indische König Ashoka ausgesandt hatte, und die sich, wie man weiß, in der Nähe des Toten Meeres ansiedelten.

Etwa zur gleichen Zeit nahm mit Ammonios Sakkas und seinem Schüler Plotin in Alexandria die neuplatonische Bewegung ihren Anfang, die sich die christlichen Kirchenväter zu Feinden machte und mit der Ermordung der Hypatia im Jahre 415 n. Chr. ihr Ende fand. Gleichzeitig erweckte in Syrien Iamblichos die pythagoreische Tradition und (vermutlich) die archaische Tradition der orphischen Mysterien zu neuem Leben, und in Edessa wurde Bar Daisan geboren, wahrscheinlich 154 n. Chr.

Edessa wurde damals von einer Dynastie syrischer Könige regiert, und Bar Daisan war mit dem 4. Abgar [Titel des Herrschers des Reiches von Edessa] befreundet. Von ihm weiß man fast nur, daß er die Geheimnisse der chaldäischen Astrologie gut kannte und Gedichte und Hymnen verfaßte, die großen Einfluß hatten. Eines dieser Gedichte blieb erhalten und wurde übersetzt. Es trägt den Titel «Hymne des Gewandes der Herrlichkeit» oder «Hymne der Seele» – eine schöne Erzählung über Inkarnation und Vergeistigung der menschlichen Seele.

Die Musik zu diesen Gedichten ist nicht bekannt. Doch die Beschreibung der ägyptischen Therapeuten durch Philon von Alexandria (in seinem *Über das kontemplative Leben*) gibt einen allgemeinen Eindruck von der Verwendung dieser Gesänge, da Therapeuten und christliche Gnostiker derselben großen Bewegung angehörten:

> Dann erhebt sich der Vorsitzende und singt eine Hymne, die zu Ehren Gottes geschaffen wurde, entweder eine neue, die er selbst komponiert hat, oder eine alte der früheren Dichter. Denn die hinterließen viele Versmaße und Weisen, trimetrische Epen, Prozessionshymnen, Opfergesänge, Altarlieder, Chöre ohne Bewegung und Tanzlieder, alle in den unterschiedlichsten Melodien. Und nach ihm nehmen andere in Gruppen und in der angemessenen Reihenfolge das Singen auf, während die übrigen in tiefer Stille lauschen, es sei denn, sie müssen in die Kehrreime und Refrains miteinstimmen, an denen sich alle, Männer wie Frauen, beteiligen ...
> Nach dem Festessen halten sie die ganze Nacht hindurch die heilige Feier ab. Und das geschieht so: Sie erheben sich gemeinsam, etwa zur Mitte der Festlichkeit, und bilden als erstes zwei Gruppen, in der einen die Männer, die Frauen in der anderen. Und jede wählt sich einen Vorsänger ... Dann psalmodieren sie Hymnen zu Ehren Gottes in vielen Versmaßen und Melodien, wobei sie manchmal im Chor singen, manchmal die eine Gruppe auf das Singen der anderen mit dem Schlagen des Rhythmus antwortet, dann zu ihrer Musik tanzt und sie anfeuert. Die Musik besteht einmal aus Prozessionshymnen, dann wieder aus Gesängen, die im Stehen vorgetragen werden, dann beginnt man sich zu drehen und wieder zu tanzen.

Diese gnostischen Gruppen verwendeten bei ihren Feiern und Ritualen Beschwörungssprüche und feststehende musikalische Formen. Bar Daisan war der Theurgie verbunden, war ein großer chaldäischer Gelehrter und hat daher sicher magische Gesänge und Hymnen geschaffen. Diese Hymnen bestanden aus Strophen, und alle Strophen wurden zu einem musikalischen Thema oder in einem Modus gesungen. Modus hieß bei den Syrern *Ris-qolo*, bei den Griechen und Byzantinern später *Heirmos*. Die alten syrischen Gesänge der Nestorianer hießen *Sougitha*, was sie wahrscheinlich in die Nähe des indischen

Samgita rückt – der archaischen Verbindung von Dichtung, Ritual und Musik.

Es besteht kaum ein Zweifel, daß die christliche Liturgie und Musik aus der einst umfassenden, allerdings mehr oder weniger verfälschten Gesamtheit sakromagischer Praktiken entstand, die in den kabbalistischen, chaldäischen, ägyptischen und griechischen Mysterien eingesetzt wurden. Plinius zum Beispiel berichtet, daß sich die frühen Christen versammelten, um ein *Carmen*, das heißt einen magischen Beschwörungsspruch, zu singen. Und von den beiden großen geistigen Strömungen, die nach Porphyrios im Christentum zusammenflossen – orientalische und neuplatonische Philosophie –, hatte erstere vermutlich mehr Einfluß auf die Ausgestaltung des Inhalts der syrischen Musik.

Bar Daisan war nicht der einzige große Gnostiker, der Hymnen komponierte. Das taten wahrscheinlich auch die Führer der Gruppen des Apollinarismus und (im vierten Jahrhundert in Spanien) des Priscillianismus. Der französische Musikhistoriker Combarieu schreibt in seiner *Geschichte der Musik* (Band I, S. 203):

> Der große Ketzer Arius, den das Konzil von Nicäa (325 n. Chr.) verdammte, gewann durch seine Hymnen viele Anhänger. St. Ephräm der Syrer schrieb dazu, daß sich «die Seuche der Verfälschung unter dem Gewand musikalischer Schönheit verborgen» hatte. So befaßten sich verschiedene Konzile damit, den freien Ausdruck der Frömmigkeit zu verbieten oder kräftig einzuschränken.

Heute scheint klar, daß die Kirchenväter einen ähnlichen Weg beschritten. Er führte zur Ausbildung des frühen einstimmigen Gesanges der Kirche. Sie ahmten die Musik nach, die die gnostischen Lehrer geschaffen hatten, und versahen sie mit neuen Texten. St. Ephräm der Syrer ahmte in Edessa Bar Daisan nach, St. Johannes Chrysostomos (Erzbischof von Byzanz, 390 n. Chr.) die Arianer, Gregor von Nazianz (329–389) die Anhänger des Apollinarismus, St. Hilarius (Bischof von Poitiers) die späten Gnostiker Kleinasiens, und St. Damasus, der Papst aus Spanien, übernahm zweifellos eine Menge aus den Gesängen, die die Anhänger des Priscillianismus und ihr großer Führer, der Ägypter Markus, verwendeten.[55] Als das allgemeine Nachahmen ein Ende gefunden hatte, wurden die gnostischen Gemeinden heftig verfolgt und ihre Bücher vernichtet, wie man auch die neuplatonische Schule zerstörte. Das Christentum blieb der Sieger, hatte eine neue Rechtgläubigkeit und eine neue Musik.

Der nächste Schritt war die «Katholisierung» der Dogmen und der Musik. Sie wurde etwa sechs Jahrhunderte lang systematisch durchgeführt, bis der römische Ritus und der gregorianische Gesang offiziell die Regel in Westeuropa waren und die Musik auf die Diatonik reduziert war. Die Musik wurde im Westen zur Zeit des Guido von Arezzo (um 1000) endgültig diatonisch, als man die neue Notenschrift mit Linien allgemein übernahm und das Zeitalter der Polyphonie heraufdämmerte.[56]

Was zunächst nicht direkt von den Syrern auf die Europäer überging, wurde später durch die Araber vermittelt. Doch wurde die arabische Kultur grundlegend von der schöpferischen Tätigkeit der Völker des Nahen Ostens beeinflußt (war vermutlich sogar ihr Ergebnis), die sich der Islam vor allem im syrischen Umkreis und in Persien unterwarf. Tatsächlich hatte im fünften Jahrhundert die Bewegung der Nestorianer, die Syrien und Mesopotamien erfaßte und sogar China erreichte, viel damit zu tun, dem Islam den Boden zu bereiten. In die große Schule von Edessa, das damals das syrische Athen genannt wurde, waren nestorianische Lehren eingedrungen. Sie wurde deshalb vom Kaiser geschlossen und übersiedelte nach Niblis in Persien. In Basra befand sich ein berühmtes nestorianisches Kloster. Der Überlieferung nach wurde der junge Mohammed durch Bahira, einen berühmten Mönch aus Basra, stark beeinflußt. Der wertvollste Beitrag jener Epoche zur Zivilisation, der Sufismus, scheint später aus einer Verbindung hebräischer und persischer mystischer Überlieferungen entstanden zu sein. Die Ideale und die Musik der Sufis wurden während der Kreuzzüge zu einem mächtigen Faktor, der die Entwicklung der neuen Musik des dreizehnten und vierzehnten Jahrhunderts in Westeuropa beeinflußte.

S. M. Swemer schreibt in seinem *A Moslem Seeker After God:*

> Die Nestorianer waren während der Regierung der Kalifen in Bagdad (750–1258) von den Gruppen, die nicht dem Islam angehörten, die mächtigste. Ihre Zivilisation war höher ent-

wickelt als die ihrer Herren. Dem Hof dienten sie als Ärzte, Schreiber und Sekretäre und gewannen so großen Einfluß ... Die arabische Bildung, die Spanien erreichte und wichtig für die mittelalterliche Gelehrsamkeit wurde, ging zum größten Teil auf die Nestorianer Bagdads zurück. Sie gaben an ihre arabischen Herren die griechische Kultur weiter, die in syrischen Übersetzungen vorlag.

E. Rey schreibt in seinem sehr interessanten Buch *Les Colonies Franques de Syrie au XIIème et XIIIème Siècle* (1883):

Um die Mitte des fünften Jahrhunderts war Edessa das literarische Zentrum des ciseuphratischen Syrien geworden, wo griechische und syrische Kultur ihren Höhepunkt erreicht hatten. Edessa hatte viele große Bibliotheken und eine berühmte Akademie, in der die Werke der wichtigsten griechischen Philosophen, vor allem Aristoteles, übersetzt wurden ... Lange Zeit vor Mohammed waren die Nestorianer die einzigen, die bei den Arabern als Ärzte tätig waren, und Haret-Ibn-Calda, Arzt und Freund des Propheten, war ein Nestorianer.

Unter den Abbasiden kam es später zu einer mohammedanischen Renaissance philosophischer Studien ... aber man muß wissen, daß die gesamte Philosophie über die Syrer zu ihnen kam, die an jenen Schulen unterrichtet worden waren, welche auf die berühmte Akademie von Edessa zurückgingen. Sie scheint vier Jahrhunderte später das Vorbild für die Schule der Benediktiner in Monte Cassino gewesen zu sein. Denselben Syrern ... war die Ehre vorbehalten, das Licht des Orients in die Staaten der Kreuzfahrer gebracht und dort verbreitet zu haben ... Der Adel der Kreuzfahrer wurde von diesem Strom geistiger und wissenschaftlicher Tätigkeit erfaßt ... zu ihm gehörte auch Renaud de Sagette, einer der eifrigsten Schüler orientalischer Kultur und Wissenschaften. Er nahm einen arabischen Arzt gastlich auf, der ihm die Werke orientalischer Gelehrter vorlesen und kommentieren mußte ... Die meisten französischen Ritter lernten die arabische Sprache ... Man fand in Syrien [um 1200] auch großen Gefallen an Liedern und *Chansons de geste.*

Im Mittelalter bahnte sich zwischen 1000 und 1400 und später eine Art alchemistisch-gnostischer Renaissance an, die von den Päpsten und Königen heftig bekämpft wurde. Die Templer wurden verbrannt und verjagt, ebenso die Albigenser, die Waldenser und viele andere im Westen. Im Osten waren es die Pauliner, Katharer, Bogomilen und so weiter.

Dom. J. Jeannin zitiert in seinem Aufsatz «Le Chant Liturgique Syrien»[57] einen Text, der viel Licht auf die Vorstellungen und Praktiken der Ostkirchen wirft, welche eng mit vorchristlichen sakromagischen Auffassungen zusammenhängen, auch wenn man sie umwandelte und dem Christus-Mythos anpaßte. Diese Auffassungen waren den Mitgliedern der Ritterorden und den Männern sehr wahrscheinlich nicht unbekannt, die Troubadours und Trouvères wurden und die Entstehung der *Ars nova* um 1300 beeinflußten. Der folgende Text wurde von einem syrischen Autor und Bischof, Barhebräus (1226–1286), geschrieben und stammt aus seinem Buch *Ethikon: Über die natürlichen Ursachen der Modi:*[58]

> Die ersten Erfinder der modalen Kunst errichteten die Modi auf vier Grundlagen in Übereinstimmung mit den vier Qualitäten kalt, heiß, feucht, trocken. Da man keine von ihnen je in ungemischtem und reinem Zustand antrifft (was sich an den Elementen zeigen läßt, denn das Heiße ist entweder feucht, wie Wasser und Schleim, oder trocken wie Erde und schwarze Galle), muß man die Anzahl der Modi auf zwölf begrenzen [siehe unten] ...
>
> Die persischen Musiker haben so zwölf Modi ermittelt. Doch die Männer der Kirchen – der griechischen, syrischen und anderer – haben acht Modi entwickelt. Durch Erfahrung kamen sie zur Überzeugung, daß der erste und fünfte Modus Heißes und Feuchtes entstehen lassen. Doch im ersten Modus tritt das Feuchte zarter und matter auf, da er sehr weich und geheimnisvoll ist, weshalb der Kanon der Geburt Christi in diesem Modus komponiert wurde. Es ist wirklich ein fröhliches Fest, voller Glück und Jubel ... und ebenso der Kanon der Auferstehung, die den Jüngern und den heiligen Frauen unter großem Frohlocken verkündet wurde ...

Da im fünften Modus das stechend heiße Element zu spüren ist, wurde der Kanon der Himmelfahrt in diesem Modus komponiert, denn an jenem Tag, da unser Herr seine Jünger verließ und zum Himmel auffuhr, wurden sie vom Feuer der Liebe ergriffen, brannten sie vor Sehnsucht nach ihm, vergingen sie in Liebe zu ihm, und ohne die Schwere ihrer Körper wären sie mit ihm durch die Luft entflohen.

Der Autor untersucht jeden der acht Modi und stellt folgende Entsprechungen fest:

Modi	Qualitäten (die vorherrschende kursiv)	entsprechende Feste
1	heiß und *feucht*	Geburt – Auferstehung
2	*kalt* und feucht	Epiphanias
3	heiß und *trocken*	Darbringung im Tempel
4	*kalt* und trocken	Verkündigung
5	*heiß* und feucht	Himmelfahrt
6	kalt und *feucht*	Passion
7	*heiß* und trocken	Pfingsten
8	kalt und *trocken*	Allerheiligen

(Um die vier übrigen Modi zu erhalten, die von den Persern verwendet wurden, denkt man sich die Paare ohne vorherrschendes Element im Gleichgewicht, was also vier weitere Kombinationen ergibt.)

Barhebräus schließt mit folgenden bezeichnenden Worten:

Das sind die Grundlagen, auf denen die klugen Alten die Modi errichteten. Doch ihre Nachfolger erreichten nicht die Höhe ihres Wissens. Sie wollten durch die Entwicklung dieser Kunst berühmt werden und haben Kanons in jedem Modus komponiert, auch wenn es keine Entsprechungen gab.

Diese Zitate sagen dem gewöhnlichen Musiker von heute vielleicht nicht viel, doch zeigen sie, daß persische und syrische Musik eine gemeinsame alchemistische und magische Grundlage hatten. Außerdem beweisen sie, daß das Christentum, wenigstens das orientalische, ursprünglich alchemistische und magische Elemente in seiner Musik zuließ. Sie zeigen, daß das jährliche Ritual der christlichen Feste ursprünglich ein symbolischer Ausdruck solarer oder anderer kosmischer Kräfte war, in allen Punkten zum Beispiel den alten chinesischen Festen ähnlich. Wie die Chinesen bezog auf jeden Fall eine einflußreiche Gruppe christlicher Musiker die Modi auf kosmische Elemente, die im Jahreslauf in Erscheinung treten, wobei diese kosmischen Elemente durch die vier Qualitäten oder die vier Prinzipien der Alchemie symbolisiert werden. Deutlich wird auch, daß Ehrgeiz, Stolz und Selbstsucht die Kirchenmusiker und Bischöfe verführten, was wir auch anderen Quellen leicht entnehmen können, und daß Verwirrung entstand und die Musik ihre alchemistische Grundlage verlor.

Der Text von Barhebräus verdeutlicht noch mehr, wenn wir bedenken, daß die Schaffung der acht Modi des einstimmigen Gesanges auf St. Johannes von Damaskus zurückgeführt wird. Um 710 trug er eine Reihe liturgischer Gesänge, die in Antiochia in Syrien Oktoechos genannt wurden, zusammen oder komponierte sie. Diese Gesänge waren die Abkömmlinge der *Ris-qolos* und *Heirmei* des Bar Daisan und der Gnostiker, die von St. Ephräm dem Syrer in Edessa und dann in Antiochia von einer Reihe religiöser Führer «bearbeitet» worden waren. Zu diesen Führern gehörten Flavianus und Diodorus, die als «Mitglieder einer Bruderschaft von Asketen und später als Bischöfe versuchten, die Griechen Antiochias dadurch für die Psalmen zu interessieren, daß sie den Gesang auf zwei Chöre aufteilten: die Antiphonie».[59] St. Romanos (in Homs in Syrien) verfaßte ebenfalls zahlreiche griechische Hymnen nach den Vorbildern, die St. Ephräm der Syrer aufgestellt hatte. St. Johannes von Damaskus faßte alle diese Hymnen zu einem Kodex zusammen; der Sammelbegriff für diese Hymnen war Kanon (nach fünf Jahrhunderten heißen sie bei Barhebräus noch immer so). Er soll für die orientalischen Christen das geleistet haben, was St. Gregor mit der Zusammenstellung seines berühmten Antiphonars für die römischen leistete.[60]

Die Zitate von Barhebräus sind überhaupt nur von Bedeutung, wenn sie sich auf jene Musiker-Bischöfe Syriens beziehen, die die liturgischen Kanons für die vielen Feste des Jahres zusammenstellten. Man weiß jedoch nicht, wann der Niedergang einsetzte, von dem er spricht, und ob St. Johannes zu den «klugen Alten» gehört oder einer der ehrgeizigen Nachfolger ist. Doch wenn diese syrischen Musiker ihre Modi, ihre Musik auf jene gnostisch-alchemistische Weise aufgefaßt haben, muß weiter in dieser Richtung geforscht werden.

St. Ambrosius von Mailand, der Gründer des ambrosianischen Gesanges, ahmte im vierten Jahrhundert einige der griechischen *Heirmei* nach und schrieb viele Hymnen im orientalischen Stil. A. Gevaert ist sogar fest davon überzeugt, «daß die Zusammenstellung und Komposition der römischen Liturgie, die der Überlieferung nach von St. Gregor dem Großen durchgeführt wurde, in Wirklichkeit das Werk der griechischen Päpste war, die gegen Ende des siebten und zu Beginn des achten Jahrhunderts den päpstlichen Thron innehatten».[61] Diese Päpste kamen, zusammen mit vielen Syrern, die während des siebten Jahrhunderts vor den Muslimen geflohen waren, aus Antiochia. Gevaert schreibt, daß sie die Kenntnis der Kirchentonarten, der Neumen, der Verzierungen der Gesänge und so weiter mit nach Rom brachten, was auch daraus hervorgeht, daß alle Bezeichnungen für diese Dinge aus dem Griechischen übernommen sind.

Der gregorianische Gesang setzte sich allmählich durch. Er wurde kodifiziert und durch die Berührung mit den Völkern im Norden noch kümmerlicher, da sie keine musikalische Kultur kannten und ungeschulte Stimmen hatten, die die Feinheiten des orientalischen Singens nicht ausführen konnten. In einer bekannten Geschichte wird über die Erfahrung der römischen Sänger berichtet, die Karl der Große an seinen Hof kommen ließ, damit sie den Chorsängern der Pfalzkapelle besseres Singen beibrächten. Sie kehrten voller Abscheu über die Barbaren und ihr kehliges Singen zurück. Die Haltung der barbarischen Herren wird weiter durch folgende Geschichte deutlich, die Gevaert anführt:

454 beglückwünscht der gallische Patrizier Sidonius Apollinarius, ein begabter Dichter, der Bischof von Clermont in der Auvergne wurde, den westgotischen König Theoderich von Toulouse, weil er in seinem Palast weder Wasserorgeln noch

von einem gelernten Musiker einstudierte Chorkompositionen duldet, auch keine Auftritte von Instrumentalvirtuosen oder exotischen Sängern, sondern statt dessen nur Vergnügen an jenem Singen und Saitenspiel findet, das die Seele erhebt und die Ohren bezaubert.

Man weiß kaum, wie die Melodien des frühen einstimmigen Gesanges klangen. Wir kennen den einstimmigen Gesang in Umrissen, aber kann man sich einen Menschen durch einen Schattenriß allein ausreichend charakterisiert denken? Vom einstimmigen Gesang blieb uns nicht viel erhalten. Man kann nur Spekulationen darüber anstellen, was die Elemente der mittelalterlichen Notation, die Neumen, eigentlich bedeutet haben. Schon im elften Jahrhundert verglich Guido von Arezzo die Neumen mit «einem Brunnen ohne Seil, dessen Wasser, möge es auch reichlich vorhanden sein, keinem Menschen den Durst löschen kann».[62] Ein recht deutliches Geständnis!

Notationen vom Typ der mittelalterlichen Neumen findet man auf der ganzen Welt, von Japan bis nach Afrika. Sie haben sowohl symbolische wie auch mnemotechnische Bedeutung. Sie sind symbolisch, so wie die ägyptischen Hieroglyphen und die chinesischen Schriftzeichen Stilisierungen natürlicher Bewegungen sind, die eine innere Bedeutung haben. Sie sind mnemotechnisch, das heißt, wenn man nicht aus mündlicher Überlieferung die genaue Bedeutung der Formeln kennt, kann man nie mit Bestimmtheit sagen, was sie darstellen.

Die Kette der mündlichen Überlieferung ist abgerissen; sie hat sich schon vor Jahrhunderten verloren. Daher muß man sich auf schriftliche Erklärungen stützen, will man wissen, wie diese frühen Neumen in Tonfolgen umgesetzt wurden, und das führt zu den unterschiedlichsten Deutungen. Die Musikwissenschaftler, die lange Zeit von der Theorie der Diatonik und der griechischen Tradition gefesselt waren, deuteten die Neumen nur als diatonische Figuren. Sie haben vor kurzem zugegeben, daß chromatische und sogar enharmonische Schritte Bestandteile des frühen einstimmigen Gesanges waren. Dennoch bemühen sie sich, «enharmonische» Schrittfolgen als «Nachlässigkeiten» und «Beweise für einen unsicheren Geschmack» zu deuten.[63]

Die Anwesenheit chromatischer Schritte (wie wir heute sagen würden) im gewöhnlichen gregorianischen Gesang läßt sich anscheinend nicht leugnen. Er verwendete eine sehr große Zahl kleiner Intervalle, die in der theoretischen Tonleiter nicht vorkamen, welche die Meister nach dem neunten Jahrhundert von griechischen oder lateinischen Autoren übernahmen. Seit diesem Zeitpunkt trat die diatonische Tonleiter gegen die reicheren gregorianischen Tonarten an, die viele Abweichungen von den diatonischen Intervallen zuließen. Dieser Kampf zog sich einige Jahrhunderte hin und endete mit der Annahme des Systems der Notenlinien, das ausschließlich auf dem Prinzip der Diatonik beruhte. Die Musiker, die es verwendeten, konnten die Feinheiten der ursprünglichen Tonarten in ihm nicht mehr darstellen.[64]

Im Westen waren die *Dieses enharmonicae* bis zum elften Jahrhundert gebräuchlich. Diese Teilungen bestanden aus zwei Vierteltönen [?] innerhalb jedes natürlichen Halbtones der Skala. Die Einteilung des Monochords – des Instrumentes, mit dem unterrichtet wurde – nach den drei Modi (diatonisch, chromatisch, enharmonisch) füllt die Hälfte der mittelalterlichen Abhandlungen. Außerdem wichen die Schritte der Tonleiter leicht [?] von unserer Temperierung ab und verliehen der Ausführung jenen prickelnden Reiz *(saveur piquante)*, den wir noch bei den Griechen, Türken, Arabern und so weiter finden.[65]

Dr. Jacobsthal, Professor an der Universität Straßburg, behauptet immerhin, bewiesen zu haben, daß chromatische Schritte das ursprüngliche Material der frühchristlichen Gesänge darstellten und daß die diatonischen Modi langsam aus diesem chromatischen Material entwickelt wurden.[66]

Außer diesen chromatischen und enharmonischen Schritten – Begriffe, die heute vielleicht ganz anders aufgefaßt werden – unterschieden sich Hervorbringung und Ausführung der Neumen selbst (das heißt, der grundlegenden melodischen Muster) auch noch völlig von allem, was die westliche Musik heute kennt. Musikwissenschaftler wie M. Gastoué erwähnen Texte, in denen seltsame Ausführungsarten beschrieben werden, doch anscheinend erkennt er nicht, daß die Musikauffassung des alten einstimmigen Gesanges offenbar nichts mit der heutigen zu tun haben kann. Es lassen sich verschiedene Arten von Neumen unterscheiden. Über die «Liqueszenten», Neumen, die halbkonsonantisch vorgetragen wurden, schreibt Guido von Arezzo: «Die Noten der Melodie sind in vielen Fällen geschmeidig wie bestimmte Buchstaben; wenn man sie begonnen hat, begibt man sich in sanften Abstufungen von einer zur anderen weiter.» Andere Neumen, die «Ornamente» hießen, enthielten einen «zitternden Klang, oder ihre Bestandteile wurden miteinander verbunden», auch ein «dreifaches Schlagen, ein dreifaches Anstoßen der Stimme wie Händeklatschen».[67]

Diese Zitate und andere in Abhandlungen über die Praktiken des gregorianischen Gesanges weisen darauf hin, daß sich die frühmittelalterlichen Gesänge völlig von dem unterschieden, was man heute als gregorianischen Gesang zu hören bekommt. Wer je traditionelle Rezitationen japanischer oder chinesischer Dichtung (das heißt, mit komplexen Rhythmen, Akzenten und Intonationsmustern) gehört hat und die oben zitierten Texte liest, sollte zu dem Schluß kommen, daß der alte, einstimmige Gesang sich nicht sehr von seinen asiatischen Entsprechungen unterschied.

Den gregorianischen Gesang machte man wahrscheinlich erst nach der Neuerung durch Guido von Arezzo «melodischer», das heißt, als die Notenschrift allgemein verwendet wurde und man alle Mikrointervalle unterdrückte, was mit Guidos Hilfe im elften Jahrhundert bewerkstelligt werden konnte. Denn er konstatierte damals, diese Mikrointervalle seien «Früchte des Verfalls» und «Nachlässigkeiten durch Mangel an Vernunft». In den Abhandlungen nach ihm werden sie nicht mehr erwähnt. Die ursprünglichen Neumen, komplexe Töne, wurden zu Noten. Und Noten sind im Sinne der klassischen Musik abstrakte Dinge – lediglich Punkte, die komplexe Muster festlegen, welche in Partituren aufgezeichnet sind.

Im Frühchristentum gab es verschiedene Arten des einstimmigen Gesanges und des Ritus – den ambrosianischen Ritus in Mailand, den gallikanischen in Frankreich (über Marseille und die Provence wahrscheinlich mit griechischen Einflüssen durchsetzt), den westgotischen und später den mozarabischen Ritus in Spanien. Einige dieser Riten unterschieden sich beträchtlich vom römischen, der während des siebten Jahrhunderts am päpstlichen Hof entwickelt wurde. Roms selbstherrliche Macht zwang den Klerus der einzelnen Länder, oft unter großen Schwierigkeiten, den gregorianischen Gesang in der Form anzunehmen, in der er in den mittelalterlichen Kirchen und Klöstern gesungen wurde. Das bereitete der Entwicklung der Mehrstimmigkeit, der Tonalität und des Formalismus der klassischen Epoche der europäischen Kultur den Weg.

IV. Über meine Musik

Die Leser, die mit einigen meiner Kompositionen vertraut sind, haben vielleicht Fragen, und so möchte ich über die Eigenart dieser Kompositionen sprechen und zeigen, wie sie in ihren Grundzügen Versuche darstellen, den Gedanken und darüber hinaus den unmittelbaren Erkenntnissen konkrete musikalische Gestalt zu geben, die in diesem Buch ausgesprochen wurden. Diese Versuche wurden durch die gesundheitlichen, gesellschaftlichen und wirtschaftlichen Umstände meines Lebens stark eingeschränkt, auch durch die Verhältnisse in der Musikwelt nach dem Ersten Weltkrieg – durch das, was mir begegnete, als ich im November 1916 im Alter von einundzwanzig Jahren meine Heimatstadt Paris verließ und mich in den Vereinigten Staaten ansiedelte. Edgard Varèse war erst ein Jahr zuvor nach Amerika gekommen, doch war er älter als ich, und seine musikalische Entwicklung führte ihn nach Jahren traditioneller Studien schon zur Arbeit mit Orchestern. Seinem Fühlen und Denken nach blieb er immer Europäer, auch wenn er eine Amerikanerin heiratete, die Französisch sprach. Sie unterstützte ihn, so daß er als Komponist arbeiten konnte, auch wenn seine nicht sehr zahlreichen, aber neuartigen Werke nur selten aufgeführt wurden. Ich hatte andererseits mein Fühlen und Denken so vollständig wie möglich von der französischen Kultur und meinem Pariser Hintergrund gelöst und entwurzelte mich noch weiter, als ich 1920 in die Umgebung von Los Angeles zog, wo ich meine Zeit mit dem Studium orientalischer und esoterischer Philosophie sowie der indischen Musik zubrachte. 1926 erhielt ich beinahe ein Stipendium der Guggenheim Foundation, um in Indien musikalische Studien durchzuführen, doch bei der entscheidenden Beratung erschien mein Projekt dem Vorstandsausschuß zu ungewöhnlich.

Bis zum Winter 1924 war meine Musik in gewissem Umfang noch tonal; einige Kompositionen für Orchester, die ich 1914 in Paris geschrieben hatte, waren jedoch eindeutig polytonal. Sie waren die erste polytonale und von Strawinski beeinflußte Musik, die man in Amerika hörte. 1920 und 1922 komponierte ich Bühnenmusik für das Hollywood Pilgrimage Play. Ich gewann den Preis über 1000 Dollar für ein Orchesterstück, den W. A. Clark Jr., der Gründer des Los Angeles Philharmonic Orchestra, ausgesetzt hatte, und schrieb noch einige andere Werke. Das beste davon, *The Surge of Fire*, wurde im Oktober 1925 in Los Angeles anläßlich des ersten Konzerts der California New Music Society aufgeführt, die mein Freund Henry Cowell ins Leben gerufen hatte und der ich als Gründungsmitglied angehörte – wie ich auch der International Composers Guild angehörte, die Varèse und Carlos Salzedo 1921 gegründet hatten.

In *The Surge of Fire* (im Herbst 1920 skizziert und 1924 orchestriert) hatte ich schon versucht, einen Klang mit größerer Resonanz zu schaffen, indem ich drei Klaviere, meistens in der tiefen Lage, zusammen mit kleinem Orchester einsetzte. 1924 begann ich nach einer zweijährigen Pause, in der andere Dinge zu tun waren, in einem neuen, im wesentlichen nicht tonalen Geist zu komponieren. Ich schrieb vor allem für das Klavier, weil ich der Ansicht war, nur das Klavier könne die Art von Musik, die mir vorschwebte, wenigstens andeuten. Ich verfügte weder über die Mittel noch über die Verbindungen in der Musikwelt und auch nicht über die notwendigen Instrumente, um meine Vorstellungen zu verwirklichen. Trotzdem waren die nächsten Jahre musikalisch fruchtbar. Ich komponierte meine bekanntesten Klavierwerke – die vier *Pentagrams*, die ersten acht *Tetragrams*, *Three Paeans*, und (im Jahre 1929) *Granites*. Ich hielt viele Vorträge in Privathäusern, Hotels und Clubs. Ich sprach über dissonante Harmonie und orientalische Musik und spielte meine Klavierwerke und die einiger anderer Komponisten, vor allem Skrjabin. Ich improvisierte viel, nicht nur auf dem Klavier, sondern auch in einem Sprechgesang, in dem ich Vokalklänge und Silben oder Sätze verwendete, die von asiatischen Sprachen, vor allem vom Sanskrit, angeregt waren.

Der Widerstand, den die neoklassischen Musiker, die inzwischen die musikalische Welt beherrschten, meinen Vorstellungen und Werken entgegensetzten, dazu die Weltwirtschaftskrise und die gesellschaftlichen und wirtschaftlichen Veränderungen, die der New Deal mit sich brachten, beendeten diese Tätigkeiten. Zur gleichen Zeit bot sich mir völlig unerwartet und ungewollt die Gelegenheit, auf dem Gebiet der Astrologie, die durch Paul Clancys Zeitschrift «American Astrology» bekannt gemacht wurde, eine erneuernde und aufbauende Rolle zu übernehmen. So war ich gezwungen, meine musikalische Tätigkeit fast völlig aufzugeben. Gesundheitliche Schwierigkeiten brachten es seit 1933 mit sich, daß ich mich regelmäßig bald im südlichen Kalifornien, bald in New Mexico aufhielt. Ich hatte kein Klavier, außer in den Sommern 1934 und 1935, in denen ich einige Stücke komponierte. Im Sommer 1950 wurde ich in der McDowell Colony für kurze Zeit wieder musikalisch tätig, und danach hielt ich mich in New York auf, wo man einige meiner Werke aufführte. 1966 und 1967 kam es in San Jacinto in Kalifornien wieder zu einer Beschäftigung mit der Musik, als ich alte Partituren überarbeitete und abschrieb und das neunte *Tetragram* mit dem Titel «Summer Nights» komponierte. Doch erst, als ich im Januar 1976 nach Palo Alto in Kalifornien umgezogen war und Leyla Raël geheiratet hatte, begann eine neue, anhaltende Zeit des Komponierens. In rascher Folge entstanden einige ziemlich umfangreiche Klavierwerke – *Transmutation, Theurgy, Autumn, Three Cantos, Epic Poem* und *Rite of Transcendence* –, Orchesterstücke, die älteres Material in verwandelter Form aufnahmen, zwei Streichquartette und ein Quintett, *Nostalgia*. Ich war damals schon über achtzig, war viel auf Vortragsreisen und schrieb neue Bücher. Die Bücher geben meine zur Reife gekommenen Ansichten zur Philosophie (*The Rhythm of Wholeness*, 1979–80), zu gesellschaftlich-psychologischen Themen (*Beyond Individualism: The Psychology of Transformation*, 1976–77), zur Kultur und den Künsten (Culture

Crisis and Creativity, 1975–76) wieder und schließen die Entwicklung meiner humanistischen und transpersonalen Versuche zur Astrologie ab, für die ich mich seit 1932 einsetzte (*The Astrology of Transformation*, 1978).

Da ich etwa vierzig Bücher und über tausend Artikel schrieb, hunderte von Vorträgen hielt und mit einzelnen Menschen astrologisch arbeitete, blieb mir nicht genügend Zeit, Musik zu komponieren und sie aufführen zu lassen – ein mühsames, zeitraubendes und oft scheinbar hoffnungsloses Unterfangen. Hindernisse waren aber auch der Zustand der Musikwelt und das Fehlen von Instrumenten, die den musikalischen Anschauungen, welche ich im elften Kapitel knapp dargestellt habe, auf wirklich angemessene Art konkreten Ausdruck hätten verleihen können. Das große moderne Orchester könnte zu einem solchen Instrument werden, wenn man Instrumente mit einbeziehen würde, die holistische Resonanzen hervorbringen können, wenn man Instrumente wie das Theremin und die Ondes Martenot, die über ein weites Spektrum ausdrucksvoller Klänge verfügen, sinnvoll einsetzen würde. Doch die viele Arbeit, die mit dem Schreiben einer Partitur für ein solches Orchester verbunden ist, die Unmöglichkeit, das Werk bei der Unabhängigkeit meiner Lebensführung zufriedenstellend aufführen zu lassen, und der Mangel an Interesse, der noch mehr von den modernen Kritikern als vom unvorbereiteten Publikum zu gewärtigen ist, stellten beinahe unüberwindliche Hindernisse dar. Alle Komponisten, die die Musik von der europäischen Kultur lösen und eine neue psychologische Auffassung der Musik entwickeln wollen, lernen diese Hindernisse kennen. Diese neue Auffassung würde zu Klangerlebnissen führen, die weniger ästhetisch (im klassischen oder romantischen Sinn) als vielmehr magisch wären und das Bewußtsein verändern würden.

In den letzten Kapiteln dieses Buches erörterte ich die Werke der heutigen Avantgarde der Musik. Wäre mehr Platz gewesen, hätte mehr über diesen komplexen Bereich gesagt werden können, auch über das Auftreten einer musikalischen Persönlichkeit wie der deutsche Komponist Peter Michael Hamel, dessen Buch *Durch Musik zum Selbst*[68] ein vollständigeres Bild und eine andere Deutung dieser neuen, immer noch recht chaotischen und oft verantwortungslosen Musik enthält. Das ist die Musik einer jungen Generation, die gemeinsam eine Menge dessen erlebte, was ich auf eingeschränktere Weise und bei anderer Weltlage als Einzelner während und kurz nach dem Ersten Weltkrieg (zwischen 1915 und 1922) erfahren habe.

In der Musik, die ich von 1924 bis 1930 komponierte, konnte ich keine Tonbandgeräte einsetzen, weil es sie noch nicht gab. Ich komponierte hauptsächlich für das Klavier – dessen Mängel mir wohl bewußt waren (wie Artikel, die ich seit 1920 für Musikzeitschriften verfaßte, deutlich zeigen) –, weil der Umfang des Klaviers von sieben Oktaven als ein Mikrokosmos des Klanguniversums verwendet werden kann. Ein Mikrokosmos, den ein Mensch direkt lenken und in gewissem Maße mit seinem Willen und seiner Einbildungskraft – mit seiner gefühlsmäßigen Erkenntnis des TONES – formen kann.

In der Frühzeit der nachmittelalterlichen Musik waren die Kompositionen kurze Freisetzungen einfacher Gefühlszustände oder standen in Verbindung mit Bewegungen, die in Tanzrhythmen wurzelten. Längere Werke bestanden aus einer Reihe von Episoden, die durch eine mythische oder religiöse Fabel miteinander verknüpft waren – wie zum Beispiel die verschiedenen Passionsspiele, die auf dem Geschehen um Christus beruhten, wie es die Evangelien berichten. Erst als Beethoven den klassischen ästhetischen Rahmen der Sonaten und Symphonien Haydns nahm und begann, ihn mit den Leiden und Qualen einer individualisierten Seele zu füllen, die sich dem kollektiven Psychismus und den Erwartungen der überlieferten Kultur nicht mehr beugen mochte, wurden die musikalischen Werke länger. Auf gewisse Weise folgte Wagner dem Beispiel der Verfasser der Passionsspiele, die eine Folge von Ereignissen, das christliche Mysterienritual, darstellten. Zuerst setzte er an die Stelle der letzten Ereignisse des symbolischen Lebens Christi die germanische mythologische Deutung der letzten Phasen des Zyklus eines Kulturganzen – die letzten Folgen einer Ursünde, eines Strebens nach Gold und Macht. Als seine nordische Seele ihren vorchristlichen Wurzeln viermal gehuldigt hatte, verherrlichte er die Wiedergeburt des Christusgeistes in und durch den unschuldigen und reinen Menschen Parsifal, der die abbauende Kraft der Begierde und des Zerstörungswillens überwunden hat.

Diese romantische Neigung zu langen und bewußt konstruierten Formen der Musik erreicht mit Mahler ihren Höhepunkt. Je geplagter und gepeinigter die Seele des Komponisten, desto länger die Symphonie, denn diese Qual mußte vollständig gebannt werden, und zwar dadurch, daß das dramatische Wechselspiel gegensätzlicher Elemente und Ideale seiner Seele nach außen gebracht wird. Verglichen mit dem langen Bericht der Ereignisse der Evangelien oder der Darstellung psychischer Komplexe, verglichen mit einem langen, von Milton inspirierten Epos der klassischen oder romantischen englischen Dichtung, gleicht meine Musik einem kurzen japanischen Haiku. Während das englische Gedicht ausführlich Szenen, Handlungen und Gefühle beschreibt, die entweder archetypisch menschlich oder auf die persönliche menschliche Ebene eingeschränkt sind, ruft das Haiku eine unfaßliche seelische Wirklichkeit aus einfachen Fakten hervor, die das Licht eines tieferen Sinns durchscheinen lassen.

So sind meine *Pentagrams* und *Tetragrams* Abfolgen von fünf beziehungsweise vier dem Haiku ähnlichen musikalischen Aussagen, von denen jede eine eigene, quasi organische Eigenart hat, ein durchscheinendes «Saatkorn» voller Sinn. Die Pflanze wird vom Saatkorn in Erinnerung gerufen, betrachtet man es mit «verstehendem Auge» – dem symbolischen Sinnesorgan des ganzheitlichen Geistes.

Lange symphonische Werke oder große ritualistische Musikdramen im Stile Wagners lassen die Musik wie Architektur erscheinen. Themen oder Leitmotive – die eigene Namen bekommen – durchdringen sich. Sie stellen psychische Komplexe dar, die im Inneren eines Menschen aufeinander einwirken, oder zeigen sie als Symbole der Bilder und Mythen, welche in der kollektiven Psyche eines Volkes aufeinander einwirken, das von einer Kultur geprägt ist. Romantische Symphonien – oder die große Sonate h-moll von Franz Liszt – sind musikalisch gedeutete psychologische Fallstudien, wobei sich die Gestaltung an mehr oder weniger genaue handwerkliche Regeln oder akademische Formeln halten muß.

Die äußerst kurzen Haiku müssen eine exakte Anzahl von

Silben enthalten; auch sie sind stark gefärbt von einer Kultur. Ich fühlte mich andererseits genötigt, mich bedingungslos auf die Spontaneität schöpferischer Impulse zu verlassen, die frei von vorgefaßten Meinungen sind. Ich verließ mich auf die Stimmigkeit dessen, was der schöpferische Impuls zu offenbaren suchte – was er dem freien und offenen Bewußtsein eines Hörers vermitteln wollte, der willens war, alles zu vergessen, während er sich auf das Tonerlebnis konzentrierte, das Klänge auslösen können, wenn der Zustand einfühlsamer Resonanz erreicht ist.

Vermittelt wird ein Zustand oder eine Folge von Zuständen des Bewußtseins. Das hat nichts mit Wiederholungen von Strukturen zu tun. An die Stelle formal festgelegter Entwicklungen treten innere, organische Entfaltungen. Transponieren und modulieren ist kaum nötig, da es an sich keine Tonart gibt. Die musikalischen Aussagen sind nie sehr lang und benötigen keine äußeren Strukturen, die ihren Zusammenhalt gewährleisten oder sie davor bewahren sollen, unter ihrem eigenen Gewicht zusammenzubrechen. Der Prozeß weist eine quasi organische und sich selbst begrenzende Folgerichtigkeit auf, da er deutlich hörbar oder auch unhörbar aus einem «Saat-Ton» entsteht. Dieser Saat-Ton ist häufig, aber nicht notwendigerweise ein Akkord, der aus seinen inneren Möglichkeiten der Resonanz harmonische und melodische Wurzeln, Stengel und Zweige entstehen läßt.

Vor vielen Jahren zeigte ich, daß sich das Prinzip der dissonanten Harmonie am besten zu den Zirkeln der zwölf Quinten oder Quarten in Beziehung setzen läßt, die die Noten der chromatischen Skala hervorbringen. Es besteht kein Grund, eine solche zwölffache Reihe von Noten «chromatisch» zu nennen, ein Begriff, der auf das Visuelle, auf die Farbe, verweist. Vielleicht nahmen griechische Musiker des Altertums eine solche Reihe intuitiv als Verdichtung eines Bereiches von Klängen und Verhältnissen wahr, den sie für übernatürlich und voller lebendiger Kraft der Schwingung ansahen. Und für diesen übermusikalischen Bereich konnten sie nur einen Begriff aus der Welt der Farbe und des Lichtes finden. Die griechischen Philosophen, die das Universum symbolisch in einem Dodekaeder darstellten, der einer Kugel einbeschrieben war, haben vielleicht auch bemerkt, daß die Oktave (der Kreis) ebenso zwölf gleiche Raumeinheiten (die Reihe der chromatischen Noten) enthalten konnte. Wenn das den Griechen nicht bewußt war, dann auf jeden Fall den chinesischen Musiker-Philosophen, da ihre Musik auf dem Zirkel der zwölf *Lü* (einer zwölffachen Teilung des musikalischen Raumes, der die schöpferische Ordnung des Himmels zum Symbol hatte) errichtet war. In meinen frühen, unveröffentlichten Büchern über Musik und Ton sprach ich auf ähnliche Weise vom Quintenzirkel als dem Tierkreis des KLANGES – lange bevor ich über Astrologie zu schreiben begann.

Das, was ich als holistische Resonanz bezeichne, bezieht sich auf ein materielles Instrument, das auf die Einwirkung des schöpferischen KLANGstromes reagiert (auf die menschliche oder göttliche Energie des Willens und auf das Verlangen oder die Einbildungskraft, die diesen Willen anregen, der sich von selbst nach außen wendet). In diesem umfassenden Sinn ist Resonanz also ein Phänomen, das mit der Materie und der physischen Welt in Zusammenhang steht. Sie verweist auf das, was ich «die Geometrie des Klanges» genannt habe.[69] Ich sprach (in unveröffentlichten Schriften) auch vom Prinzip dissonanter Harmonie, das mit der Chemie des Klanges zu tun hätte, während die konsonante Ordnung der Beziehungen, die archetypisch in der harmonikalen Reihe von Grundton und Obertönen erscheint, mit der Physik des Klanges in Verbindung gebracht werden kann. Statt «Chemie» des Klanges hätte ich Ton-Alchemie sagen sollen. Dem Prozeß der Alchemie in seiner alten und wesentlichen Bedeutung entspricht in der Musik die Umwandlung der Klänge in den TON – und die Umgestaltung der Fülle des musikalischen Raumes in die Einheit des göttlichen, schöpferischen Lichtes.

Aufgrund meiner Lebensumstände und meines Lebenshorizontes schuf ich nur relativ wenige musikalische Werke. Ihre Bedeutung liegt, wie ich glaube, mehr in den Möglichkeiten, die sie aufzeigen, als in dem, was sie klanglich und instrumental verwirklicht haben. Als junger Mensch begann ich eine «Kosmophonie» zu entwerfen, aber es gab weder die Instrumente noch das Publikum, noch die rechten Voraussetzungen für eine Aufführung. Auch war ich noch nicht reif, einen Traum von solchen kosmischen Ausmaßen zu verwirklichen. Auch Skrjabin kam nicht so weit, seinen ganz anderen Traum verwirklichen zu können, sein kaum begonnenes *Mystère*. Es wurde auch deshalb unmöglich, weil der Erste Weltkrieg die Hoffnungen zu Grabe trug, die alte europäische Kultur umwandeln zu können. Skrjabin starb jung und überraschend. Ich lebte weiter, vermutlich, um Gedanken der Umwandlung in Worte zu fassen, die wesentliche Teile der Grundlagen einer zukünftigen Kultur sein können, welche erneut versuchen muß, dem spirituellen Geist einer neuen Phase des Zivilisationsprozesses konkrete Gestalt zu geben.

Andere Komponisten werden vermutlich etwa in der Richtung weiterarbeiten, die meine Musik, wenn auch begrenzt, anzeigt. Vielleicht baut man neue Instrumente, wobei die heutigen elektronischen Instrumente nichts als ungelenke und unvollständige Vorläufer sind – Instrumente, die einem Menschen oder einer Gruppe gestatten, eine gewaltige Zahl von Tonverbindungen direkt zu handhaben. Diese Instrumente werden vielleicht die heutigen schwerfälligen und teuren Orchester ersetzen. Das mag im nächsten Jahrhundert geschehen oder auch noch viele Jahrhunderte lang nicht, wenn sich die gegenwärtige Weltkrise weiter nach dem tragischen Vorbild des römischen Reiches ausgestaltet. Kulturen sterben, doch die Zivilisation wird fortgeführt, selbst wenn sie einmal ruhen muß, damit der Geist der Masse der Menschheit Gelegenheit erhält, seine Möglichkeiten in langsamerem Tempo oder in plötzlichen, katastrophalen Sprüngen zu entfalten. Der MENSCH stirbt nicht.

26. Nov 84

Anmerkungen

1 Am 5. April 1917 in der Metropolitan Opera. Dazu wurde ein höchst ungewöhnlicher, avantgardistischer, quasi ritueller Tanz mit dem Titel *Metachory* gezeigt. Die Musik fand Anerkennung, während der Tanz ohne Echo blieb.
2 Vgl. mein kürzlich erschienenes Buch *The Rhythm of Wholeness* (1980).
3 Aus leicht verständlichen Gründen besteht Toynbee in Anbetracht der akademischen Geisteshaltung der westlichen Welt darauf, daß eine «Gesellschaft» nicht Organismus genannt werden sollte. Er sieht die Gesellschaft lediglich als ein «Netz von Beziehungen». Doch ein Körper ist ebenfalls ein Netz von Beziehungen zwischen den Zellen, und wir haben vielleicht sehr unrecht mit der Annahme, die Zellen seien ohne Bewußtsein und verfügten nicht über ein gewisses Maß an Unabhängigkeit.
4 Wenn ich vom kosmischen, spirituellen oder metaphysischen Aspekt spreche, verwende ich das Wort KLANG in Kapitälchen gesetzt. Beziehe ich mich auf das, was durch die Schwingung molekularer Materie erzeugt wird, erscheint das Wort in Normalschrift.
5 Ein Mensch kann mit seiner Stimme Klänge hervorbringen, kann aber kein Licht erzeugen. Das mag der Grund sein, warum man den Schall als die elementare Art der von Wellen übertragenen Schwingung ansieht. Ein weniger anthropomorphes Bild zeichnet der zeitgenössische Yogi Baba Hari Dass: «Zuerst ist ein Punkt, der sich dann in Klang verwandelt; Klang verwandelt sich in Licht.» Ein Spruch der Sufis lautet: «Die Schöpfung entsteht aus *Saut* [Klang], und aus *Saut* entfaltet sich alles Licht.» Beide Zitate stammen aus *The Rainbow Book* (San Francisco, The Fine Arts Museum, 1975, S. 134).
6 Sollte es periodische Veränderungen der Erddrehung geben – wie das die Verfechter verschiedener Theorien über den Polsprung behaupten (vgl. *Pole Shift*, von John White, New York, Anchor Books, 1980) –, könnte man das Grundprinzip dieser Veränderungen eher im regelmäßig wiederkehrenden Wirken eines zentralen galaktischen KLANGES suchen (da sich die Erde durch den galaktischen Raum wie auch um die Sonne bewegt) als in den sehr langfristigen Veränderungen der Erdoberfläche (zum Beispiel der riesigen Eisdecke der Antarktis) oder in den Bewegungen der Kontinentalschollen.
7 Wir sollten zwischen Emotionen und Gefühlen unterscheiden. Gefühle beziehen sich auf die Reaktionen des ganzen Organismus (in einigen Fällen nur auf die des Körpers oder die der Psyche, doch sind meistens beide betroffen), auf eine Lebenssituation; man fühlt sich müde, traurig, unsicher, deprimiert oder überschäumend, fröhlich und zuversichtlich. Emotionen sind Wellen einer Energie, die nach außen fließt, die auf Personen, Gegenstände oder Situationen gerichtet ist. Deshalb sind Begehren, Liebe, Zorn, Eifersucht, Unwille und Furcht Emotionen. Emotionen bringen körperliche oder seelische Bewegung mit sich.
8 Vgl. 4. Kapitel über die Verwendung von Tönen bei Pythagoras, und Anhang I und III über chinesische Musik und den Ursprung der europäischen Musik.

9 Vgl. mein Buch *The Rhythm of Wholeness*.
10 New York, Harcourt, Brace, 1959.
11 Ein Monochord ist einfach eine Saite, die zwischen zwei Wirbeln über eine Art Maßstab gespannt wird, wobei ein Steg am Maßstab entlang bewegt werden kann. Bewegt man den Steg, kann man leicht die genaue Saitenlänge messen, die man in Schwingung versetzt. Man kann mit einer bestimmten Maßeinheit der Saite beginnen, mit zwei Zentimetern zum Beispiel, und wenn man der Reihe nach Längen von vier, sechs, acht, zehn und zwölf Zentimetern der Saite anzupft, erhält man eine *absteigende* harmonikale Reihe. Man kann die ganze Länge schwingen lassen, dann ihre Hälfte, ein Drittel, ein Viertel, ein Fünftel und so weiter. Dabei erhält man eine *aufsteigende* harmonikale Reihe. In Kapitel 7 wird erläutert, welche Bedeutung diese Reihen haben.
12 In unserem Jahrhundert denken viele Leute bei dem Wort *Archetyp* an den Tiefenpsychologen C. G. Jung und seine Verwendung des Wortes. Jung hat aber anscheinend zwischen zwei Auffassungen der Archetypen geschwankt. Ursprünglich definierte er die Archetypen als wirksame Verdichtungen menschlicher Erfahrung im «kollektiven Unbewußten», wo es sie als numinose Wesen gibt, mit denen wir im Verlauf des «Individuationsprozesses» zu tun haben. Anderseits scheint Jung in seinen späteren Büchern die Archetypen als präexistente psychische Strukturen zu sehen, die für die Gattung Mensch charakteristisch und ihr eigen sind. Vielleicht entwickelte sich die spätere Auffassung, als Jung die Alchemie erforschte und sie mit psychologischen Begriffen neu interpretierte. Jung bestritt heftig, ein Metaphysiker zu sein, und doch trägt seine Auffassung der Psyche metaphysische Züge. Bei den alten Griechen bezog sich *psyche* nur auf die niedere, emotionale Ebene der Seele. Ihre höhere, rationale und archetypische Ebene wurde *nous* genannt. Das Adjektiv *noetisch* ist davon abgeleitet.
13 Ein weiteres Buch von Jay Hambidge heißt *The Parthenon and Other Greek Temples: Their Dynamic Symmetry* (1924). Beide Bücher wurden von der Yale University Press verlegt.
14 Dieses Buch wurde 1928 geschrieben und ist schon lange vergriffen. Es war sehr jugendlich in Geist und Sprache. Einige seiner Hauptgedanken wurden in einem Band neueren Datums wiederaufgegriffen: *Culture, Crisis and Creativity* (Wheaton, Ill., Quest Books, 1977).
15 Hambidge fand mit seinen Entdeckungen den Weg zu einer tiefen Philosophie, doch die wenigen Menschen, die von seiner Lehre beeinflußt wurden, haben anscheinend nur die technische, praktische Anwendung seiner Philosophie auf die Formgebung beibehalten.
16 Der Begriff «Untertöne», deren Existenz von vielen Forschern und Theoretikern verneint wird, stammt vermutlich von Jean-Phillipe Rameau.
17 Im folgenden verweist *Oktave* auf das Intervall, *Oktavklang* auf einen Oberton.
18 Die Frequenz eines Kombinationstones entspricht der Differenz der Frequenzen von zwei lauten Tönen oder Vielfachen dieser Frequenzen. Kombinationstöne sind auf typische Weise tiefer als die beiden ursprünglichen Töne,

können aber auch höher sein. Zwei Töne mit den Frequenzen 1200 und 500 können einen Differenzton der Frequenz 700 oder einen Summationston der Frequenz 1700 oder noch andere Kombinationen hervorbringen (vgl. das Stichwort «*Combination tones*» im *Harvard Dicitionary of Music*, S. 185).

19 Vgl. *Lifetide*, von Lyall Watson (New York, Simon & Schuster, 1979).

20 Quinte und Quarte sind unglückliche Begriffe und können Verwirrung stiften. Sie rühren aus der Tatsache her, daß in unserer aufsteigenden diatonischen Skala (C, D, E, F, G, A, H) das F, das am Ende des Intervalls der Quarte steht (C–F), die vierte Note ist. G ist die fünfte Note; daher wird das Intervall C–G Quinte genannt.

21 Dieser Prozeß ist die Grundlage des Weges der Frömmigkeit (im Sanskrit *Bhakti marga*). Ein weniger bekannter, mehr esoterischer Weg wird durch die direkte Beziehung der Zahlen Eins und Drei symbolisiert. Das heißt, die Kraft des Einen – die KLANG (oder schöpferische Bewegung) ist – direkt zum Geist zu lenken, der (in der absteigenden harmonikalen Reihe) durch die Zahl Drei vertreten wird. Dieser Geist ist aber nicht das Ergebnis der denkenden, klassifizierenden und verallgemeinernden Tätigkeit des Gehirns. Es ist der Geist, der über die Einbildungskraft und den konzentrierten Willen (im Sanskrit *Kriya-shakti* und *Ichcha-shakti*) als Formkraft wirkt. Diesen Prozeß könnte man *Rakti* nennen, abgeleitet von der ägyptischen Wurzel *Ra*, die die Kraft der spirituellen Sonne (manchmal *Ra-orakti* genannt) bezeichnet. Ihren Weg könnte man den Weg des Avatar nennen, vorausgesetzt, man erkennt, daß es neben den großen, zum Mythos erhobenen Avatars der indischen Überlieferung, die planetarische oder kosmische Funktionen erfüllen, noch viele andere Avatars gibt, denen die unterschiedlichsten Botschaften anvertraut sind, welche sie durch Worte, Taten oder auf andere Weisen spirituell schöpferisch ausdrücken. Dieser Weg des Avatar könnte also durch das Verhältnis 3 : 1 symbolisiert werden. Im diatonischen System der Musik bezeichnet dieses Verhältnis die Duodezime.

22 Vgl. Rudhyar, *We Can Begin Again – Together* (Garberville, Cal., Seed Center, 1974).

23 Sie kann die Avatar-Reihe genannt werden, symbolisch die *direkte* Reihe der Manifestationen des Einen (siehe Anmerkung 21).

24 Das Hauptwerk von Kathleen Schlesinger war das Buch *The Greek Aulos* (London: Methuen, 1939). 1919 verwendete die australische Komponistin Elsie Hamilton die Modi mit natürlicher Stimmung, von denen Kathleen Schlesinger behauptet, sie seien in alten Zeiten überall eingesetzt worden, in der Musik, die sie für das Stück *Sensa* komponierte, welches in London aufgeführt wurde. Kathleen Schlesingers Entdeckungen und Gedanken haben trotz der Vielzahl von Einzelheiten, die sie sammelte, anscheinend kaum Eindruck auf die Spezialisten für griechische und indische Musik gemacht.

25 Vgl. A. H. Fox-Strangways: *The Music of Hindustan* (Oxford, Clarendon Press, 1914), S. 70. Der Name Narada ist vermutlich symbolisch. In eini-

gen alten indischen Schriften heißt der Mensch Nara, und Nada ist der schöpferische KLANG.
26 Bei J. Marnold in *Les Fondements Naturels de la Musique Grecque* (Internationale Musik Gesellschaft, 1907–09).
27 Zieht man von einer reinen Quarte (4 : 3) zwei Ganztöne ab, bleibt das Hemitonium (Limma) übrig.
28 Im Sagrama werden die zweiundzwanzig Srutis wie folgt verteilt: 4, 3, 2–4–4, 3, 2. Im Magrama ist die Verteilung: 4, 3, 4–2–4, 3, 2. Aber sind die Srutis kleine, gleiche Intervalle oder Obertöne eines Grundtones?
Der Leser, der sich für die philosophische Bedeutung von Zahl und Verhältnis interessiert, wird vielleicht bemerkt haben, daß das Verhältnis 22 : 7 eine recht genaue Annäherung an den magischen Wert des Verhältnisses von Kreisumfang zu Kreisdurchmesser ist. Dieser Wert *pi* ist eine unendliche Zahl, 3,14159... Das Verhältnis 22 : 7 ist ebenfalls unendlich, da sich die Folge der Dezimalzahlen endlos wiederholt (3,142857142857... und so weiter).
Die Ragamusik begann in Indien vermutlich im Mittelalter nach der Wiedergeburt des Hinduismus und der triumphalen Ausbreitung der Bhakti-Frömmigkeit der Radha-Krishna-Bewegung. Während der buddhistischen und vielleicht auch der vorbuddhistischen Zeit herrschte eine andere Art musikalischer Ordnung, der das System der Jatis zugrundelag. Noch früher, in vedischer und nachvedischer Zeit, war die Musik sehr wahrscheinlich vor allem mit vedischen Ritualen und der Rezitation heiliger Texte und Mantras verbunden.
29 Eine umfassendere Erörterung der Wechselwirkung von Zivilisation und Kultur findet sich in meinem Buch *Culture, Crisis and Creativity* (Wheaton, Ill., Quest Books, 1977) und in Kapitel 12 dieses Buches.
30 New York, W. W. Norton, 1979.
31 Von Willi Apel (Cambridge, The Belknap Press of Harvard University Press, 1944 und 1969), zweite Auflage, S. 62.
32 a. a. O., S. 383.
33 Daß die traditionelle Bedeutung tonaler Beziehung früher oder später überwunden werden mußte, begriff Franz Liszt schon sehr früh, nämlich 1832, als er die Vorstellung einer «*ordre omnitonique*» entwickelte und ein *Prélude Omnitonique* komponierte, das leider verschollen ist, «obwohl die Handschrift 1904 in London gesehen wurde». (Vgl. *Liszt*, von Eleanor Perényi, Boston, Little, Brown and Company, 1974, S. 321 – die beste Biographie dieses Komponisten, den man auch heute noch nicht ganz zu würdigen weiß, und der in vieler Hinsicht ein bemerkenswerter Neuerer war.)
Béla Bartók schenkte dem, was er «Pan-Tonalität» nannte, große Aufmerksamkeit, wie ich bezeugen kann. Bei einem langen, privaten Treffen mit ihm Mitte der dreißiger Jahre im New Yorker Appartement von Blanche Walton – der Mäzenin von Henry Cowell und der Gruppe «New Music», der ich mehr oder weniger angehörte – sprach er ausführlich über eine Art der Tonalität, die nichts ausschließe und die Anwesenheit jeder Note zuließe, vorausgesetzt, das Musikstück habe ein erkennbares Tonzentrum. Bartók faßte ein solches Tonzentrum nicht als Grundton auf, zu dem sich die anderen Noten

wie Obertöne verhalten hätten. Als er diesen Gedanken auf dem Klavier ausführte, wollte er anscheinend unbedingt zeigen, daß jede erdenkliche Note und jeder mögliche Klang erlaubt seien, solange sie gefühlsmäßig als Teil eines musikalischen Ganzen zu erfassen seien, in dem eine alles zusammenfassende Schwingung den Charakter der Komposition bestimmte.

34 Bern, München, Wien, Scherz Verlag, 1976.
35 Mahler, Gustav: Briefe 1879–1911, hrsg. v. Alma Maria Mahler. Hildesheim, New York, Georg Olms, 1978. Brief 306 vom 18. August 1906, S. 332.
36 In *Soundings*, Jahrgang 10 (Sommer 1976).
37 a. a. O.
38 Rudhyar, *Art as Release of Power* (Carmel, Hamsa Publications, 1930).
39 a. a. O.
40 a. a. O.
41 «The Search for Ultimates», *Seed for Greater Living* (19. Juli 1955).
42 Der amerikanische Schriftsteller Paul Brunton hielt sich im Aschram Sri Ramana Maharshis in Indien auf und berichtet, daß er sich eines Tages Sorgen um seine Familie in New York machte, von der er lange nichts gehört hatte. Sein Guru fragte ihn, warum er so niedergeschlagen sei. Brunton erzählte Sri Ramana von seinen Sorgen; der schloß nach einigen Augenblicken die Augen und sagte: «Ich war in New York. Was möchten Sie von dort wissen?»
Der moderne Erforscher esoterischer Lehren wird vielleicht von «Astralreisen» sprechen, aber das ist immer noch in Begriffen räumlicher Dimensionen gedacht. In der Aussage, der indische Heilige sei in einem Körper durch astrale Bereiche gereist, spiegelt sich die Unfähigkeit des modernen Geistes, die Ganzheitlichkeit zu erfassen.
43 Auf ähnliche Weise ist eine Nation eigentlich keine Ansammlung beziehungsloser Einzelwesen, sondern vielmehr eine Ordnung von Gesellschaftsklassen und Gruppen. Betrachtet man die Einzelwesen als Wähler, sind sie abstrakte Einheiten, die sich zusammenzählen lassen und so eine Summe ergeben. Doch die Wahlergebnisse zeigen, daß Glaubenssätze und Reaktionen dieser theoretischen Einzelwesen hauptsächlich von der Klasse oder Gruppe abhängen, der sie angehören. Jede Klasse oder Gruppe stellt einen besonderen Aspekt des nationalen Ganzen dar.
44 Vgl. den Artikel «*Combination tone*» in Apel, *Harvard Dictionary of Music*.
45 Eine ausführlichere Darstellung meiner Auffassung dieses «*orchestral pianism*» findet sich in meinem Buch *(Culture, Crisis and Creativity* (Wheaton, Ill., Quest Books, 1977), Kapitel 7.
46 Die synthetischen, isolierten und besonders «aktiven» Chemikalien sind vielleicht äußerst stark, doch ist diese Art von Stärke oft unausgeglichen und gewaltsam und kann gefährliche Nebenwirkungen haben. Vor vielen Jahren nannten europäische Ärzte die amerikanische Medizin, die sich so häufig auf synthetische Produkte stützt, eine «heroische Medizin» – auf dem Schlachtfeld sicher hervorragend.
47 Boulder, Colo., Shambhala Publications, 1975, S. 285–86.
48 a. a. O., S. 289.
49 Palo Alto, Cal., The Seed Center, 1973, S. 134–35.

50 Lee's Summit, Mo., Unity Books, 1966.
51 Iamblichos: *Pythagoras. Legende, Lehre, Lebensgestaltung*, Griechisch und Deutsch, hrsg., übersetzt und eingeleitet von Michael von Albrecht, Zürich, Stuttgart, Artemis, 1963, 280 S.
52 Keyserling, Hermann Graf: *Das Reisetagebuch eines Philosophen*, Berlin, Stuttgart, Deutsche Verlags-Anstalt, 1932, 752 S.
53 *Isis Unveiled* von H. P. Blavatsky, Bd. II, S. 155.
54 a. a. O., S. 550.
55 Vgl. *Les Origines du Chant Romain* von A. Gastoué und Lavignacs, in: *Encyclopédie de la Musique*, Bd. I, S. 543.
56 Vgl. *La Diatonisation du chant Gregorian par la portée musicale* von Dr. Peter Wagner (Tribune de St. Gervais, 1904).
57 *Journal Asiatique*, 1912.
58 Edition Bejan, S. 69 ff.
59 *Encyclopédie de la Musique*, S. 543. Diese Bruderschaft von Asketen muß jenen Gruppen geglichen haben, die von den Therapeuten eingerichtet wurden und auf ähnliche Weise sangen und tanzten.
60 a. a. O., S. 545.
61 Vgl. zum Beispiel *La Mélopée antique dans le chant de l'église latine*.
62 Gevaert, a. a. O.
63 Vgl. A. Gastoué, a. a. O., S. 159.
64 Dr. Peter Wagner, a. a. O.
65 A. Gastoué, a. a. O., S. 134.
66 Vgl. Combarieus *Histoire de la Musique*.
67 A. Gastoué, a. a. O., S. 172 f.
68 Boulder, Colo., Shambhala Publications, 1976.
69 Vgl. *The Rebirth of Hindu Music* (The Theosophical Publishing House, Adyar, 1928, und New York, Samuel Weiser, 1979).

Sach- und Personenregister

Ästhetik 57, 61, 125 f., 194 f.
Akkorde 124, 135, 175, 191 f., 203, 213
   dissonante 192, 195
   im Gegensatz zur holistischen Resonanz 193
   kosmischer Akkord 188
   tonaler Akkord 124, 127, 132, 134, 187
Akustische Analyse 75 ff., 87, 153, 188 f., 198 – *vgl. auch* Harmonikale Reihe; Oberton
Akustische Phänomene
   Kombinationstöne 87 f., 189, 192
   Schwebungen 189, 192
Aleatorische Musik 156
Alexander der Große 104, 211
Ammonios Sakkas 239
Andrews, Donald Hatch 206
Animismus, animistische Stufe 38 f., 45, 217
Archaische Musik 33, 38–49, 56 f., 79, 112, 126, 213 – *vgl. auch* Primitive Gesellschaften, ihre Musik
Archetyp(en) 27, 32, 56 ff., 76, 82
   Bereich der 96
   des Menschen 40, 66, 67, 152, 164, 216
      Obertonreihe als 82, 91
      zwei Definitionen 57 f., 76
Ariane et Barbe-Bleue 165
Aristoteles 239
Arjuna 120
Ars nova 105, 121, 242, 244
Art as Release of Power 65
Atonalität 129, 140, 141
Avantgarde, Musik der 141, 148–163, 199, 254
Baba Hari Dass 260, Anm. 5
Bach, Johann Sebastian 127 f., 135, 140, 169
Bacon, Francis 59
Bar Daisan 238, 239, 240
Barhebräus 118, 244 f.

Barockmusik 132, 141, 156
Bartók, Béla 263, Anm. 33
Basso continuo 118
Beethoven 138, 165, 196, 255
Berg, Alban 141
Berlioz, Hector 196
Bewußtsein 183 f.
Bewußtsein, menschliches 23, 31, 43, 127, 216 f.
   magisches oder sakromagisches 36 ff., 43, 79, 187
   musikalisches 56, 72 f., 79, 120, 141
Bisttram, Emil 65
Blavatsky, H. P. 95, 111
Boulez, Pierre 169
Brunton, Paul 264, Anm. 42
Buddha, Buddhismus 52 ff., 102, 131, 189, 211

Capra, Fritjof 201
Casals, Pablo 127
Chakra 110
Chaldäische Kultur 52, 112, 120, 125, 230
China, seine Kultur, Philosophie 21, 40, 110, 111, 202, 225–230
Chinesische Musik 29, 40, 111, 114, 115, 117, 164, 225–230, 258
Christentum 68, 111, 118, 130, 136, 189, 212, 237–251
   sein Schöpfungsmythos 42
Chromatik 140, 248 f.
Conceptual music 161
Cousins, Norman 127 f.
Cowell, Henry 186

Dadaismus 162, 166, 168
Debussy, Claude 135, 165, 196, 199, 218
Descartes, René 202
Dirac, Paul 202
Dissonante Harmonie 175, 200, 204, 207, 257, 258

Dissonante Ordnung 171
Dissonanz 192, 195, 204
Dukas, Paul 165
Duodezime 47, 262, Anm. 21

Eckart, Meister 20
Eichheim, Henry 188
das Eine 31, 78, 88–95, 96, 113, 171 f., 187
das Eine Leben 20, 31, 36, 47, 60, 64, 108
Einstein, Albert 50, 202
Elektronik, elektronische Musik 143, 161, 168, 170, 199
Emotion 66, 73, 260, Anm. 7
Emotionelle Kraft der Musik 29, 136
Enharmonisch 84, 248, 249
Erziehung 18, 51
Ethik 61
Europäische (westliche) Kultur, Gesellschaft, Zivilisation 23, 58 f., 70 f., 105, 121, 134, 137, 163 ff., 190, 210–214, 218 f.
  ihre Auflösung 141 f., 144 ff., 210, 259
  Eigenschaften 71, 133, 137, 163, 213
  Entwicklung 63, 121, 123 f., 137, 140, 142, 212–214, 218
  Raumauffassung 64 f., 178, 182
Europäische Musik 29, 32 f., 35, 50 f., 58, 62–64, 70, 105, 116, 117 f., 122–143, 165–170, 181, 184, 192 f., 196 f., 202, 237–251 – *vgl. auch* Gregorianischer Gesang; Notenschrift; Noten; Polyphonie; Tonalität
Expressionismus 66, 220
expressionistische Musik 117, 141, 167, 195

Farben 27, 74, 165
  Orchesterfarbe 165, 197
  Tonfarbe 165, 196 f.
Form(en) 24, 66, 70, 79, 127
  Formalismus 61
  formalistische Musik 141
Formante 77, 108, 196

Freimaurer 54, 99
Fundamentaler Ton 107–121
Fünf Orchesterstücke 165, 167
Futurismus 167

Ganzton 79, 103, 114, 129
Geist
  abstrakter Geist (seine analytische Kraft) 22, 24, 49, 53, 70, 76
  Entwicklung 31, 52, 172, 213 ff., 217
  der Ganzheit 173, 176, 215, 218, 221, 264, Anm. 42
  kosmischer, göttlicher Geist 56, 58, 100
  kultureller Geist 19, 69 f., 195 – *vgl. auch* Psychismus und Leben 24, 29, 100 f., 153, 172
  sein Bedürfnis nach Ordnung 181 f.
Gesänge (psalmodieren) 35, 57, 63, 79, 111, 125 f., 130 f., 240, 253, – *vgl. auch* Gregorianischer Gesang; Stimme
Gesellschaftsordnung
  Demokratie 139
  Grama (Dorf) 34, 45
  Kameradschaftsordnung 171–174
  Stadtstaat 49, 52, 217
  Stammesordnung 171 ff.
Gestalt 169
Gesten 19, 24, 48, 66
Giles, Howard 65
Glass, Phillip 154 ff.
Glocken 102, 109, 189 f., 230
Gnosis 68, 111, 118, 237–242, 244, 246 f.
Gongs 88, 102, 109, 161, 189 f., 203
Göttliche Komödie 188
Grama 34, 45 f., 79, 108, 110 f., 115 f., 131, 263, Anm. – *vgl. auch* Indische Musik
  Gandhara Grama 79, 110 f.
  Sagrama 114, 263, Anm. 28
Gregorianischer Gesang 105, 116, 120, 132, 218, 237–251
Griechenland, (antikes, klassisches) Kultur, Philosophie 52, 58 f., 60 f.,

65, 76, 105 f., 134, 211, 247 – *vgl.
auch* Pythagoras
Harmonie in 47
Scheitern der griechischen Kultur 58, 211 f.
Griechische Musik, (antike, klassische) 29, 49, 72 f., 99, 104 ff., 113 ff., 117, 119 f., 126, 131, 134 ff., 223 ff., 257 f. – *vgl. auch* Modus; Pythagoras; Tetrachord
Griechische Mysterien 42, 104 ff., – *vgl. auch* Mysterien; Orphische Überlieferung
Grundton 31, 79
Grundton (und Obertöne) – *vgl.* Harmonikale Reihe; Oberton
Guido von Arezzo 62, 242, 250
Gutes, Wahres, Schönes 59–61, 69, 126, 194

Halbton 30, 129
Hambidge, Jay 65
Hamel, Peter Michael 153, 169, 254
Harmonikal 153
Harmonikale Reihe, Obertonreihe 77 f., 80, 82–103, 108, 112, 114, 115, 119, 133, 171 f., 218 – *vgl. auch* Oberton
Harmonie 47, 60, 117, 153, 175, 191, 207, 220
 dissonante 175, 257 f.
 konsonante 175, 216
Haydn, Joseph 255
Heilen 29, 54, 60, 73, 80, 119, 179
 das Heilige 41 ff., 48, 49, 217
Heisenberg, Werner 202
Helmholtz, Hermann Ludwig Ferdinand von 185
Heraklit 60
Heterophonie 130
Holistische Resonanz 180, 185–194, 199, 258
Hypatia 239

Iamblichos 119, 223, 239
Impressionismus 199
Improvisation 131, 156 f., 193

Indien, Kultur und Philosophie 21, 28, 34, 40, 52 f., 55, 67, 89, 91 f., 117, 150 f.
Indische Musik 28, 29, 104, 108, 114, 115 f., 117, 119, 130 f., 132, 230–236, 252 – *vgl. auch* Grama
 ihre Ragas 116, 119, 132, 232 f., 263, Anm. 28
Individualisierung, Prozeß der 146
Instrumente 39, 49, 55, 63, 104, 112, 121, 130, 136, 160, 161, 196, 197, 213, 254, 259 – *vgl. auch* Elektronik; Glocken; Gongs; Klang; Klavier, Monochord
Intervalle 22, 30, 34, 51, 56, 60, 61, 80, 83 f., 86, 100 f., 113, 115, 116, 119, 131, 139, 197 – *vgl. auch* Duodezime; Ganzton; Halbton; Oktave; Quarte; Quinte; Terz; Tritonus
Intuition 99
Involution 69 – *vgl. auch* Klang, absteigender
Islam 111, 242 – *vgl. auch* Sufismus
Ives, Charles 186

Jazz 147, 157
Jesus Christus 40–43, 48, 101, 189
Jung, Carl Gustav 128, 141, 261, Anm. 12

Kali Yuga 53, 210
Kameradschaftsordnung 171–174
Klang 19, 22, 27–31, 36 f., 38, 50, 67, 73–75, 77–81, 82, 86 f., 90, 93, 107 f., 110, 113, 118, 169, 177, 198, 200, 216, 219, 258
 als akustisches Phänomen 26 ff. – *vgl. auch* Akustische Phänomene; Harmonikale Reihe
 ahata 28, 230
 anahata 28, 230
 absteigender 74, 77 f., 82, 85 f., 87, 90, 91–100, 109, 210
 aufsteigende, absteigende Reihe 68, 74, 77, 87 – *vgl. auch* Harmonikale Reihe
 und Farben 27, 74, 165, 196 f.

seine Heilkraft 29, 54, 60, 80
im Gegensatz zum Intervall 80
seine Erzeugung 160 f., 199, 254
im Gegensatz zur Musik 24
nichtharmonischer 185, 190
im Gegensatz zur Note 32, 50, 88
schöpferisches AUM 27, 78, 177
sieben Ebenen 67, 109
im Gegensatz zum Ton 30, 33, 45, 51, 216 f.
Umwandlung der Klänge in den TON 258
Klassische Musik 117, 128, 141, 193, 198, 218 – *vgl. auch* Europäische Musik
Klavier 68, 85, 88, 102, 179 f., 186, 190, 252, 255
Kombinationstöne 87 f., 189, 192
Komma *vgl.* pythagoreisches Komma
Kommunikation
  durch Sprache, Mythos 18–25, 41, 48, 122, 197
  magische 36, 38, 46
  durch Klang, Musik und Ton 19, 34, 48, 85, 122, 151, 190 f., 195, 197, 203, 206, 216 f., 257
Komponist 64, 146, 161 f., 179 f., 200
Konkrete Musik 199 f.
Konsonante Harmonie 175
Konsonante Ordnung 171
Kopernikus, Nikolaus 59
Kopernikanische Wende 105
Krishna 55, 120
Kroton, pythagoreische Schule 54, 60 – *vgl. auch* Phythagoras
Kultur, Kulturganzes 20–24, 53, 98, 122, 126, 152, 183 f., 209 f. – *vgl. auch* Psychismus
  animistische Stufe 38 f., 45
  Auflösung der Kultur 144 ff., 162, 209 f.
  Entwicklung der Kultur 20–24, 39 f., 56, 62, 69 ff., 107, 209 f.
  klassische Epoche 69 f., 117
  Kommunikation auf der Ebene der Kultur 19 f., 23, 24, 41, 45, 66 f.
  Modi als Ergebnis der Kultur 56, 118
  Musik und Kultur 24, 45, 47, 122, 124, 136, 183 f.
  Mythos und Kultur 19 f., 40–49, 56
  Spiritualität und Kultur 152
  Vitalistische Stufe 39, 46, 48
  Westliche Kultur *siehe* Europäische Kultur
  Zivilisation und Kultur, ihre Beziehung 20–24, 123 f., 208–215, 217, 259 *vgl. auch* Zivilisation
Kunst, Musik als 34, 46, 49, 80, 125
Künste, bildende 22, 65 f.
Künstler, ihre Tätigkeiten und Funktionen 65, 146 f., 181 – *vgl. auch* Komponist

Leben 24, 92, 176 – *vgl. auch* Natur
Lernen 18 f.
Leibniz, Gottfried Wilhelm 202
Licht 26 f., 198 f., 258 – *vgl. auch* Farben
Liszt, Franz 97 f., 140, 256
Loti, Pierre 72
Lü 115, 229

Magie 29 f., 34 f., 36 ff., 43 f., 56, 62, 73, 136, 158, 195, 216 f., 240, 245 – *vgl. auch* Kommunikation, magische; Tonmagie
Mahler, Gustav 141, 165, 167, 169, 256
Mantra 45, 79, 125, 130, 221
Marinetti, Emilio 167
Marxismus 146, 208
Maya 88
Meditation 157 f.
Meditationsmusik 159
Melodie 48, 55, 59, 62, 116, 117, 125, 130 f., 132, 133, 136 f., 193, 194–196
Mengelberg, Willem 165
Messen (der Klänge und Intervalle) 50 f., 56, 60 f., 64, 112 f., 120, 188 – *vgl. auch* Monochord; Pythagoras
Messiaen, Olivier 165, 169
Minimal music 154, 158
Mißklang 195, 204
Modus 56, 109 f., 116–119, 132, 172,

240, 244 f., 249
griechische Modi 55, 105, 116, 119
indische Modi *vgl.* Raga
Modulation 127, 135, 138, – *vgl. auch* Tonalität
Monochord 54, 86, 112, 188, 249 – *vgl. auch* Messen; Pythagoras
Monodische Musik 59, 130, 132, 136
Monophonie 63, 124
Mozart, Wolfgang Amadeus 131
Musik
 aleatorische 156
 archaische 34, 38–49, 56, 79, 112, 125, 213 *vgl. auch* Primitive Gesellschaften, ihre Musik
 Avantgarde 141, 148–163, 199, 220, 254
 Auflösungsprozeß 144–170
 des Barock 132, 141, 156
 Musikbewußtsein 56, 72, 120, 141
 des Bewußtseins 199
 chinesische Musik 29, 40, 111, 114, 115, 117, 164, 225 ff., 258
 christliche Musik 118, 131, 237–251 *vgl. auch* Gregorianischer Gesang
 Chromatik 140, 249
 Conceptual music 161
 und Dichtung 104, 136
 Dissonanz 192, 195, 204
 Einfachheit in der 142, 153, 203, 220
 geschichtliche Entwicklung 80, 216 ff.
 Griechenland *vgl.* griechische Musik
 harmonisch-melodisch 130, 132 – *vgl. auch* Tonalität
 heterophon 130
 Indien *vgl.* indische Musik
 als Kunst 34, 47 f., 80, 125
 als Mythos 45, 47
 vom Mythos befreien 55, 79
 Orchestermusik 197
 syntonische 190–194
 als Universalsprache 54 f., 164
 ihre Wandlung 142 f., 218
Musikalischer Raum 81, 181 f., 183 f., 191–196
 sein Umfang 85, 135, 179, 185, 213
 seine Resonanz 185
Mysterien 49, 106 – *vgl. auch* Griechenland;
 orphische 52, 120, 239
Mythos 19, 22, 40–49, 56, 68, 82, 209

Nachahmung 18 f., 37, 57, 62
 in der Magie 37, 38 f., 45
Nada 67, 110, 230
 Nada Brahman 78, 93
Napoleon 105
Narada 79, 111
Natur 100, 153, 216
Natürliche Stimmung 100, 106, 112
Needham, Joseph 202
Neoklassizismus 141, 253
 Neoklassizistische Musik 169
Neumen 248–250
Newton, Isaac 202
Noten 32 f., 50 f., 63, 70, 80, 86, 139, 163 f., 181, 192, 193, 202, 206, 250 – *vgl. auch* Europäische Musik; Tonalität
 und Klang 33, 50, 88
 und holistische Resonanz 192 f.
 und Ton 33 f., 46, 58, 61, 64, 163, 190, 198
Notenschrift 59, 62 ff., 125 f., 136, 218, 242

Oberton 74 f., 80, 82–103, 108, 112, 160, 171 f., 198
Obertonreihe *vgl.* Harmonikale Reihe
Oktave 32, 45, 46, 68, 80, 82–103, 104, 112–114, 129, 133, 135, 139, 171, 179
Orchestrierung 198
Orientalische Musik 152
Ornstein, Leo 186
Orpheus 55, 105, 120, 238
 Orphische Überlieferung 52, 106

Quarte 47, 80, 83, 94, 113, 129
Quinte 47, 80, 83, 91, 94, 96, 99–103, 113, 114, 115, 117, 129

Pan-Tonalität 263, Anm. 33
Passacaglia 118
Partch, Harry 168
Partitur 33, 50 f., 63 f., 70, 156, 162, 181, 197, 198, 202 – *vgl. auch* Notenschrift
Penderecki, Krzysztof 165, 169
Plato 57, 104, 131, 239
Pleroma des Klanges 143, 186–195 – *vgl. auch* Holistische Resonanz der Töne 81
Raum 183
Plotin 239
Polyphonie 59, 60, 63, 118, 121, 131, 132, 136, 218, 251
Primitive Gesellschaften 20 f., 24, 38–44 – *vgl. auch* Animismus; Archaische Musik; Magie; Vitalismus
ihre Musik 24, 34, 36 f., 56 f., 63, 72, 107, 123 f., 125 f.
Prométhée (Le poème du feu) 111, 167
Protagoras 50
Psyche 261, Anm. 12
Psychismus 19, 22, 24, 44, 60, 70, 116, 117, 122, 123, 125 f., 145, 151, 182, 184, 190, 193, 195, 196, 207, 215, 221, 255
sein Zusammenbruch 146, 162, 200
individualisiert 200
Pythagoras 51 ff., 65, 67, 69, 71, 78, 79 f., 105, 112, 113, 119, 133, 188, 211, 223 ff., 230, 239 – *vgl. auch* Griechische Musik; Monochord; Skala, pythagoreische; Tetrachord
Pythagoreisches Komma 84, 91, 99, 101, 135

Raga 116, 119, 132, 232 ff., *vgl. auch* Indische Musik; Modus
Ramana Maharshi 264, Anm. 42
Raum 65, 81, 178–183, 185 – *vgl. auch* Musikalischer Raum
Ravel, Maurice 135, 165, 199
Rebirth of Hindu Music 78
Reich, Steve 154, 156
Relativitätstheorie 50

Religion, religiöse Musik 49, 63, 122, – *vgl. auch* Christentum; Gregorianischer Gesang
Resonanz 74, 77, 85, 108, 160, 185, 192, 203, 258 – *vgl. auch* Klang
in der Magie 36
Return from No Return 204
Riley, Terry 154
Riten 19, 37, 122
Ritual 24, 41, 43, 122, – *vgl. auch* Magie
Romantische Musik 117, 141, 156, 167, 218, 256
Rousseau, Jean-Jacques 106 f.

Sacre du Printemps 166, 169
Sanat Kumara 98
Sankaracharya 88
Satan 98
Satie, Erik 162, 166
Schlesinger, Kathleen 106, 112, 114, 119
Schönberg, Arnold 140 f., 159, 165, 167, 218
Schöpfung und Klang 25, 28 ff., 31, 67
Schwebung 189, 192
Schweitzer, Albert 128
Shiva und Shakti 89, 91 f.
Skala 22, 32, 34, 46, 49, 109, 116, 132, 191, 218
als Archetyp der Beziehung 32, 58, 113
ihre Bildung 109–116
chromatische 102, 139
diatonische 103, 115, 128, 132
und Modus 56
pythagoreische 56, 58, 69, 103, 113–115, 133

Skrjabin, Alexander 111, 166, 167, 218, 259
Sokrates 105
Spengler, Oswald 71, 101
Sphärenmusik 47, 60, 67, 69, 71, 115, 164, 188, 207
Sprache 18 f., 48, 62, 108, 122, 196
Sruti 114–116, 231, 263, Anm. 28

Steiner, Rudolf 97
Stimme 39, 57, 66 f., 107 f., 112, 136, 196, 260, Anm. 5 – *vgl. auch* Gesänge (psalmodieren)
   als Instrument 121, 136, 196
Strawinski, Igor 141, 166, 169, 196, 218, 252
Sufismus 111, 132, 242
Symbole 22, 40, 41, 209
Syntonische Musik 190–194

Tanz 37, 137
Technik 220
Temperierung, gleichmäßige 102, 115, 135, 138, 249
Terz 133, 134
Tetrachord 49, 72, 79, 104, 113, 119, 134 – *vgl. auch* Griechische Musik; Pythagoras
Tetraktys 79, 113
Theremin, Leo 168
Timbre (Klangfarbe) 33, 85, 196, 198
Tonalität 33, 59, 70, 109, 115, 116, 118, 121, 123 ff., 132, 134, 137, 181, 186, 191, 218, 251, 252 – *vgl. auch* Europäische Musik
   Atonalität 129, 140
   Aufgabe der Akkorde 125, 127, 132, 134, 186 f.
   Modulation 127, 135, 138 f.
   Pan-Tonalität 263, Anm. 33
   in syntonischer Musik 191

Ton 22, 30, 34, 45–49, 54, 61, 63, 77, 80 f., 85, 107, 163, 180–185, 187, 190–194, 197–200, 214 f., 258
   und Magie 24, 36 f., 45, 48, 216 f.
   nichtharmonisch 88, 100, 109, 189
Tonfarbe 165, 196 ff.
Toynbee, Arnold 20, 56
Tristan und Isolde 167
Tritonus 97 f.
Tschaikowski, Peter 131

Ultraschall 27
Untergang des Abendlandes 71
Unterton 79, 87

Varèse, Edgard 167 ff., 196, 251
Vitalismus, vitalistische Stufe 39 f., 44, 60, 210, 217

Wagner, Richard 138, 140, 196, 255
Webern, Anton 141, 167

Young, La Monte 154 f.

Zahlen 50–57, 60, 64, 78, 79, 82–105, 112, 126, 163
Zeit 63, 68, 108
Zivilisation 20, 23 f., 123, 259
   ihre Musik 124
   ihr Prozeß 208 ff., 216–218
Zyklus 31 f., 39, 41, 45, 69